ビジュアル版

地震・津波・台風・猛暑・豪雪 etc.
から命を守る

今さら聞けない
防災の超基本

NPO法人プラス・アーツ　永田宏和 監修

朝日新聞出版

はじめに

近年、日本は災害ラッシュのような状況に見舞われています。２０００年以降でみても、北海道から九州まで全国各地で大規模な地震が連続して発生し、甚大な被害をもたらしています。

また、こうした地震に加え、台風や線状降水帯などが引き起こす豪雨による洪水や土砂災害なども全国各地で続発しており、いつどこで起こってもおかしくない全国民にとってのリスクとして私たちを脅かしています。日本は文字通りの「災害大国」なのです。

しかし、だからと言って、あきらめ、下を向き、ただただ恐怖におののいていては何も解決しません。「災害大国は、防災大国になれる」。これは、私の仕事の大切なパートナーでもあるコピーライターの岡本欣也氏が書いた名言です。災害大国である日本には、過去の災害から学んださまざまな防災に関する知見が蓄積されています。また、多くの企業やメーカーが他国に類を見ないくらい多種多様で画期的な防災グッズを開発し、私たちを守るために提供してくれています。つまり、私たちは世界で一二を争う災害大国に暮らしていますが、一方で、世界で一番充実した防災の取り組みを実現できる国民なのです。だからこそ、度重なるさまざまな種類の自然災害に対して、最新最善の「防災」の取り組みをしっかり行い、自然災害によるダメージを可能な限り回避し、軽減してもらいたいと思っています。

その充実した防災の取り組みを行うための第一歩は、「正しく知る」ことに他なりません。自然災害や防災に対して無関心でいたり、無知な状態では自分や家族の身を守ることは絶対にできません。正しい知識を持つことで、正しく備えることができるのです。自然災害や防災を自分事として捉え、正しく知り、できるところからでよいので備えることを始めていただきたいと思います。そのために必要になるのが、この『防災の超基本』です。本書は、自然災害に関する知識からその対処法まで詳しく厳選した情報をコンパクトにまとめています。自然災害や防災の知識を正しく知り、しっかり学ぶための入門書的なマニュアル本になっています。みなさんやみなさんの大切な人を守るためにぜひ本著を手に取り、隅々まで読みこんで、一日も早く正しく備えていただきたいと思います。多くの方々が本著に学び、防災の備えをしっかりしてくださることを心から願っています。

ＮＰＯ法人プラス・アーツ　防災プロデューサー　永田宏和

Chapter 2 平時からコツコツと！災害への備え

Index

Chapter 3 不便を回避！避難生活の基本

Index

Chapter 5 知っておきたい！ さまざまな災害

Chapter 6 未来へつながる！ これからの防災

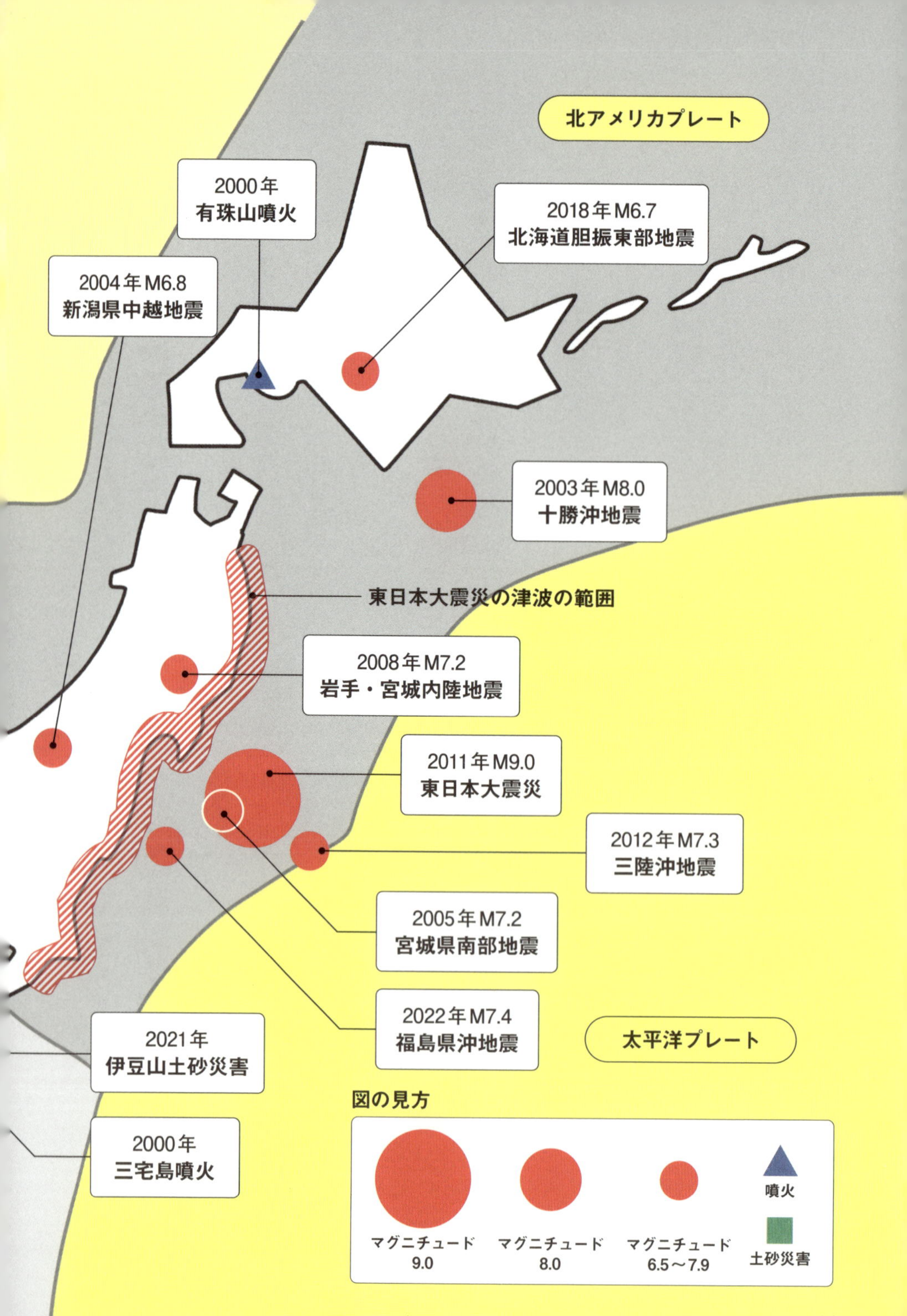
北アメリカプレート
2000年
有珠山噴火
2018年M6.7
北海道胆振東部地震
2004年M6.8
新潟県中越地震
2003年M8.0
十勝沖地震
東日本大震災の津波の範囲
2008年M7.2
岩手・宮城内陸地震
2011年M9.0
東日本大震災
2012年M7.3
三陸沖地震
2005年M7.2
宮城県南部地震
2022年M7.4
福島県沖地震
太平洋プレート
2021年
伊豆山土砂災害
2000年
三宅島噴火
図の見方
マグニチュード
9.0
マグニチュード
8.0
マグニチュード
6.5～7.9
噴火
土砂災害

災害大国日本

日本は、地震の原因となる4つのプレートに挟まれ、津波の発生元である海に囲まれ、111の活火山があります。そんな災害大国の日本で2000年以降に起こったさまざまな災害を紹介します。

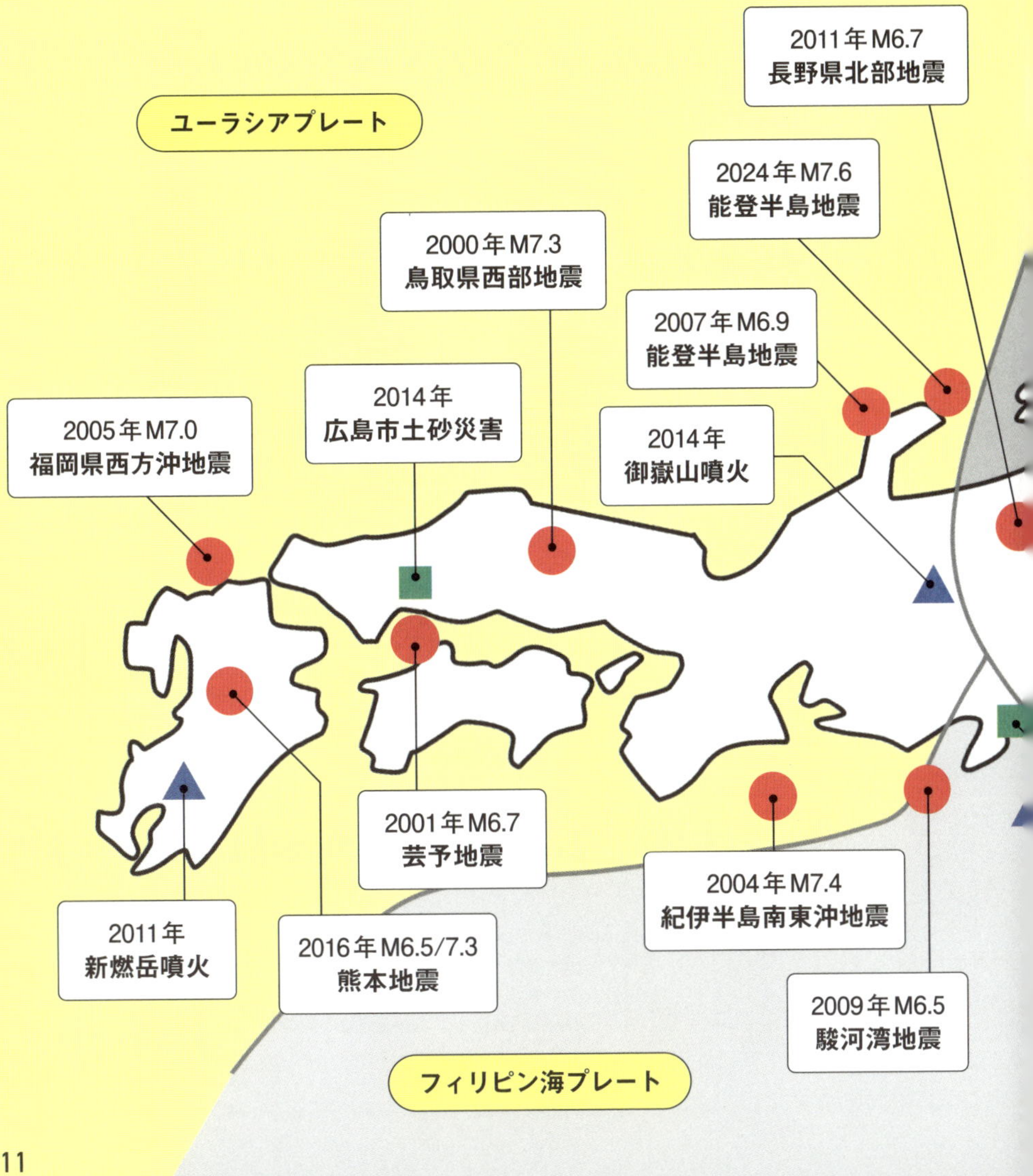

これからの災害予測

今後の日本で起こると予想されている災害は地震に限りません。発生の可能性を知ることで災害に備える意識を高めましょう。

南海トラフ地震・首都直下地震

南海トラフ地震と首都直下地震は地震のメカニズムの研究によって、今後30年以内に発生する可能性が高いとされています。また、被災地の人口密度の高さなどの理由から、いままで起きた地震とは異なる問題が起こるとされています。

［ 30年以内に発生する可能性のある大地震 ］

南海トラフ地震	首都直下地震
M8～9	M7
80%	70%

同時多発する火災

人口が多い場所での大地震では多数の火災が発生するとされています。火災発生件数の多さから、消防車の数が足りなくなったり、渋滞に巻きこまれて現場にたどり着けなかったりする可能性があります。また、東京には木造建築が密集する地域がいくつかあり、一度火災が起こると延焼によって、大規模な火災になることが予想されます。

帰宅困難者による群衆《ぐんしゅう》雪崩《なだれ》

平日の昼から夕方にかけての時間帯に都内で大地震が起きた場合、大量の帰宅困難者が発生するといわれています。人が集まりやすい主要駅の周辺では満員電車並みの人口密度になることが予測されています。人口密度が高い状態が続くと、ひとりの転倒が周りの人の転倒に連鎖する群衆雪崩が起こる危険があります。

収容施設の不足

災害が起こると、自宅に住めない被災者を受け入れる「一次避難所」が設置されます。しかし、人口が多い地域では、施設を必要とする人数に対して、施設の収容人数が不足するとされています。また、災害により自宅に住めなくなった人の住居として設置される仮設住宅も不足することが予測されています。

増え続ける豪雨

河川の氾濫や浸水が発生するような豪雨は発生回数が増え続けています。年々、総降水量が増えており、被害の規模も大きくなっています。また、狭い範囲に激しい雨が降る局地的豪雨の発生頻度も増えています。局地的豪雨の発生原因である積乱雲は激しい雨だけではなく、竜巻や雷、ひょうなどの気象現象を起こすこともあります。

二次災害の土砂災害

近年、日本で発生頻度が増えている豪雨は土砂災害を起こす大きな原因のひとつです。また、地震の揺れによって、がけ崩れや地すべりが起こることもあります。日本では豪雨や地震の発生回数が多く、それに伴い、土砂災害のリスクも増えてしまいます。土砂災害は発生してから避難するのは難しいため、少しでも異変を感じたら先回りして避難しましょう。

日本に存在する活火山

日本には111の活火山が存在し、気象庁はそのうちの50火山を24時間体制で監視する常時観測火山（→P.208）としています。例えば、富士山は過去に大噴火をした記録もあり、常時観測火山の対象になっています。富士山が大規模な噴火を起こした場合、火山灰は千葉県まで達すると予想されています。

防災はあなたを守る

災害が起こる前に、防災の知識を得て、備えておくことが大切です。災害が起きてからはパニックの連続で思い通りに動けません。事前に備えておかないとどのようなことが起きるのでしょうか。

1章で発災時のシミュレーションを学ぼう

自宅を
補強してない

トイレの
備蓄がない

ご飯がない

棚が倒れてきて
下敷きに……

トイレを我慢して
体調不良に……

栄養がとれず、
健康被害が……

➩ 2章で災害への備えを学ぼう

防犯対策を
していない

ペットの
ための備えを
していなかった

避難所で危険な目に……

避難所に入れてもらえない……

➩ 3章で避難生活について学ぼう

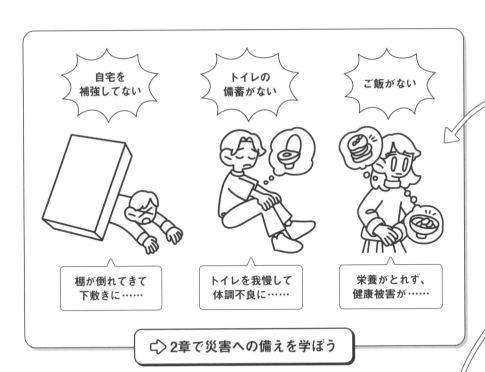

進化する防災

災害大国といわれている日本では、頻発する災害に対応するためにあらゆる技術が進歩しています。食事や建物、設備など、さまざまな技術が生活のなかで利用されています。

現在の災害への対応

自然

豪雨を緩和する
グリーンインフラ

土の保水能力を利用して、雨水の勢いを緩和させる。

食事

温かく、
種類も豊富に

お湯をかけるだけで食べられるフリーズドライやさまざまな調理方法が開発され、食事が充実する。

昔の災害への対応

自然

豪雨で
河川が氾濫

豪雨による大量の雨水を処理できず、河川が氾濫する。

食事

冷たくて
味気ないご飯

食事の種類が少なく、温かい食べ物が少なかった。

地震速報

緊急地震速報の誕生

2007年から一般提供を開始。大きな揺れが来る数秒から数十秒前に速報が鳴る。

いつ地震がくるかわからない

突然、大きな揺れが来るので、揺れに備えた姿勢を取れない。

医療

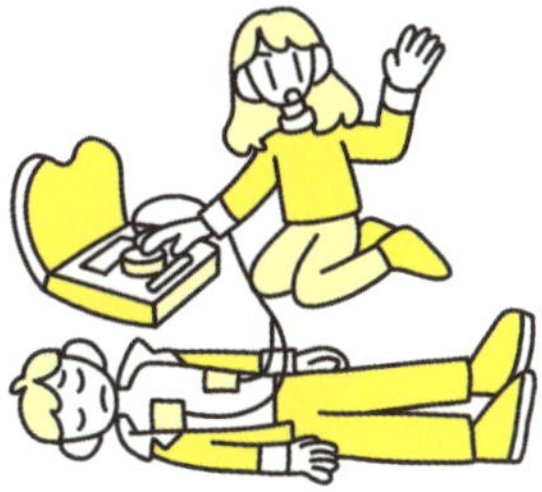

AEDの設置

電気ショックなどの応急処置が必要な人に対して、どこでも、だれでも処置ができるようになる。

2004年	2008年	2024年
提供開始	約15万台	約67万台

突然倒れた人に対応できない

倒れた人に対して、専門家や救急車が来るまで適切な処置をすることができない。

建物

以前より丈夫な建物に

建築基準法の改正や、耐震補強のリフォームによって大きな揺れに比較的強くなる。

大きな揺れで建物が崩落

旧耐震基準では震度5強までしか想定していない。

写真で見る日本の災害

災害はその土地や人に大きな被害をもたらします。その威力は甚大で、復興には長い時間が必要となります。

2024年 能登半島地震

地震によって大規模な火災が発生した輪島市の市街地

大規模な地滑りが起き、土砂で埋まった珠洲市の道路

2016年 熊本地震

土砂崩れに巻き込まれてなくなった阿蘇大橋

2011年 東日本大震災

津波に襲われ、がれきの山となった宮城県気仙沼市の市街地

2014年 広島市土砂災害

土石流で流された広島市の住宅跡地

1995年 阪神・淡路大震災

地震後、火災が多発した神戸市の市街地

Chapter 1

地震発生！
発災時の
シミュレーション

巨大地震が発生！
そのときあなたはどうやって
自分と大切な人の命を守りますか？
災害直後にまずどう動くべきか、
シミュレーションをしてみましょう。

01

マグニチュードと震度

大地震の揺れはどのくらい？

マグニチュードは地震の大きさ、震度は揺れの強さ

地震の大きさ（規模）は、「マグニチュード（M）」で表されます。これは地震が発するエネルギーを数値化したものです。日本ではマグニチュード7以上を「大地震」と呼んでいます。

一方、地震の揺れの強さは「震度」で示されます。これは、地上のある地点で観測された揺れの強さを表します。発生地点からの距離、地盤のかたさや地形によって震度は異なるため、**マグニチュードが大きいからといって、必ずしも震度が大きいとは限りません**。

マグニチュードと震度は10段階の数字で表されます。マグニチュード10は地球で起こりうる最大規模の地震と想定されています。

地盤がやわらかいと揺れが大きくなる

一般的に、マグニチュードが小さくても、震源が近かったり地盤がやわらかかったりする場合、震度は大きくなります。

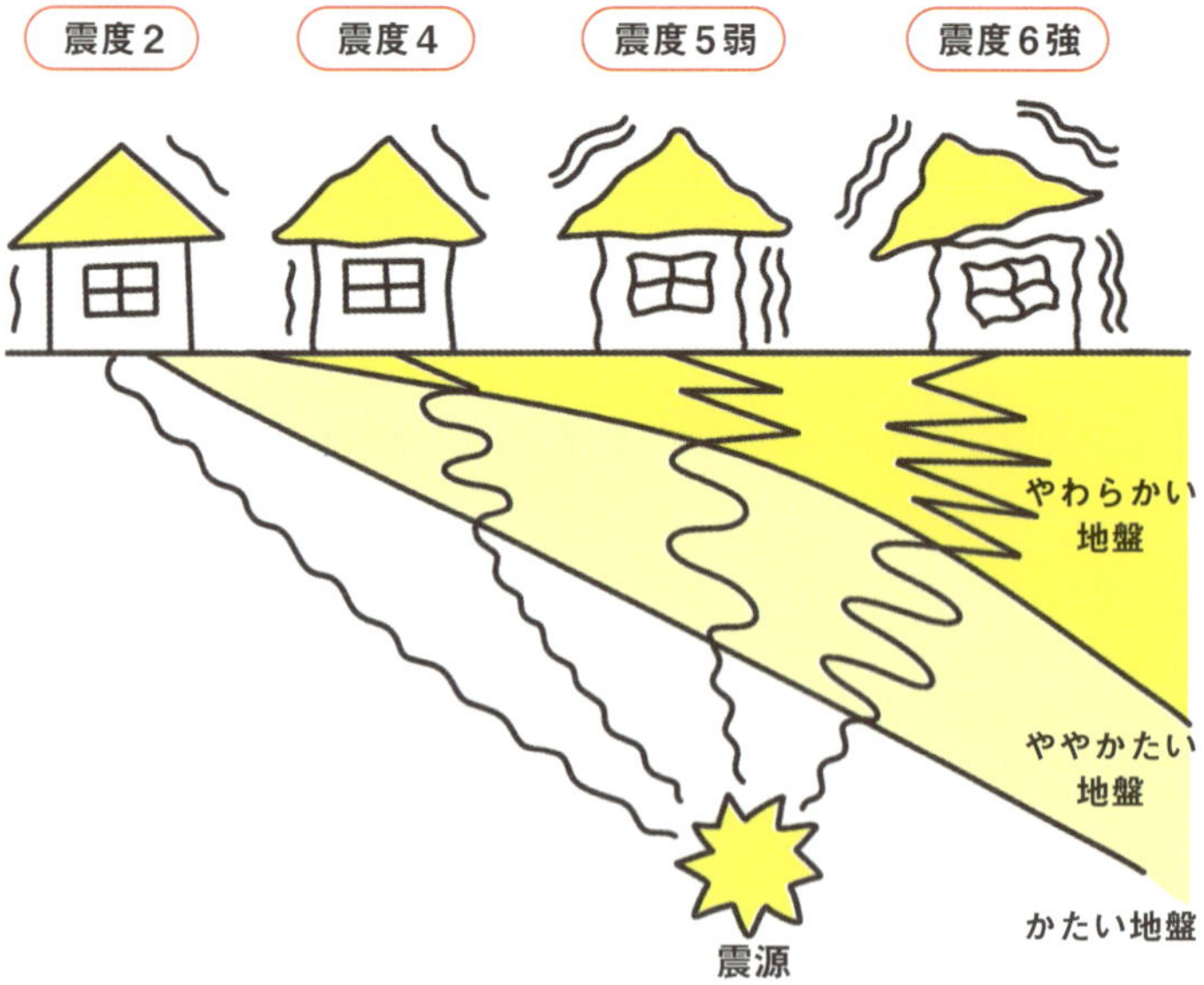

- 震源に近く、地盤がやわらかいほど震度が大きくなる
- マグニチュードが小さくても、震源に近いと震度が大きくなる
- たとえ震度が同じ地域でも、建物の壊れやすさや地盤の状況によって被害に差が出る

気象庁の震度階級表

震度は0～4、5弱、5強、6弱、6強、7の10階級で表し、震度計で観測します。以前は体感などによる判定でしたが、1996年4月から震度計観測に変更されました。

震度	揺れの強さ	状況
0	人は揺れていることに気づかないが、地震計には記録される	―
1	屋内で静かにしている人のなかに、わずかな揺れを感じる人がいる	―
2	屋内で静かにしている人の多くが、揺れを感じる	つり下げてある照明が、わずかに揺れる
3	屋内にいる人の多くが揺れを感じ、歩行中でも揺れを感じることがある	食器棚の食器が音を立てることがある
4	ほとんどの人が驚く。歩いていても揺れを感じる	つり下げた照明などが大きく揺れ、棚にある食器類が音を立てる。電線が大きく揺れる
5弱	大半の人が、恐怖を覚え、物につかまりたいと思う	つり下げた照明などが激しく揺れ、棚の物が落ちることがある。固定していない家具が移動したり、不安定な物は倒れたりする。電柱が揺れるのがわかる
5強	大半の人が、物につかまらないと歩行が困難	テレビが台から落ちたり、固定していない家具が倒れたりすることがある。
6弱	立っていることが困難になる	固定していない家具の大半が移動し、倒れることが増える。ドアが開かなくなることがある。地割れ、がけ崩れや地すべりが発生することがある
6強	立っていられず、這《は》わないと動くことができない。揺れに翻弄されて動けず、飛ばされることもある	固定していない家具はほとんどが移動し、倒れる物が多くなる。大きな地割れ、地すべり・山崩れが発生する
7		固定していない家具のほとんどが移動したり倒れたりし、飛ぶこともある。住宅の倒壊が増える

出典：「気象庁震度階級関連解説表」

マグニチュードは1上がると
地震のエネルギーは
32倍になるよ。
つまり、2上がると
約1000倍に……！

災害実例

東日本大震災は桁外れの巨大地震だった

東日本大震災のマグニチュードは9.0。これは日本国内観測史上最大規模の地震でした。宮城県で最大震度7を観測したほか、東日本を中心にほぼ全国で震度6弱から1が観測されました。注意すべき点は、震源に近い海岸沿いよりも内陸に最大震度地点があったこと。震度が地盤や地形に影響される一例です。

02

地震の発生

地震発生の瞬間、どうする？

揺れた瞬間に何をおいても まず自分の身を守る

地震発生の瞬間、何よりも重要なのは命を守ることです。

緊急地震速報のアラートが鳴ったら、**倒れそう・動きそう・落ちてきそうな物から離れ、頑丈な机などがあれば下にもぐります**。安全そうな場所がないときや、移動中に激しい揺れが来てそれ以上動けないときは、**姿勢を低くし、両手で頭をおおう「ダンゴムシのポーズ」を取ります**。

東日本大震災などの大地震経験者の中には、揺れた瞬間恐怖で動けなかったと語る人もいます。大きな揺れが怖くて動けない事態は当然起こりうること。そのためにも、避難訓練などに積極的に参加し、実際に経験してみることが大切です。

揺れる前に届く緊急地震速報の仕組み

地震には、揺れが弱くて速く伝わるＰ波と、揺れが強く遅く伝わるＳ波があります。緊急地震速報は、速度差を利用して、強い揺れが来る前に地震を知らせます。

● 緊急地震速報の仕組み

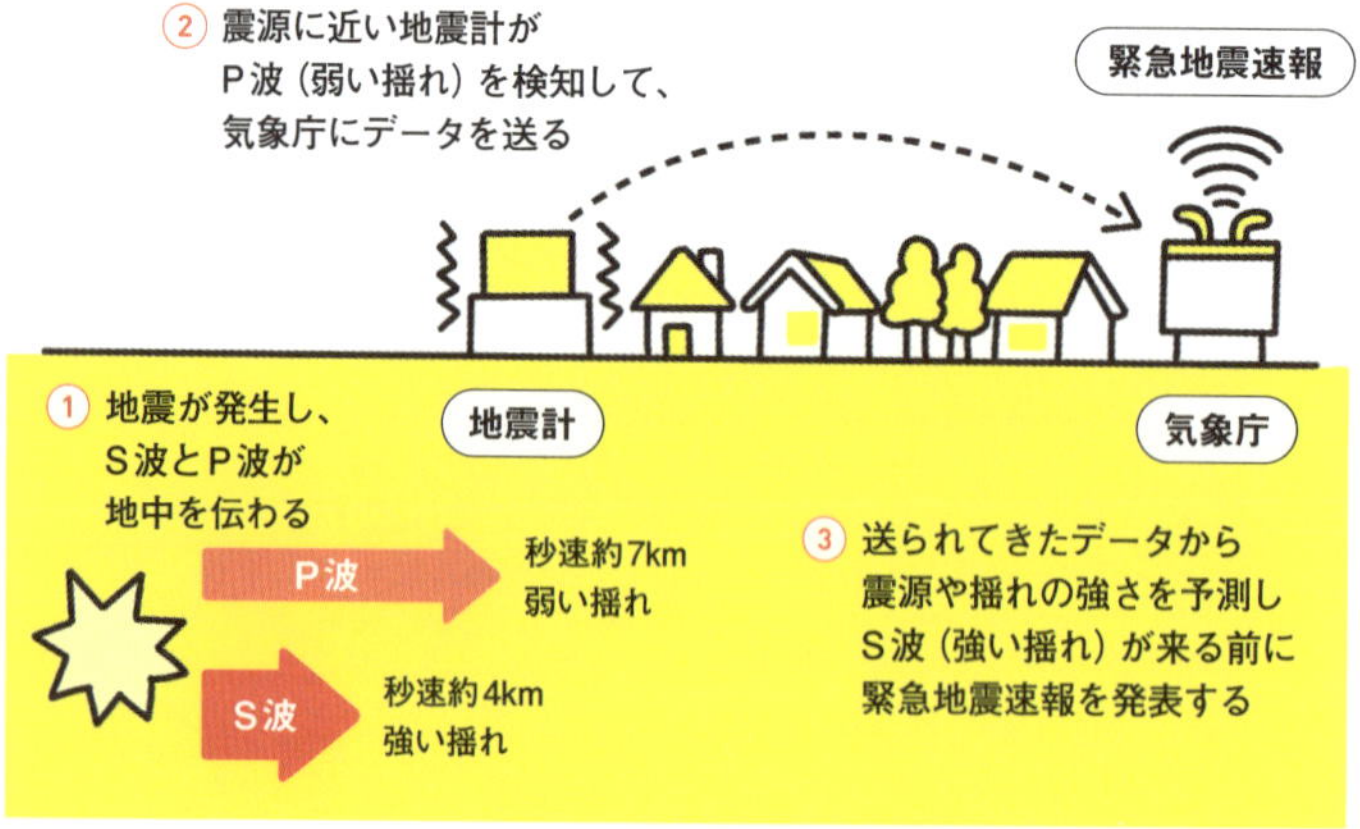

● 事前に知っておきたい緊急地震速報の特徴

- 地震が伝わる速度に比べて、地震計→気象庁→速報を受ける機器間の通信速度は圧倒的に速いため、地震到達前に発表可能
- 正確な震度はあとから発表される

注意！

- 速報を聞いてからのんびりするほどの時間はない
- いくら通信が速くても、震源が近いと間に合わないことがある

地震発生中は身を守り、おさまってから状況を見極める

揺れを感じたら身を守る・固定された物につかまる・危険から離れるを念頭に行動します。落ち着いたら周囲や家族の安全を確認し、避難経路の確保と火の始末を行います。

● 地震発生中

ダンゴムシのポーズ

大きな危険に
おしりを向ける
両手で首を守る
ひざと足の甲を
床につける

注意！ 頭と太い血管を守る

倒れてくる物や落下物から身を守るため、クッションなど手近なやわらかい物で頭、首の後ろ、背中、手首や足首などにある太い血管を守る。頑丈なテーブルなどの下にもぐれるようなら移動する。動けないときの姿勢の基本は「ダンゴムシのポーズ」（左イラスト）。

● 地震がおさまったら

床の飛散物を確認する

まずは室内の安全を確認する。ガラスや陶器片が散乱している場合があるので、厚底のスリッパや靴をはいて行動する。不安定になった屋根瓦や窓ガラスが落下してくる可能性があるので、すぐ外に出ない。

出口を確保する

ドアや窓が変形し、開かなくなることがある。いつでも避難できるように窓やドアを開けて出口を確保する。マンションの場合は、非常階段など避難経路の扉や窓も開ける。

火の元を確認・初期消火

調理器具や暖房器具などは揺れがおさまってから火を消す。ガスメーターには大きな揺れを感知すると自動でガスを遮断する機能があるので、慌てない。出火したときは大声で叫んで周囲に火事を知らせ、火が小さければ消火する（→P.44）。炎が天井に届いていたり、身の危険を感じたりしたら消火にこだわらず、すぐ避難する。

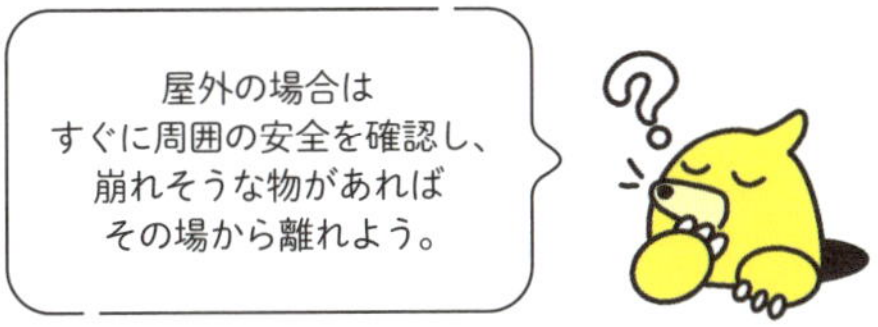

03

地震の二次災害（余震・火災）

地震には二次災害がある

地震をきっかけに さらなる災害が起きることも

地震は、揺れによる被害以外にもさまざまな二次災害を引き起こします。二次災害とは、**ひとつの災害をきっかけに発生するさらなる災害のことです。地震の場合、津波のほか火災、土砂災害などが挙げられます。余震も二次災害のひとつです。**

二次災害として起こる災害は、普段なら軽微な被害レベルのものが、本震による被害や地盤への影響、インフラ設備の損傷・途絶などと相まって、大きな被害となることがあります。二次災害が原因で被害が拡大する恐れもあるため、災害対策は二次災害も念頭において、幅広く入念に準備しておき、被災後も油断せずに警戒することが大切です。

余震は本震の「ついで」の揺れではない

大地震のあとには、多くの場合引き続いて多数の地震が発生します。特に発生後2〜3日程度は、規模の大きな地震が発生することが多く、注意が必要です。

本震から数日たってから大きな余震があった例

2004年新潟県中越地震
マグニチュード6.8

- マグニチュード6.8の本震発生から約4日後にマグニチュード6.1の余震が発生
- 2週間以上たってからマグニチュード5.9の比較的規模の大きな余震が発生

長期間、規模の大きな余震活動が活発に続いた例

2011年東日本大震災
マグニチュード9.0

- マグニチュード5以上の余震の回数が過去の地震よりも群を抜いて多い
- 本震から10年以上を経ても余震活動が続く

余震が本震より大きかった例

2016年熊本地震
マグニチュード6.5

- 最初の大きな地震の約1日後、さらに大きな地震（マグニチュード7.3）が発生
- マグニチュード7.3の地震以降、地震活動が活発化した地域が広がる

余震という呼び名だからといって油断しないようにしよう。

火事の火種で多いのは、ガスより電気

大規模地震時に発生した火災のうち、出火原因が特定できた火災の過半数は、電気が原因となっています。

● 大規模地震時における火災の発生状況

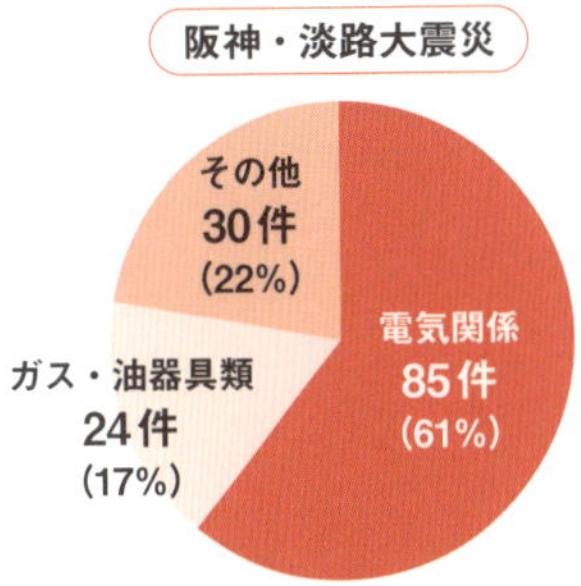

139件の火災のうち、
電気火災は85件（約6割）

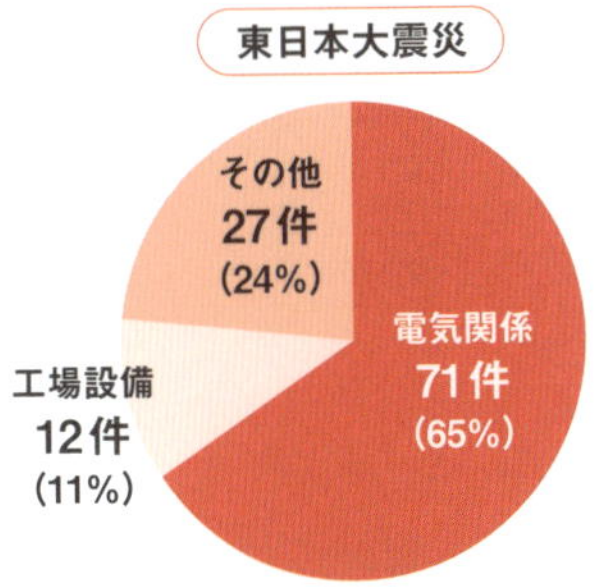

110件の火災のうち、
電気火災は71件（約6割強）

出典：「平成27年版 防災白書」

● 電気が原因で出火の可能性がある主な場所

	場所・器具等	状況
屋外	家屋に引きこまれる一次配線の変圧器（業務用など）	過負荷により加熱し出火
屋内	照明などの屋内配線	配線の損傷などにより出火
	電源コード	電源コードの断線などにより出火
	白熱灯	白熱灯が転倒・落下し、可燃物に着火
	電気ストーブ	転倒・落下した可燃物がヒーターに接触し着火
	観賞魚用水槽	水槽が転倒し、コンセントに水がかかり出火

出典：「平成27年版 防災白書」

災害実例

災害時には通常の消火活動ができないことも

2024年1月の能登半島地震で、石川県輪島市は大規模な火災が発生。本来、消火活動は消火栓からホースをのばして放水しますが、地震によって水道管が壊れ、消火栓が使えなくなりました。近くを流れる川は地震による地盤の隆起によってほとんど水が流れておらず、断水対策の防火水槽はがれきによって近づくことができません。地震当日は大津波警報が出ていたため、海水も使えませんでした。翌日に津波注意報が解除されてから海水を使って消火活動を行いました。

04

地震の二次災害（津波・土砂災害・液状化）

揺れがおさまったら津波を確認

津波は100m約10秒の速さで迫ってくる

津波は、水深が深いところではスピードが速く、陸地に近づくと減速します。とはいっても、上陸時のスピードは時速36㎞ほど。これは、オリンピックの短距離走選手の平均速度並みの速さです。したがって、**津波が近づいてからでは、普通の人が全力疾走しても間に合わず、一気に飲みこまれてしまいます。**

地震の二次災害には、津波以外に、土砂災害や液状化なども発生する可能性があります。特に、土砂災害は発生後の避難では手遅れになる場合が多いので、地震が起きたら周囲の地形を確認し、速やかに避難しましょう。地震の影響で地盤がゆるんでいるのでしばらくは警戒が必要です。

ひざ上くらいの水深で成人男性が流される

津波は押し流す力が強く、高さが成人男性のひざくらいしかなくても足を取られてしまいます。さらに漂流物にぶつかることなどもあり、まともに歩くことができません。

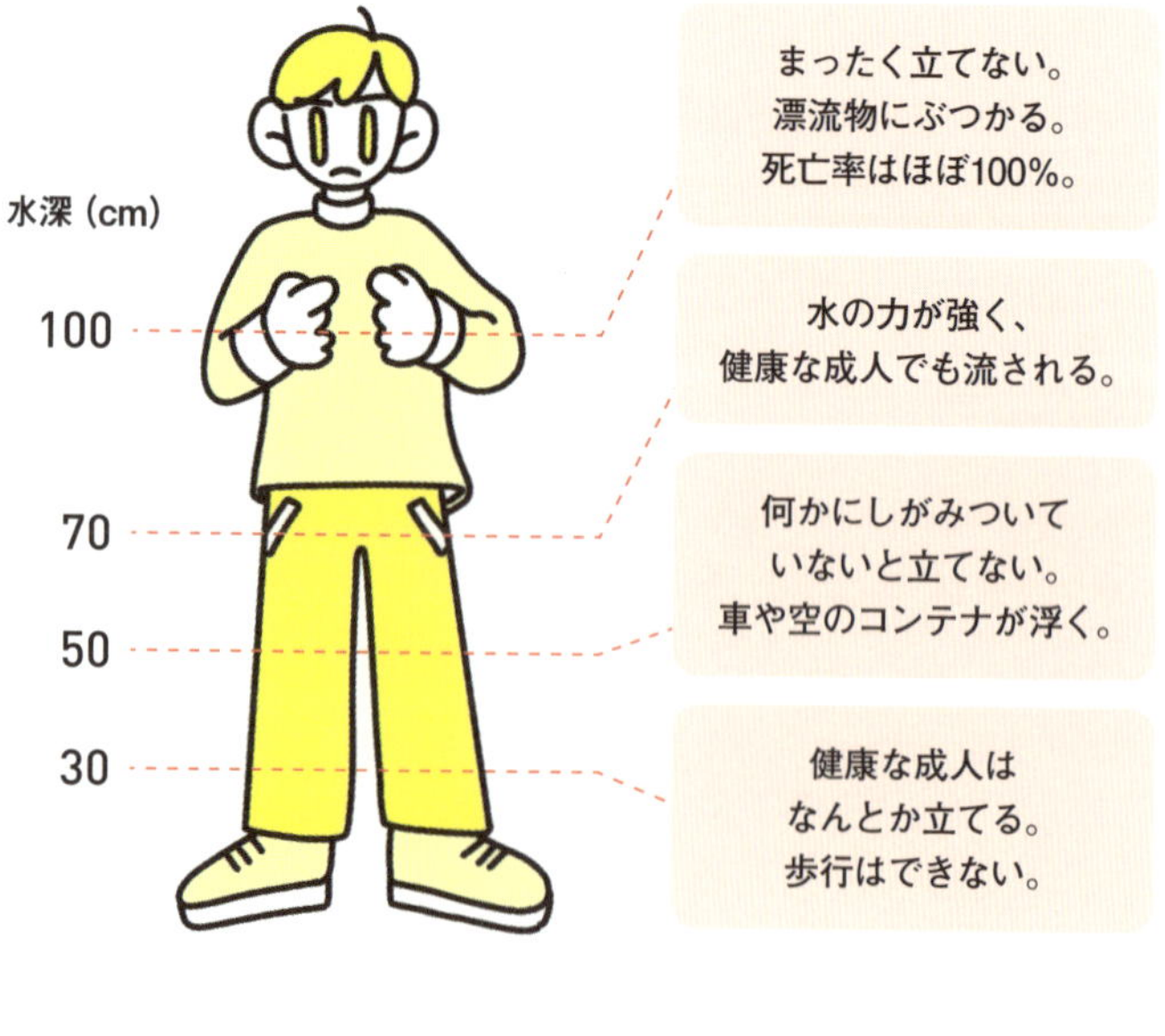

水深（cm）
100
70
50
30
まったく立てない。
漂流物にぶつかる。
死亡率はほぼ100%。
水の力が強く、
健康な成人でも流される。
何かにしがみついて
いないと立てない。
車や空のコンテナが浮く。
健康な成人は
なんとか立てる。
歩行はできない。

● **東日本大震災の津波の到達時間** ※震源との距離によってさらに早い場合もある

地震発生 → **地震発生から約3分後**
津波警報（大津波）を発表
（岩手県、宮城県、福島県） → **地震発生から約30分後**
津波の到達
（岩手県）

津波からの避難のための5原則

津波からの避難は行動に移る決断の早さと効率が重要です。避難の仕方について考えておきましょう。

1 事前にリスクを知っておく

迅速かつ冷静に避難できるように、自宅や勤務先、学校など生活圏内の津波浸水想定、津波到達予想時間、避難場所を調べておく。ハザードマップ(→P.76)を確認するとよい。

2 通説に惑わされない

「津波の前兆には急な引き潮がある」とよくいわれるが、前兆のない津波もある。また、過去の経験から「水はここまで来ない」と楽観視する人がいても、うのみにしない。

3 自動車はできるだけ使わない

車での避難は、渋滞に巻きこまれたり、倒壊した建物などにさえぎられたりして時間がかかる場合がある。要配慮者(→P.66〜73)の避難などやむをえない場合に限る。

4 「遠く」よりも「高く」を意識する

平坦な土地では津波が何kmも内陸に流れこむことがあるので、高くて頑丈な建物の上階に避難する。また、津波は川から遡上《そじょう》することもあるので、川からも離れる方向に進む。

5 警報などが解除されるまで戻らない

避難したところまで津波が来なかったからといって、安易に戻るのは危険。第2波、第3波で到達する場合もある。津波警報・注意報が解除されるまでは、安全な場所で待機する。

土地の性質による二次災害

地震による大きな揺れの影響で地盤がゆるみ、土砂災害や液状化が起こりやすくなります。地震の後、すぐに異変が起こらなくても、しばらくは警戒を続けましょう。

土砂災害

強い揺れによって山地や造成地の斜面崩壊が起こりやすくなる。土砂に水分などが含まれて流れ下ると土石流となる。また、土砂の影響で川の水がせき止められてできた湖が決壊すると洪水が起きることもある。

土砂の崩落現場

液状化

強い揺れの影響で、地盤の砂の粒子がバラバラになり、地盤が液体のようにやわらかくなる。地盤が液状化すると、地面が沈下したり、道路などに亀裂や陥没が生じたりすることがある。重さに耐えられず、建物や電柱が傾く場合もある。

道路が液状化した住宅街

05

避難の基本

避難のタイムラインを確認しておく

被害状況を見て安全な場所を選択する

地震がおさまったら状況を確認して、避難する必要があるかどうかを判断します。今いる場所に津波や火災、また建物倒壊など**二次災害の危険がある場合はただちに一時《いっとき》避難場所や広域避難場所へ避難します**。

その後、当面の危険がなくなったところで自宅の被害状況を詳しく確認し、改めて在宅避難か、学校などに設けられる避難所に避難するかを決めます。親戚や知人宅、またホテルなどへの自主避難という選択肢もあります。

自宅の安全が確認でき、備蓄がある場合は在宅避難が基本ですが、無理せず安心できる場所を選ぶことが大切です。

地震避難時のタイムライン

被害状況はもちろん、家族構成や生活スタイルなどによって、どこへどう避難するのかは変わります。ここでは避難時の基本的な流れを紹介します。

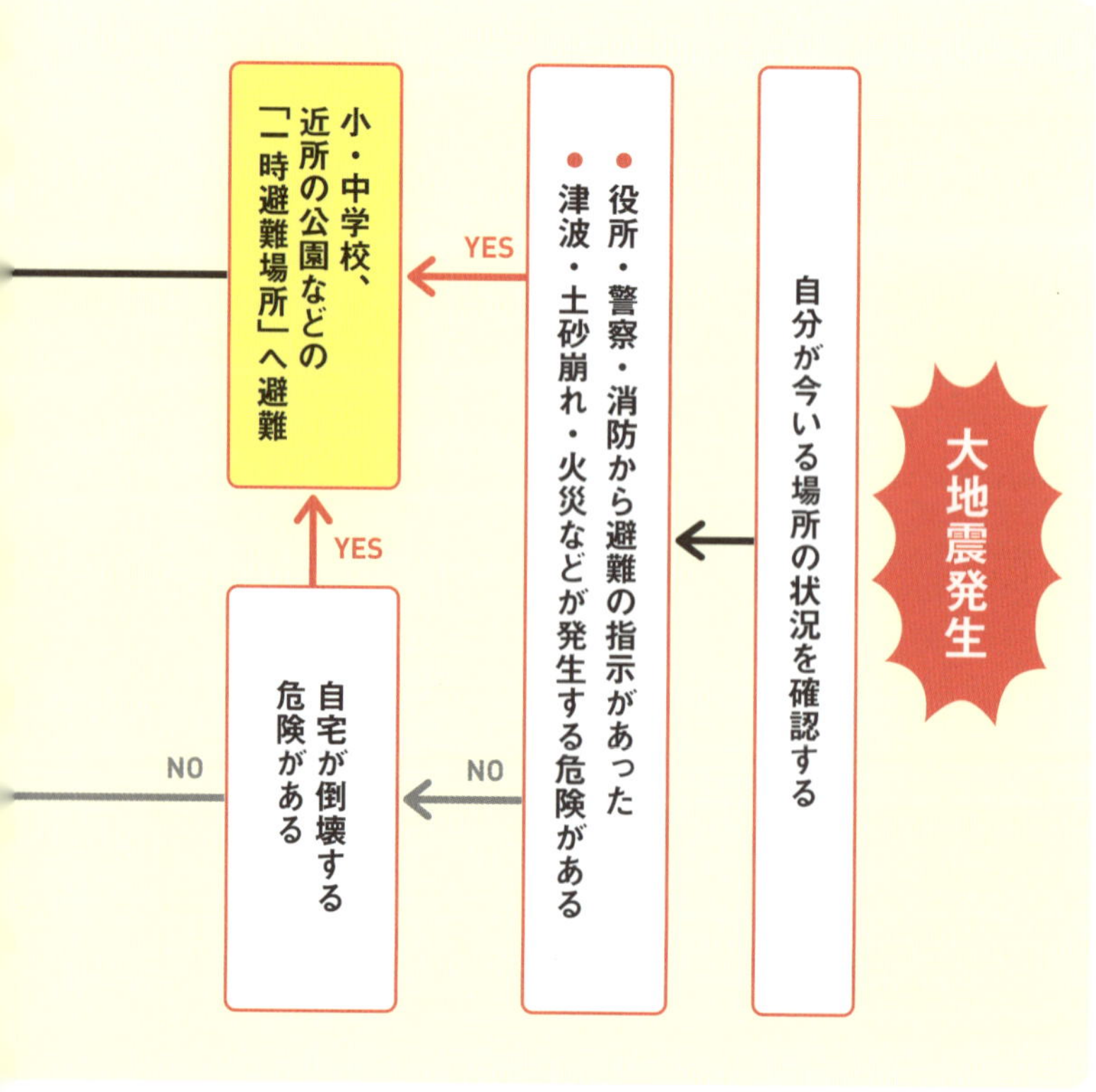

発災直後は「避難場所」へ、家に戻れなければ「避難所」へ

避難場所と避難所は異なる機能を持ちますが、自治体の指定によっては避難所が避難場所を兼ねている場合もあります。

避難場所

災害時に身の安全を図るために避難する場所で、「一時避難場所」「広域避難場所」が相当する。一時避難場所では、一時的に様子を見て、さらに避難が必要な場合は集団で広域避難場所などに移動する。

避難所

災害の危険から避難した住民や、災害により家に戻れなくなった住民が、一定の期間滞在するための場所。学校の体育館や公民館が指定されることが多い。

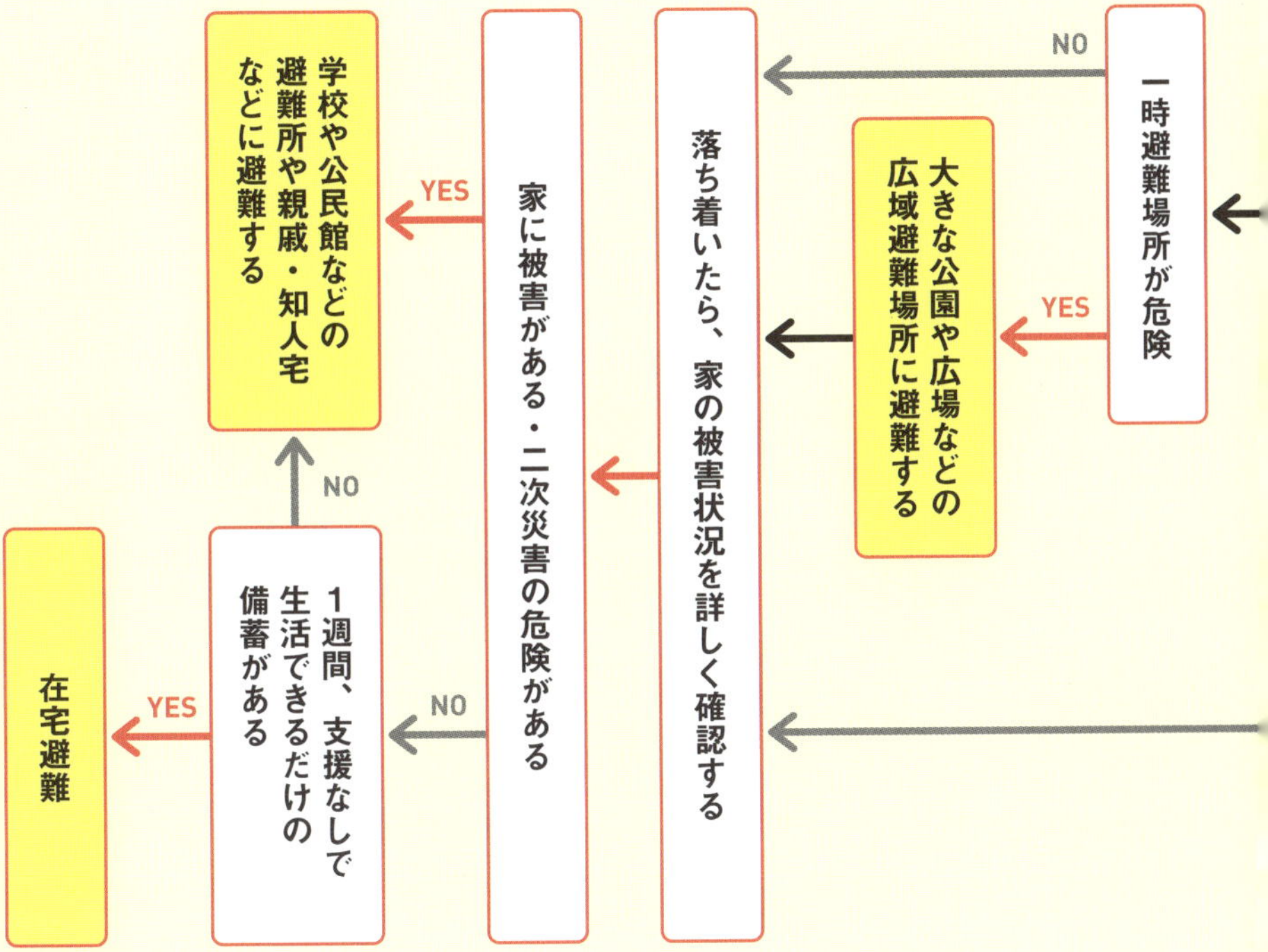

出典：東京都防災ホームページ「避難の流れ」

06

スムーズな避難の心がまえ

避難のために習慣にしておきたい行動

防災を意識した行動を生活の中で当たり前にする

災害は、時と場所を選びません。事前に発生タイミングがわかっていれば、それに合わせて準備もできますが、そんなことは、まずありません。しかし、災害時のことを常に考えて暮らすのは大変です。

そこで、**災害対策を日常生活の延長で無理なく取り入れるため、できることから始めてみましょう**。例えば、家屋の補強工事も重要ですが、「この棚が転倒したらドアが開かなくなるな」というように、**家の中の危険箇所をチェックして、配置を変える**だけでもOK。**日々のちょっとしたことも防災を意識して行動を変える**、それが非常時の安全な行動につながります。

こまめに、多めに、満タンに、を習慣化する

日常生活のさまざまなシーンで、元々の行動に「こまめ、多め、満タン」の行動を追加すると、災害時の備えにもなります。習慣にしておきましょう。

スマートフォン・バッテリー	情報収集に携帯端末は必須。できるだけこまめに充電しておく。
お金	停電でキャッシュレス決済が使えないことがある。最低限の現金を常に持っておく。公衆電話用の10円玉も10枚程度あるとよい（災害時は無料開放されることもある。緊急通報は常時無料）
食料・水	常に1週間分の食料と水を確保しておく。多めに買って、賞味期限の近い物から使うローリングストック（→P.60）を習慣化する
トイレ	外出先で被災したとき、トイレが使えるとは限らない。行きたいと思ったとき、行けるときにはこまめに済ませておく
車	被災後はガソリンが手に入りにくくなる。特に避難時に車が必要な要配慮者がいる場合は、ガソリンが半分になったら満タンにする習慣を
外出先	商業施設や飲食店ではこまめに非常口を確認する
キッチン	激しい揺れで調理器具や調味料の容器などが飛んでくることがある。こまめに片づけて出しっぱなしにしない
脱衣所	地震で物が落ち、破片が散乱している中を裸や裸足で移動するのは危険。羽織れる物と厚底のスリッパを手の届く所に用意

近所や通勤、通学路で危険な場所と安全な場所をチェック

通勤・通学時や買い物、散歩など、日常生活の中で外出するついでに、道中の危険な箇所や安全な避難場所、避難経路などをチェックしておきます。

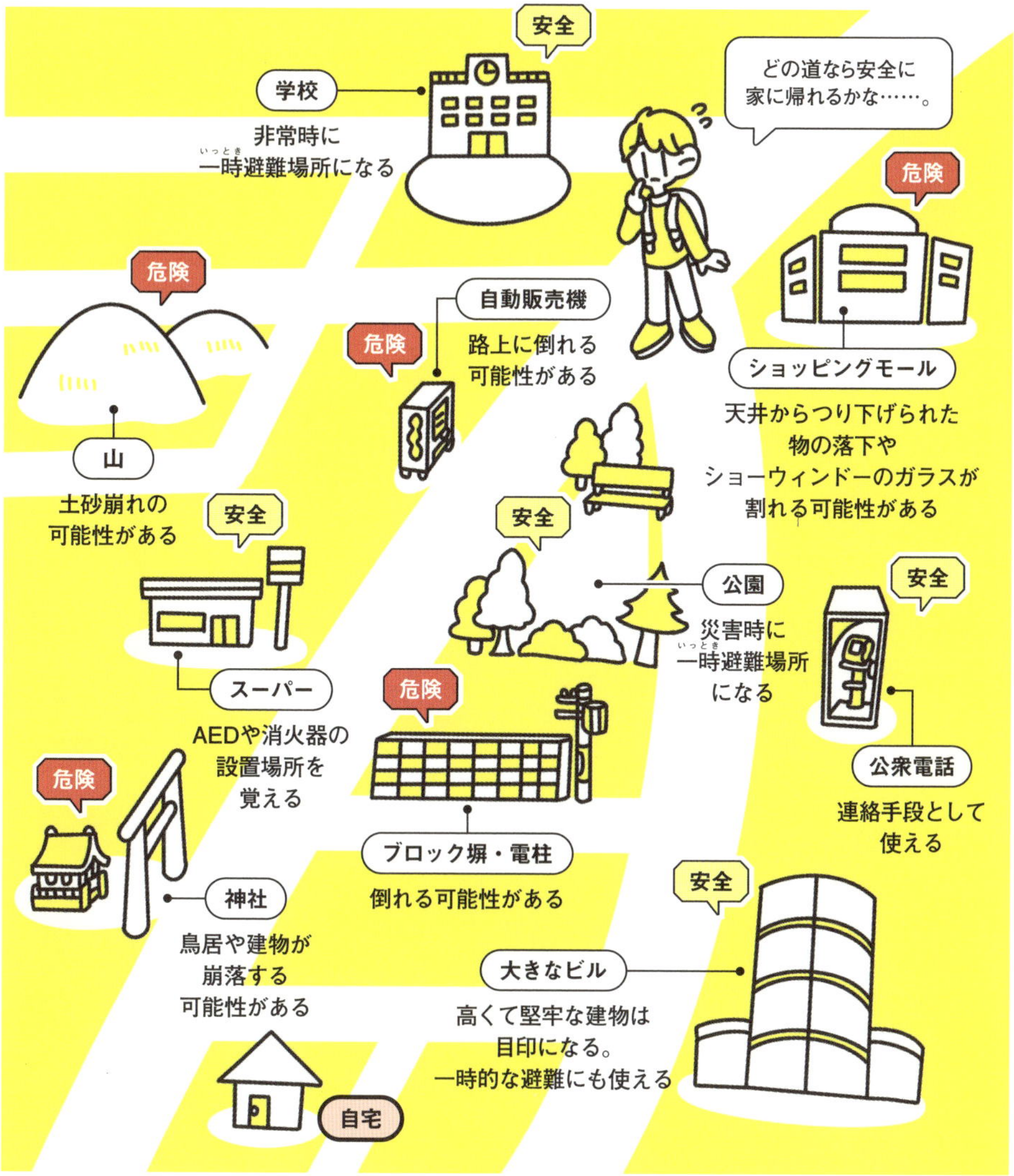

海が近い場合は
高い建物を探しておこう。

いつもの帰路以外の道を
知っておきたいね。

07

職場での備え

職場からの帰宅は危険が伴う

安全なタイミングで帰宅できるようにする

日中は職場・学校でほとんどの時間を過ごすという人も多いでしょう。会社の災害対策や、備蓄品の保管場所などを確認しましょう。会社の備蓄品だけに頼らず、スニーカーやレインコートなど、必要な物を個人で用意しましょう。3日間、職場に滞在できる備蓄量が目安です。

職場で被災したら、自宅に子どもや要配慮者がいるなどの事情がなければ、むやみに帰宅を急ぐのは危険が伴うことがあります。地震に限らず、自然災害で公共交通機関が計画運休を行うこともあります。自宅と職場が離れている人は、最新情報を確認する習慣を身につけ、帰宅の判断基準を考えておきましょう。

大地震により膨大な数の帰宅困難者が発生する

大地震により多く発生する帰宅困難者とは、災害時に外出しており、自宅が遠距離のために帰宅できない人と、徒歩で遠距離の自宅に帰宅する人を指します。

● 帰宅困難者数

東日本大震災
515万人

南海トラフ地震（予想）
380万人

首都直下地震（予想）
800万人

※東日本大震災は東京都、神奈川県、千葉県、埼玉県、茨城県南部の人数。南海トラフ地震と首都直下地震のデータは当日中に帰宅困難な人の想定人数。

● 帰宅のリスク

群衆《ぐんしゅう》雪崩《なだれ》

多くの人が集まる駅や道に人が殺到しその場や階段などで転んだりつまずいたりして、ケガや圧死の原因となる。

余震

帰宅途中に余震にあうと、建物からの落下物や、本震では倒れなかった建物が耐えきれずに倒壊するなど新たな危険にさらされる。

災害実例

地震以外の帰宅困難

台風や大雨、大雪などの場合、そもそも出社しない・させないのが一番ですが、出社後に天気が急変し、帰れなくなる場合もあります。地震に比べると比較的短時間ではあるため、この場合は職場で待機して落ち着くのを待ちます。冬期は車の運転中、大雪のため道路で立ち往生することがあります（→P.211）。

職場の身の回りを整え、安全な帰路を確保する

帰宅のリスクがある場合は職場で待機する必要があります。職場を安全な環境にして、リスクのないタイミングで帰宅できるように帰路を確認しておきましょう。

職場の防災環境を確認する

- オフィス家具、OA機器などを固定
- 古い・不要な書類は処分
- キャビネットの上に段ボールなどを積まない
- 廊下や非常階段に物を置かない
- 消火器をいざというときに手に取れる位置に配備

帰宅手段や帰路を確認する

家から職場への道の把握

交通機関が止まっていたときの帰宅手段や、自分の体力でどこまで歩けるのか、途中に危険箇所がないかを調べておく。

一時滞在施設・帰宅支援ステーション

外出中に被災し、職場にも戻れないときは一時滞在施設に行く。徒歩で帰宅する際は、飲料水やトイレ、情報などを提供するコンビニやガソリンスタンドなどの帰宅支援ステーションを知っておく。どちらも設置場所は自治体がWebサイトで公表している。

職場に備えておきたい物

- □ 飲料水（3L×3日分）
- □ 非常食（3日分）
- □ 着替え（動きやすい物上下）
- □ 下着一式
- □ 歯ブラシまたは口腔ケア用ウエットシート
- □ 体用ウエットシート
- □ エマージェンシーブランケット
- □ モバイルバッテリー
- □ 携帯トイレ（3日分）
- □ 歩きやすい靴（スニーカー）
- □ レインコート
- □ リュックサック

被害拡大を防ぐ計画運休

近年増えている台風や大雪などの災害による被害を防ぐために、鉄道や航空などの交通機関が前もって運転の休止を告知し、実際に運休することを「計画運休」と呼びます。

国が提示する鉄道の計画運休例

48時間前	計画運休の可能性の情報提供
	※必ずこの時間前に発表されるわけではない
24時間前	計画運休予定情報 日時・振替輸送の有無など
運休実施前（当日）	当日の計画運休の詳細な情報 運休開始時刻・行き先など 空港との連携：空港の状況の情報提供
運転再開	運転再開見込みの情報提供
気象回復後	運転再開当日の運転計画の情報提供

（24時間前〜運転再開：随時更新する）

出典：国土交通省「鉄道の計画運休の実施についての取りまとめ」

注意！

計画運休をするかは災害ごとに異なる

- 交通各社の運行や点検にかかる人員などのちがいで、運休計画が異なる
- 国土交通省は、鉄道各社と気象庁が平時から連携して、計画運休判断の精度向上に努めるよう通達を出している

2014年に
初めての本格的な
計画運休が
行われたよ。

08

情報の入手方法

正しい情報を得るための選択肢

素早く正確な情報を得るため情報源を複数持つようにする

被災地では正確な情報を得ることがなかなかできません。**情報不足のときに誤った判断をすると、命を危険にさらすこともあります。**正確な情報を早く入手するためには**普段から信頼できる情報源と、情報を得る手段を確保しましょう。**SNSは手軽に使える一方で通信制限がかかる可能性があったり、ラジオは素早く情報が得られる代わりに使い慣れていないと不便だったり、それぞれに特徴があります。

　被災直後は停電することが多く、テレビはほとんど使えません。ラジオやスマートフォンでの情報収集にも電源が必要です。備蓄品には必ず予備電源を入れましょう（→P.105）。

停電すると得られる情報が限られる

地震の影響で停電が起こると、テレビが映らなくなったり、スマートフォンの通信状態が悪くなる可能性があります。他の媒体を用意して、多方面から情報を得る準備をしましょう。

○	ラジオ	インターネットを介さない限り、外部の影響を受けにくい
△	Webサイト・アプリ・SNS	通信制限の影響で見られなくなることがある
×	テレビ	停電で使えなくなる

インターネットを使わずに
ラジオが聴ける
スマートフォンもあるよ。

情報源の選択肢を
いくつか
用意しておこう！

情報収集に使える発信源

停電中でも使えるラジオやスマートフォンは貴重な情報源です。特にラジオは、発災直後でインターネットの通信が不安定なときでもリアルタイムに情報が得られます。

	特徴	注意点
AM放送	• 遠くまで電波が届く • ノイズがのりやすい • 建物内では聞こえにくい	• 目的の局にすぐに合わせられるよう、日ごろからラジオ番組を聴いたりして使い慣れておく • 乾電池や充電機器の予備を必ず用意する。手回し充電は、労力の割に聴ける時間が短い
FM放送	• 電波は遠くまで届かない • 音質がよい • 建物内でも聞こえる	
コミュニティFM	• 地域のラジオ局なので独自の地元の情報を得られる • 地域情報が中心のため、広い範囲の情報は別の手段が必要	
ラジオアプリ	• スマートフォンやパソコンを使用する • ラジオ受信機を使わず、インターネットを介して聴ける	• 数秒〜数分の遅れが発生することがある • インターネットを介しているので通信障害時に聴けなくなる可能性がある
SNS（X・LINE・Instagramなど）	• 公的機関やメディアなどが公式アカウントを開設して情報発信している • リアルタイムで情報を見られる	• 公的機関やメディアが運営するアカウント以外の情報は、うのみにしない • 発災直後、情報発信や収集に集中して、周囲の危険に気づけなかったり、逃げ遅れたりするので身の安全を確保してからSNSを使う • インターネットを介しているので通信障害時に見れなくなる可能性がある
アプリ（Yahoo! 防災速報・NHKニュース・防災アプリ・自治体が提供する防災アプリなど）	• さまざまな速報や災害・気象情報、各地の避難所情報などを提供する • 各自治体が提供しているアプリでは、その地域に則した情報を得られる	• 災害時の通信障害の影響でダウンロードに時間がかかる可能性があるので、平時からアプリを用意しておく
webサイト（NHK NEWS WEB・国土交通省防災情報提供センター・各自治体のポータルサイト）	• さまざまな速報や災害・気象情報、各地の避難所情報などを提供する • アプリやコミュニティFMがない地域でもポータルサイトが用意されていることが多い	• 災害時の通信障害の影響で確認に時間がかかる可能性がある • 情報が多いので、サイトによっては、自分に必要な情報を見つけるのに時間がかかる

信頼できるX公式アカウント

首相官邸（災害・危機管理情報）
@Kantei_Saigai
各機関が発表する防災情報をまとめて確認ができる。

内閣府防災
@CAO_BOUSAI
災害関連情報や内閣府の防災に関する取り組みについて発信している。

警視庁警備部災害対策課
@MPD_bousai
防災や避難生活で役立つ情報を発信している。

気象庁防災情報
@JMA_bousai
風水害や地震、火山の噴火などの状況や今後の見通しを発信する。

NHK生活・防災
@nhk_seikatsu
防災に関する情報のほかに、生活・くらしに関する情報も発信している。

09

災害時の連絡方法

電話以外の連絡の取り方を知っておく

まずは自分や家族の安否を発信する

災害時は、電話やインターネットがつながりにくくなります。そのため、**自分の無事を知らせ、家族や知人の無事を確認するのに普段使っている電話やメール以外の手段を知っておく必要があります**。

災害時にはＮＴＴが災害用伝言ダイヤル、災害用伝言板（ｗｅｂ１７１）を提供し、通信各社は災害伝言板を開設します。平時に使い方を調べておき、体験する機会があれば実際に使ってみましょう。

また、**事前に家族や知人と「災害時は○○避難所へ行く、満員なら△△へ」など、取るべき行動を決めておきましょう**。通信ができなくても、合流できる可能性が高まります。

設備の損傷や通信集中で通信障害が起こる

災害時の通信障害の原因は主に３つ。特に、停電と通信制限は、電話がつながりにくい状況になる主な要因です。

● 通信障害の原因

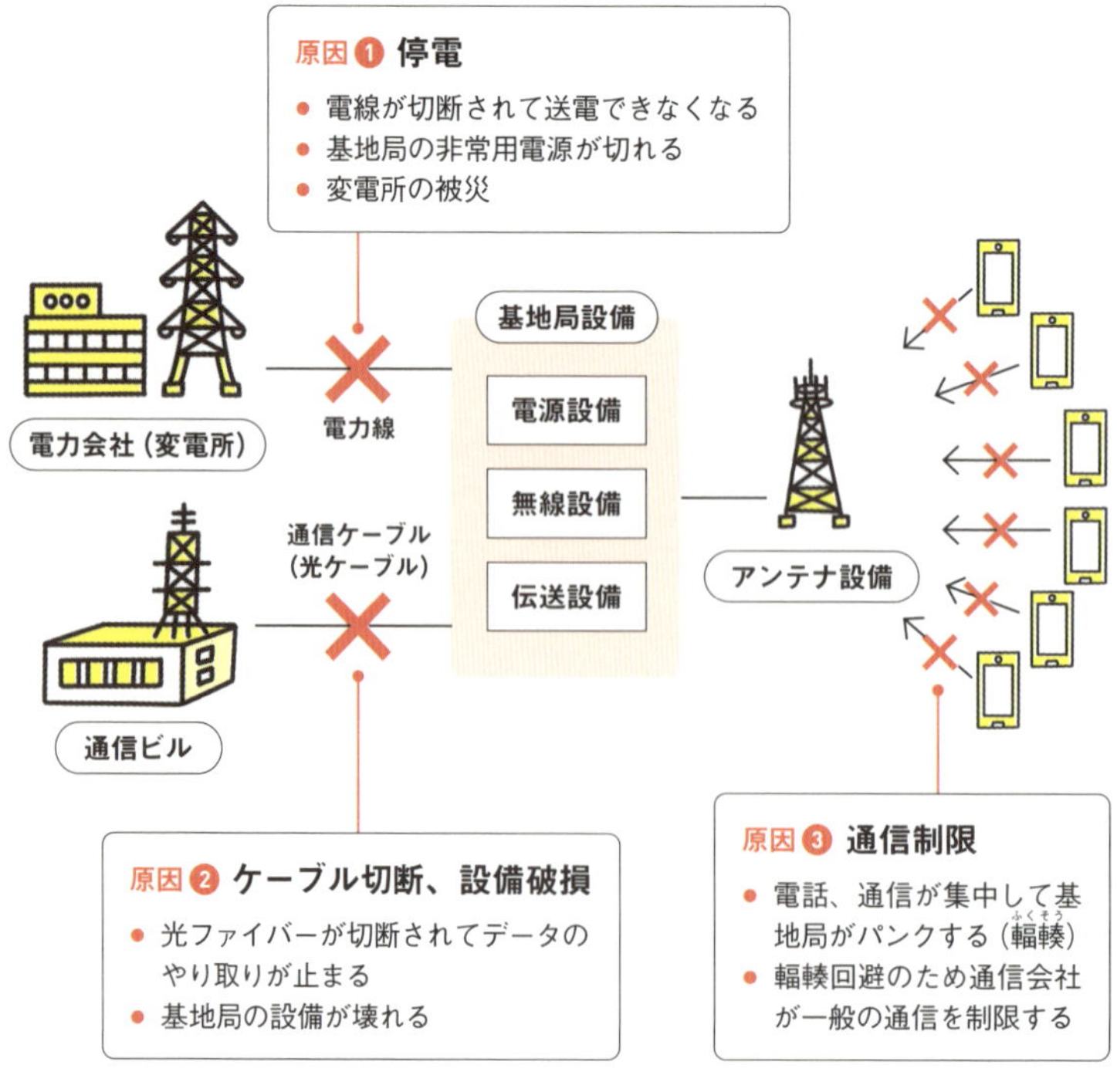

出典：ソフトバンクニュース「通信を守り、未来を築く。災害時の通信障害対策の現在と次世代社会インフラによる新しい防災の形」

通信障害時にも使える災害用伝言サービス

災害用伝言サービスは、被災地の電話番号の持ち主が登録した安否情報（伝言）を、被災地以外からでも確認できるサービスです。毎月1日と15日、防災週間など、災害時以外にも体験できる日があります。

事前に用意すること

- 伝言を確認するには、相手の電話番号を知っていることが必要
- アプリが必要なものはあらかじめインストールしておく
- 災害時に伝言を知らせたい相手のメールアドレスが事前登録可能な場合はしておく

使い方 ※一部、格安スマホでは対象外

災害用伝言板…大手通信会社

① 各通信キャリアのホームページやアプリから災害用伝言板にアクセス
② 案内に沿ってメッセージ等を登録

- 伝言登録は被災地からのみできる
- 伝言確認は世界中どこからでもできる
- 相手が他社の災害用伝言板や災害用伝言板（web171）を使っていても確認できる

災害用伝言ダイヤル／災害用伝言板（web171）…NTT東日本、NTT西日本

① 伝言ダイヤルは171、web171はhttps://www.web171.jp/にアクセス
② 案内に沿って、被災地にいる場合は自宅の電話番号、被災地以外にいる場合は連絡を取りたい人の自宅の電話番号を入力し、伝言を登録

- 伝言ダイヤルとweb171は、それぞれで登録された内容を相互に確認できる

日常的に使うSNSでの安否の伝え方

SNSのアカウントを持っている場合は、SNSで安否を知らせることができます。データ通信は比較的輻輳の影響を受けにくいため、電話よりつながる可能性が高いです。

家族グループを作る

LINEで家族のグループを作成し、日ごろから使う。伝言サービスより早く安否確認ができる。

アカウント名を変える

名前＋「無事」などにしておけば、同じSNSを利用している人に安否が伝わる。ただし、「○○避難所にいます」など特定できる情報は入れない。

＼ 備える知識 ／

00000JAPAN（ファイブゼロジャパン）

災害時、無料で提供されるWi-Fiです。誰でもパスワードなしで、避難所、公共施設、駅やコンビニの周辺などで利用可能。セキュリティ面は低下しているため、緊急の情報収集のみに使用するのが無難です。

10

救助

現在地を把握して伝える

自分のいる場所を正確に他人に伝える方法

地震のとき、倒れてきた物の下敷きになったり、激しい揺れでドアや窓が開かなくなったりして、閉じこめられてしまうことがあります。自分がいることを知らせて救助を要請する方法を知っておきましょう。

また、傷病者を搬送してもらう、あるいは火事を知らせるなどの状況で、**救急車や消防車の出動を要請する場合も、現在地を正確に伝える必要があります**。被災直後は気が動転して慌ててしまい、せっかく電話がつながってもうまく伝えられないことがあります。「何をどのように伝えれば位置をわかってもらえるか」を理解し、自宅の場所を言えるようにしておきましょう。

動けないときに自分の存在を知らせる音と光

閉じこめられたり取り残されたりしたとき、音や光は助けを求めるのに効果的です。無理に動かず、相手が確認できるまで続けることがポイントです。

音で知らせる

閉じこめられて身動きがとれない場合、大声で叫び続けると体力を消耗するので、ドアや壁をかたい物でたたいたり、足で蹴ったりして音を立て、自身の存在を知らせる。ホイッスルがあれば吹き続ける。

光で知らせる

マンションやビルの上層階に取り残された場合は、鏡やCDの裏面などで日光を反射させて知らせる。懐中電灯なども役に立つ。

自動販売機から現在地を知ることができる

スマートフォンで通報すると、消防署などはGPS機能で位置を特定してくれることもあります。現在地を聞かれた場合、建物の住所または以下のような情報を伝えます。

自動販売機の住所表示

ここの住所は
△○市○○区

屋外設置の自動販売機には住所表示ステッカーが貼ってある。

信号機・道路標識の管理番号

500-17
072-
003456

事故や事件の際に使えるよう、警察などで管理されている。

電柱番号

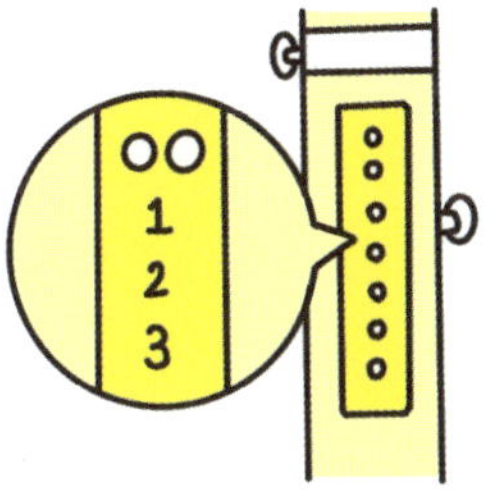
○○
1
2
3

すべての電柱には「区域名＋番号」のような電柱番号が振られている。

通報後、
再確認の電話がかかって
くることがあるから
電源を切らないでね。

災害体験

笛の音は遠くまで届く

2008年
岩手・宮城内陸地震

地割れで運転していた軽トラックもろとも横転してしまい、車から離れた広いところへ避難しました。私は山岳救助隊の隊員でもあり、山岳会では「何かあったときは動くな」が鉄則のため、しばらくその場で動かずにいました。1時間ぐらいたったころ、見回りの人たちが来たらしく話し声が聞こえてきたので、「おおい！」と呼びましたが聞こえていない様子。笛を吹くとすぐに人が来てくれました。笛は200m、300m先まで聞こえますからね。持っていて本当によかったと思います。

（60代 男性）　内閣府「一日前プロジェクト」より

※紙面の都合上、記載を一部編集しております。

11

災害直後の初期行動①

脱出経路を常に想定しておく

狭い空間のパニックは脱出を困難にする

電車やバスの乗車中、建物の上層階にいるときなど、特定の空間内にいるときに地震が起こった際は、まず何よりも落ち着くことが大切です。

狭い空間では恐怖や不安を感じやすくなりますが、パニックを起こす人がいると周囲に伝わり、二次災害を起こしてしまいます。

まったく逃げ場がないということは少ないので、姿勢を低くし頭を守りながら、揺れが止まるのを待ちます。電車やバスは、線路や道路、車両の被災状況により、その場で車外へ避難するか、駅やサービスエリアなど安全と思われる場所まで運行するか、運行会社と乗務員が判断するのでそれに従いましょう。

上層階からの脱出手段

高い建物の高層階は、長い時間、大きくゆっくり揺れます。そのため高層階ほど物が転倒して通路をふさいだり、エレベーターが故障したりする可能性があります。

● 高い建物から避難する手順

- 階段や非常階段で1階まで降りるのが基本
- その時点で動いていても、途中で止まる可能性があるため、エレベーターを使わない
- 損傷や火災で階段が使えないときはベランダなどに設置された避難はしごを使って下の階に移動する
- 自室に避難はしごがない場合、隣室のベランダにある場合が多い。隔て板を蹴破って隣室の避難はしごを使う

避難はしご

写真提供：オリロー株式会社

● 地震発生時にエレベーターに乗っていたら

- 行き先階のボタンをすべて押し、最初に止まった階で降りる（その階まで動いたからといって、1階まで動くとは限らない）
- 止まったまま動かない場合は、非常用ボタンを押し、インターホンで外部に連絡
- 備え付けの連絡先電話番号にスマートフォンから電話する
- 持っているかたい物でエレベーターのドアをたたく、ホイッスルで大きな音を出すなど「大きな音」で閉じこめを知らせる

急に激しく
動くかもしれないから
エレベーターのドアは
無理に開けないで。

電車やバスは乗務員の指示で避難する

地震が発生すると、電車やバスは緊急停止します。地震の揺れを感じたら手すりなど丈夫な物にしっかりとつかまり、ケガを防ぎましょう。

揺れを感じたときの姿勢

- **座っているとき**
体を折り曲げて頭を下げる。深く腰かけて、両手で手すりをつかむ。手荷物や腕で頭を守る。余裕があれば網棚の荷物を下ろす
- **立っているとき**
つり革や手すり、座席などにつかまり、できれば低い姿勢を取る
- **満員電車で立っているとき**
つり革、手すりにしっかりつかまり、足をふんばって倒れないようにする
- **新幹線に乗っているとき**
緊急停車で大きな衝撃がある場合も。前かがみになり、頭を守る

揺れがおさまったら乗務員の指示を待つ

- 揺れがおさまったあと、鉄道会社は線路の状況や車両への被害を確認する。地震が大きいほど、確認には時間がかかるため、その間電車は動かない
- 電車もバスも、止まっているからといって勝手に外に出るのはNG。特に、高速道路・線路上・地下鉄トンネル内での降車は危険

東京の山手線（11両編成）は
乗務員2人に対し、
ラッシュ時に最大約2100人
乗っているんだって！

車の運転中に地震にあったら、道路の左側に停車

揺れを感じたら、ハザードランプをつけてスピードを徐々に落とし、道路の路肩に寄せて止めます。最新情報を得やすいラジオをつけて、状況を把握しましょう。

車を置いて避難する

- 津波、浸水、火災の危険がある場合や、渋滞中に避難指示があったときは、車を置いて避難する
- 緊急車両を妨害しない場所に、キーをつけた状態で車から離れる
- 連絡先を書いたメモを残し、車検証と貴重品を持っていく

注意！ トンネル内にいたとき

- トンネルの出口が見えている場合は、そのままスピードを落として慎重に運転し、トンネルを出てから停車
- 出口が見えないときは、左寄せ停車後、エンジンを切る。ラジオで災害時用の緊急放送を聞き、安全な場所に避難する

12

災害直後の初期行動②

初期消火と下敷きからの救助

救助隊を待つ間に周囲の人々とできることをやる

　揺れがおさまったらまず出火の有無を確認しましょう。出火している場合、**火がまだ小さいうちなら消火活動を行います**。家庭用の消火器があればそれを使うのがベストです。消火しきれず、**炎が天井まで届いたときは、消火をあきらめて逃げましょう**。

　出火していない場合は、がれきや倒れた家具などの下敷きになった人がいないか確認し、いれば周囲の人々と協力して救助します。バールやジャッキは、地域の防災倉庫に備蓄されていることがあります。**救助は自分の安全を確保しつつ、必ず複数人で行います**。救助者が二次被害にあわないよう十分注意しましょう。

初期消火に消火器を使う

いざというとき、消火器が使えないと困ります。防災訓練などで体験会があったら、ぜひ参加してみましょう。

● 消火器の使い方

1

安全ピンを抜く

消火位置を定め、安全ピンを抜く。炎の高さの2～3倍を目安にした距離まで近づく。

2

ホースの先端を握る

ホースを外し、ホースの先端をしっかり握る。炎ではなく火元にホースを向ける。

3

放射する

ホースを火元に向けたままレバーを強く握って放射する。火元をはくようにするのがコツ。

NG! 初期消火でやってはいけないこと

- **調理中の油に引火したら水をかける**
  - ➡ 火がついた油に水をかけると飛び散って大きく広がる。消火器必須
- **電源プラグやコンセントからの出火ですぐに水をかける**
  - ➡ 水をかけるのはブレーカーを落とすなどして電気を遮断してから
- **電子レンジ庫内の火災ですぐに扉を開ける**
  - ➡ 電源プラグをコンセントから抜いて様子を見ながら消火器を用意
- **ビルやマンションの火災のときエレベーターで避難**
  - ➡ 燃えている階で扉が開いたり、停電で中に閉じこめられたりする
- **天井まで燃えている状態で消火を試みる**
  - ➡ 初期消火が可能なのは天井に火が回るまでと心得て、深追いしない

がれきの下敷きになっている人を助ける

がれきなどの下敷きになったまま72時間が経過すると、生存率が急激に下がるとされています。救助隊を待つだけでなく、周囲の人々の救助活動が必要です。

救助のポイント

1. 自分自身の安全を確保する
2. 1人ではなく、複数人で協力する。
1人で無理に活動すると二次被害にあう可能性がある
3. 元気づけるような声がけをして下敷きになっている人に安心感を持ってもらう

注意！ クラッシュ症候群

2時間以上圧迫されていた体が急に解放されると、たまっていた毒素が全身に急激に広がり、致死性の不整脈などを起こして死に至ることがある。これをクラッシュ症候群という。クラッシュ症候群を防ぐためには一刻も早い救助が必要だが、すでに圧迫が長時間に及んでいる場合は無理に動かさず、救助隊の到着を待つ。

ジャッキを使ってがれきを持ち上げる

がれきはかなり重量があるため、人力ではなかなか排除できません。自動車用のパンタグラフジャッキや、防災用のジャッキを使ってがれきを持ち上げる方法があります。

ジャッキはどこにある?

- 救助用具として防災倉庫に備蓄
- 車を取り扱う店や整備工場
- 車載（トランクのフロア下、助手席の下など）

ジャッキの使い方

1. がれき下の地面やコンクリート基礎など安定した面に設置する
2. 操作レバーやハンドルを取り付ける
3. ゆっくりと操作し、ジャッキアップする
4. すき間ができるたびに、角材などを挟んで支えを作る
5. 人が抜け出せるすき間ができたら救助者を安全な場所に移動し、支えを少しずつ外しながらジャッキを下げる

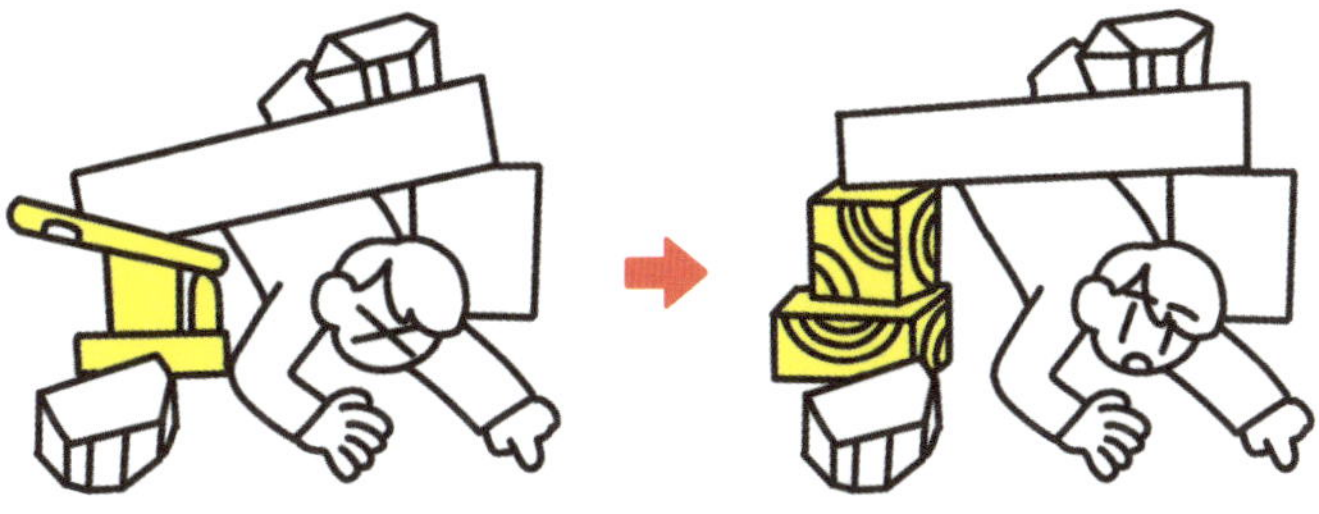

13

災害直後の初期行動③

火災が起きたときの避難方法

平時から火災の発生件数は多い

災害時に限らず、火災は頻繁に発生しています。出火原因は、タバコ、焚き火、コンロの消し忘れが上位になっています。一方、災害時は、電気火災が主な原因になります（↓P.27）。これは、暖房器具や照明器具が可燃物と接触する、建物が倒れる際に配線が切れる、などによる出火です。

特に災害時は消火活動や消防の出動が格段に難しくなり、延焼を止めることができず大規模火災に発展することが多くなります。避難の際には大声で救助を求め、煙を吸わないように姿勢を低くして避難しましょう。通路からの避難が困難な場合は窓からの脱出、もしくは窓から身を乗り出し、救助を求めましょう。

火災発生時の行動は、落ち着くことが大切

発災直後の火災の場合、被災して慌てている状態で大量の煙や炎に遭遇することになります。平時よりさらに落ち着いた行動が命を守るカギです。

大声で知らせる

「火事だ！」と叫んで周囲に知らせ、必要に応じて協力を求める。

注意！

余裕があれば119番通報をしてもらうように協力を求める。

初期消火が無理なら逃げる

初期消火の目安は3分以内、もしくは天井に炎が回るまで。開かない扉がないかなど、避難経路をまず確保。

注意！

避難するときは燃えている部屋のドアを閉めて、延焼を防ぐ。

逃げるときは姿勢を低く

煙や炎は上にいく性質がある。煙を吸いこまないように。

注意！

火災で最も危険なのは煙。酸素が乏しく、有毒ガスが多いため、濃い煙を一息吸いこんだだけでも気を失い、動けないまま煙を吸い続けることで死に至ることも。

＼ 備える知識 ／

外出時の火災

デパートやホテルなどの建物での火災が発生した場合、エレベーターは使わず避難階段を使って避難しましょう。また、速やかに避難ができるように、外出先では非常口の位置を確認する習慣を身につけましょう。

煙を避けるために姿勢を低くして逃げる

煙は上にいく性質があるので、まずは四つんばいや床を這《は》うような低い姿勢になりましょう。そして、床近くに残る比較的きれいな空気を吸いながら避難します。

煙には一酸化炭素などの有害ガスが大量に含まれ、高温になっていることもあるため、吸いこむと一瞬で意識を失うこともある。

タオルやハンカチを鼻や口にあてると、煙粒子の吸いこみを減らす効果があり、折りたたむことで、フィルターの効果が高まる。有毒ガスには無効なため、タオルをあてているからと安心せず、速やかに避難する。

壁と床の角には空気が残っていることがあるので、その空気を吸いながら避難する。

高い位置の煙は濃度が濃くなる。低い位置は比較的安全なので、四つんばいに近い姿勢で避難する。

階段が使えないときはぶらさがってから降りる

建物の2階以上にいるときに火災が発生した場合、炎や煙で階段が使えなくなり、地上に降りられなくなることがあります。そのようなときは窓やベランダからの脱出を検討しましょう。

ぶら下がり避難（2階まで）

避難器具が近くにないときは、窓枠などをつかんでぶら下がってから降りると足への衝撃がやわらぐ。ただし、3階以上は危険。

窓で「く」の字

避難が難しいときは、窓から身をのりだし、腰を「く」の字に曲げて窓の下の空気を吸い、助けを求める。

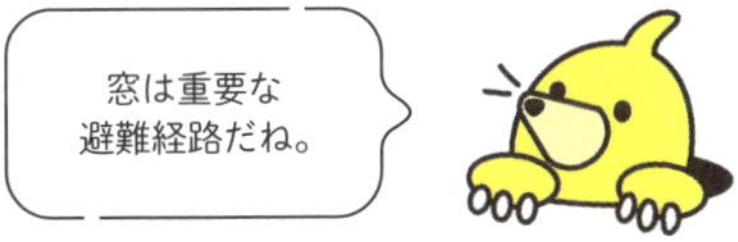

14

応急処置①

応急処置は「自助」と「共助」

自分を助ける「自助」と周囲の人と助け合う「共助」

一度に多くの人が負傷する災害時は、医療機関の救護活動が追いつかなくなることが想定されます。このような状況で命を守るには、自分を助ける「自助」と、周囲の人と助け合う「共助」が欠かせません。

さらに、被災地の医療機関では応急処置の道具が不足しがちなうえ、入手困難になります。**簡単な処置は、各自の応急処置の知識と「救急セット」が頼りです**。

応急処置は、ケガを治すのではなく、今より悪化させないことが目的です。自分や周囲の人がケガをしたとき、慌てず適切な対処ができるよう、応急処置と救助の基本を知っておきましょう。

人命救助には「助け合い」が欠かせない

大規模な地震災害時では行政も被災し、「公助」が困難な例もみられます。そのため自助・共助による救助活動がますます重要なものとなっています。

阪神・淡路大震災における救助の主体と救出者数

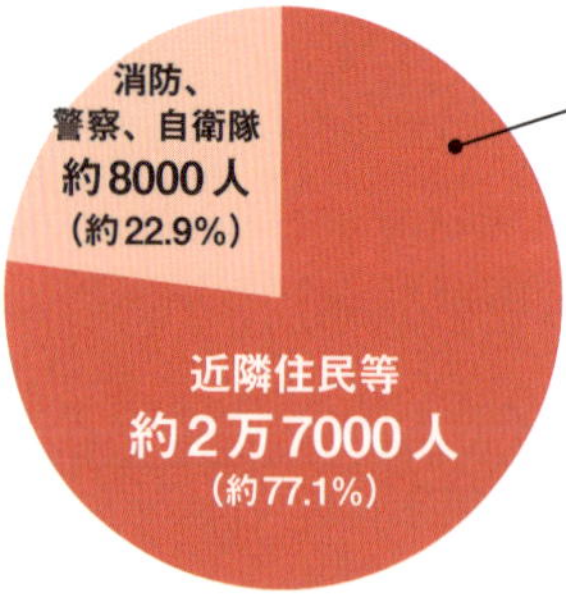

阪神・淡路大震災では、倒壊した建物から救出され生きのびることができた人の約8割は、家族や近所の住民などによって救出された。

出典：「令和4年版 防災白書」

＼ 備える知識 ／

応急処置の講習を受けてみよう

応急処置の知識と技術を身につけるには、各消防署などで行われている救命講習に参加するのがおすすめです。講習を受けて実際に体験しておくことは、いざというときの大きな自信になります。パソコンやスマートフォンなどで応急手当の基礎的な知識を学ぶことができる、「応急手当WEB講習」もあります。

総務省消防庁
一般市民向け応急手当WEB講習
https://www.fdma.go.jp/relocation/kyukyukikaku/oukyu/

命を救うための救急セットを用意する

備蓄品として「救急セット」を備えている家庭は多いですが、いざ使おうとしたら必要な物がない、ということも多いです。これを読んだらすぐに中身を確認しておきましょう。

備えておきたい救急セットの例

- □ ばんそうこう
- □ 三角巾
- □ 滅菌ガーゼ
- □ 綿棒
- □ 常備薬
- □ ハサミ、カッターナイフ
- □ 包帯
- □ 固定用テープ
- □ 脱脂綿
- □ 消毒液
- □ とげ抜き、ピンセット
- □ ビニール手袋　　など

応急処置に使える身近な物の例

- □ 雑誌・新聞紙（添え木や患部の固定などに。朝刊1日分程度の新聞紙を使用）
- □ 段ボール（添え木や患部の固定などに）
- □ ガムテープ（包帯の代用に。衣服などの上から使う）
- □ ラップ（包帯の代用、保温用に）
- □ ネクタイ、衣類（包帯の代用、患部の固定などに。衣類は担架にも）
- □ 大判ハンカチ、風呂敷、タオル（ガーゼや三角巾の代用、止血帯や固定補助に）
- □ ポリ袋、レジ袋（防寒具、三角巾の代用に）

● レジ袋で三角巾を作る

三角巾がないときは、レジ袋で即席三角巾を作ることができる。レジ袋の両端に下まで切りこみを入れるだけで完成。両方の持ち手をまとめて結び、頭を通して装着する。

三角巾の底に
新聞紙を入れることで
患部を固定できるよ。

15

応急処置②

救命処置はためらわず行動に移す

特別な資格がない人でも一次救命処置ができる

突然倒れたり、呼びかけても反応のない人を見つけたら、心停止を疑ってすぐに救急車を呼びます。しかし、災害時は救急隊の到着が遅れることが予想されます。心停止の時間が長くなると、救命の可能性が大幅に下がり、蘇生後の社会復帰も困難になります。そのため、**その場にいる人がためらわずに処置を行うことが、非常に重要になります。**

この最初に行う救命処置を「一次救命処置」といいます。心肺蘇生やAEDなどによる**一次救命処置は、一般の人でも行うことができます。**救急車の到着まで一次救命処置を行い、医療機関での高度な救命処置（二次救命処置）につなげます。

一次救命処置で心臓や呼吸の活動を再開させる

胸骨圧迫と人工呼吸（心肺蘇生）、AEDを使うといった行動が一次救命処置に相当します。

❶ 安全を確認する
周囲を確認し、まず自分自身の安全を確保してから傷病者に近づく。

▼

❷ 反応を確認する
傷病者の肩をたたきながら、「大丈夫ですか？」などと大声で呼びかける。

▼ 反応なし

❸ 119番通報とAEDの手配
大声で助けを求め、近くの人に119番通報とAEDの手配を依頼。「あなたは119番を」「あなたはAEDを」など、具体的に指示を出す。

▼

❹ 呼吸を観察する
胸や腹部の動きを見て、呼吸をしているかを判断する。普段どおりの呼吸があれば、様子を見ながら救急隊の到着を待つ。

▼ 呼吸なし、または判断に迷う

❺ 胸骨圧迫を行う
胸骨圧迫を「強く・速く・絶え間なく」行う。

▼

❻ 人工呼吸を行う
人工呼吸ができる人がいれば、「胸骨圧迫30回と人工呼吸2回」を繰り返す（技術と経験がない場合は胸骨圧迫のみ行う）。

▼

❼ AEDを使用する
AEDが到着したら、音声ガイダンスに従って使用する。

▼

❽ 胸骨圧迫を続ける
救急車が到着するまで、胸骨圧迫（と人工呼吸）を継続する。

※「JRC蘇生ガイドライン2020」に対応

呼吸をしていない人に行う胸骨圧迫

呼びかけても反応がなく、呼吸もないときは「普段どおりの呼吸なし」と判断して、胸骨圧迫を開始します。判断に迷う場合も、胸骨圧迫を行います。

● 胸骨圧迫のポイント

圧迫する場所

左右の乳頭を結んだ真ん中、
胸の真ん中の一番高いところを圧迫する。

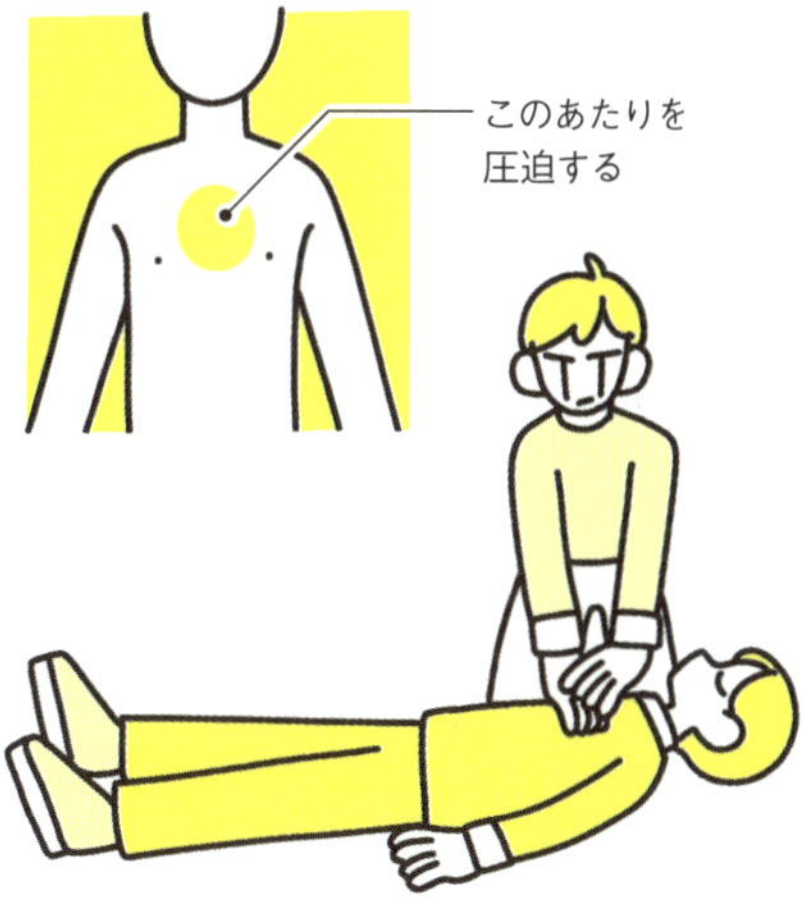

圧迫の方法

傷病者の横にひざをつき、両腕をまっすぐ伸ばす。
両手を重ね、手首のつけ根部分で圧迫する。
ポイントは「強く・速く・絶え間なく」。

強く	胸が5cm程度沈みこむように
速く	1分間当たり100～120回のペースで（かなり速い）
絶え間なく	AED使用中以外は、救急隊員などに引き継ぐか呼吸が戻るまで続ける。行うほうも疲れてくるので、可能なら複数人で交替して行う

心肺蘇生中にAEDが到着したら音声ガイダンスに従う

AED（自動体外式除細動器）は、電気ショックを与えて心臓を正常なリズムに戻す医療機器です。電源を入れてパッドを貼ると自動的に状態を解析し、音声で指示を出します。

● AEDの使用手順

1. 蓋を開けて電源を入れる
2. 傷病者の胸に電極パッドを直接貼る
3. 傷病者から離れる。
   AEDが心電図を調べて
   電気ショックが必要か判断する
4. 電気ショックが必要な場合、
   音声に従ってボタンを押す
5. 使用後は電源を切らず、
   パッドは貼ったままで胸骨圧迫をする。
   AEDから指示が出たらそれに従う

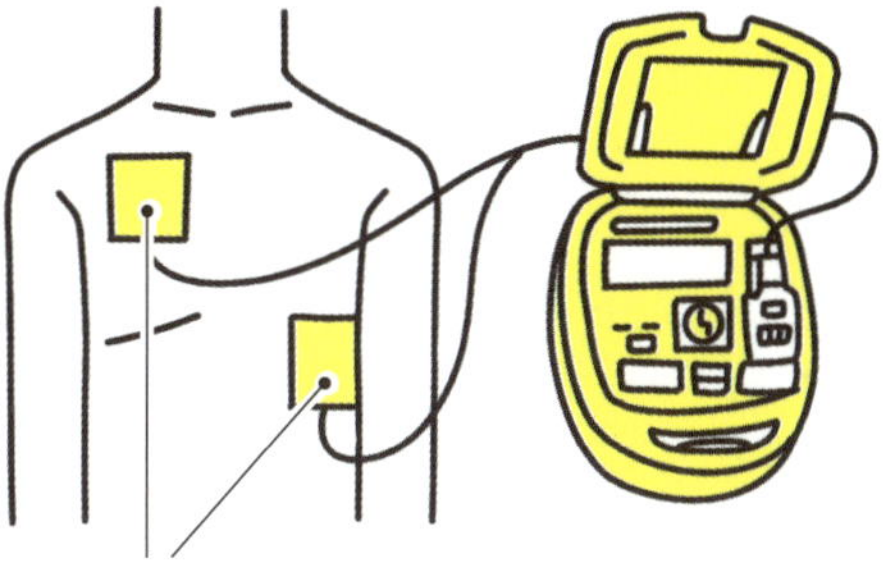

電極パッドは右胸と
左わき腹に貼る。

16

応急処置③

骨折・やけど・出血の応急処置

災害時は身の回りの物も活用する

平時なら医療機関ですぐに診察・治療を受けられるケガも、災害時には同じように受けることが難しくなります。そのため、治療が受けられるようになるまで、ケガをなるべく悪化させないことが重要になります。**また、災害発生直後は応急処置の資材が足りないことが予想されるため、身の回りの物品を使った処置方法を確認しておきましょう**。

軽度のケガは、災害時に設けられる医療救護所で手当てが行われますが、ケガの程度によっては早急に専門的な治療を開始する必要があります。応急処置をしても出血が止まらない、意識障害があるなど緊急の場合は早急に病院へ搬送します。

骨折や捻挫は、患部を添え木で固定する

ひどく腫れあがっていたり、内出血がある場合、骨折や捻挫を疑って添え木（→P.49）で固定します。骨折しているか迷う場合は、ひとまず骨折しているものとして対応します。

腕

前腕を痛めたとき

折れた骨の前後の関節と添え木（折りたたみ傘や新聞紙など）を大判ハンカチやネクタイなどで結んで固定する。固定した腕を三角巾やレジ袋などでつる。

足

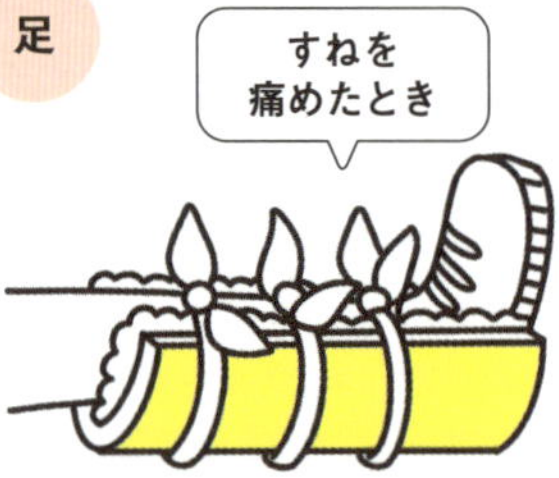
すねを痛めたとき

足全体を添え木（新聞紙や雑誌など）で固定。足と添え木のすき間にタオルを詰めると安定する。足首は周りに添え木を当て、すき間にタオルを詰めて固定。靴は添え木代わりになるので脱がせなくてもよい。

指

指を1本痛めたとき

痛めた指全体を添え木で固定する。添え木はペンや割り箸、スプーンなども使える。テープや輪ゴムでとめてもよい。

関節をまたがる長さで、
強度のある物は
添え木として使えるよ。

やけどはすぐ冷やす

やけどの処置は、できるだけ早く患部を冷やすことが重要になります。やけどの範囲が広い場合や、中等度以上のやけどは、応急処置後すぐに医療機関に搬送します。

● やけどの深度

損傷の深さ	外観や症状
軽度（Ⅰ度） 表皮まで	皮膚の表面が赤くなりヒリヒリする
中等度（Ⅱ度） 真皮まで	水ぶくれができ、強い痛みがある。 皮膚の表面は薄赤や白色。深度が深いと痛みを感じづらい
重度（Ⅲ度） 皮下組織まで	皮膚の表面は白色～黄褐色、黒色。 神経がダメージを受け、痛みを感じない。手術治療が必要

● やけどの処置のポイント

- 時間がたつと患部が腫れてくるため、指輪、腕時計などは早めに外す
- 氷や氷水を直接当てるのは避ける
- 水ぶくれは傷口を保護する効果があるのでつぶさない
- 自己判断で薬などを塗らない
- 中等度以上のやけどは、冷やしたあと患部をガーゼやラップで保護する

出血時は患部を直接圧迫して止血するのが基本

出血部位に直接ガーゼなどを当て、手で強く圧迫する「直接圧迫止血法」を行います。

● 直接圧迫止血法の手順

1. 傷口を手で強く押さえつける。片手で圧迫しても止血できないときは、両手を使ったり、体重をかけたりして圧迫する
2. 3～4分以上、しっかり圧迫する。負傷者に負担がなければ傷口を心臓より高い位置に保つと出血量をおさえられる
3. 出血が止まったら、包帯や清潔なハンカチ、ネクタイなどでガーゼを固定する

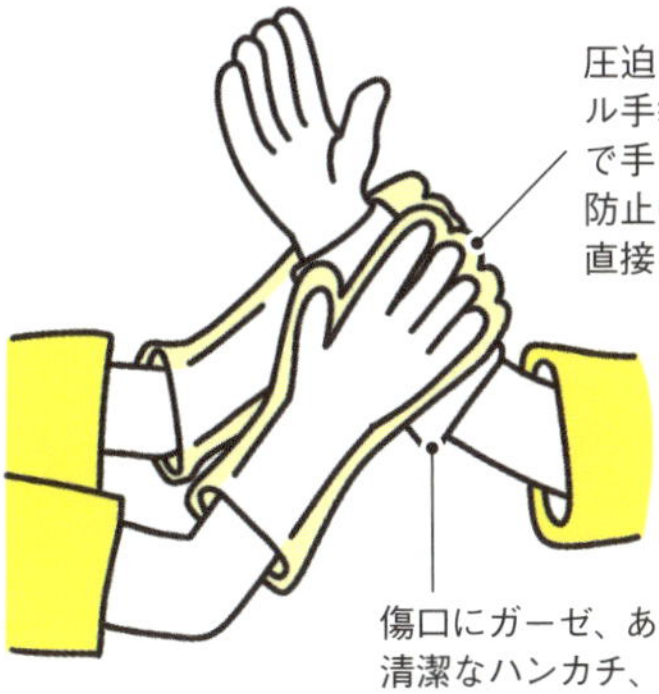
圧迫する人はビニール手袋やレジ袋などで手をおおう。感染防止のため、血液に直接さわらない
傷口にガーゼ、あるいは清潔なハンカチ、タオルなどを当てる

17

傷病者への対処

傷病者の負担をおさえる

体に負担をかけない運び方・休ませ方がある

傷病者は、医療機関に搬送するまで安全なところで休ませます。意識がある場合は、本人が楽な姿勢を取らせます。呼吸がしやすく、循環機能が維持でき、苦痛を和らげて症状の悪化を防ぐ体位が望ましいですが、危険のない限り本人の希望を優先します。**意識がない場合は「回復体位」にしましょう**。

搬送時は、傷病者に苦痛を与えないようにできるだけ揺らさず、運ぶ人自身も安全に移動できる方法を選択します。**1人で傷病者を運ぶこともありますが、基本的には複数人で運ぶほうが安全です**。担架などで運ぶときは、足先を進行方向に向けて担架は体に固定をして運びます。

毛布で担架を作って運ぶ

物干し竿のような細長い棒２本と毛布を使って、担架を作ることができます。傷病者を担架に乗せたらひもなどで固定し、足先を進行方向に向けて運びます。

● 担架の作り方と運び方

1. 毛布の左から約3分の1のところに棒を置き、折り返す

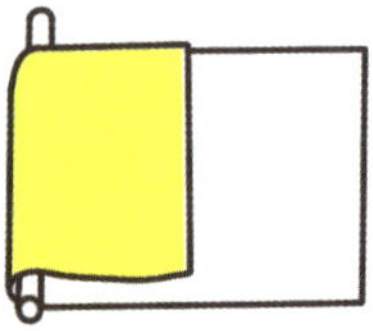

2. 折り返した布の端から15cm以上余裕をもたせて、棒を置く

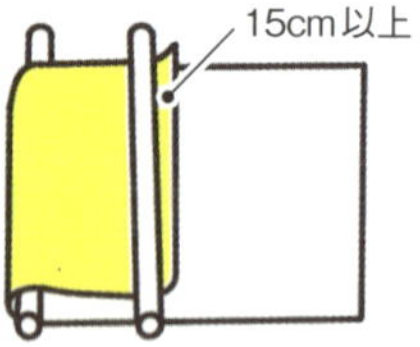

3. 右側も折り返したら完成

4. 担架を作ったら試し乗りをして安全かどうか確認してから傷病者を乗せる

5. 運ぶときは足を進行方向にむける

注意！

担架は体に固定する。できるだけ揺らさない

傷病者それぞれにとって楽な体位で休ませる

傷病者は心身ともにケガのストレスを受けています。意識がある場合は本人が最も楽に感じる体位で休ませることが基本です。危険のない限り、本人が最も楽だと思う体位を取らせます。

基本の体位（仰向け）

- 全身の筋肉に無理な緊張を与えない
- 最も安定した自然な体位

回復体位

- 呼吸をしているが、意識がない場合
- 嘔吐物による窒息のリスクがある場合

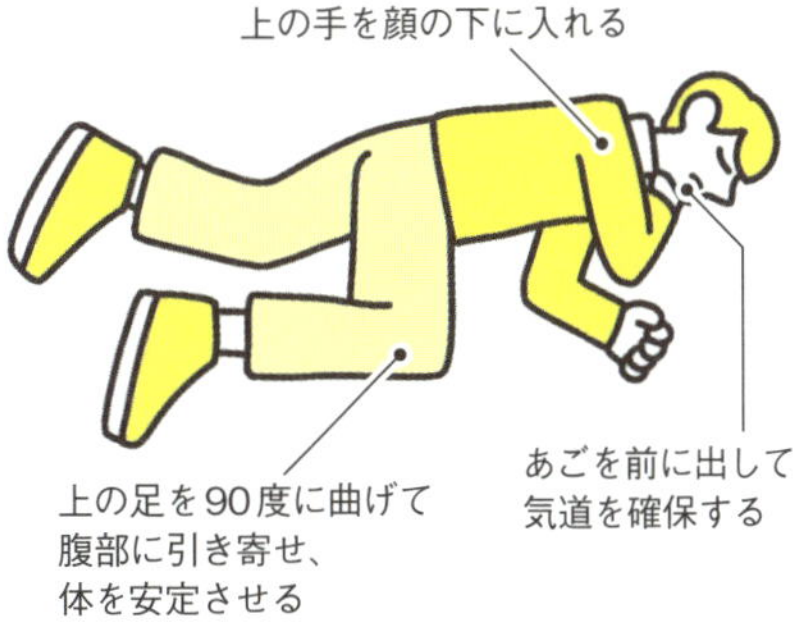
上の手を顔の下に入れる
上の足を90度に曲げて
腹部に引き寄せ、
体を安定させる
あごを前に出して
気道を確保する

ショック体位

- やけど、貧血、大出血などでショック症状がある場合

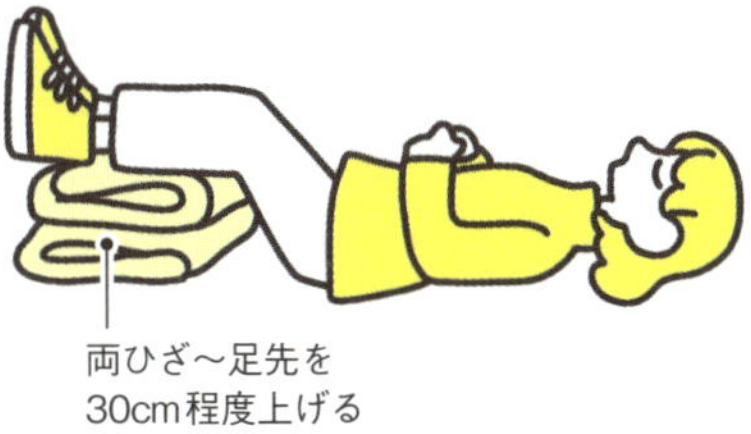
両ひざ〜足先を
30cm程度上げる

半座位

- 胸や呼吸が苦しそうな場合
- 頭部をケガしている、あるいはろれつが回らない、手足がしびれている場合

上半身を45度ほど
起こした状態で座らせる

座位

- 胸や呼吸が苦しそうな場合

胸の前で毛布などを
抱えるようにして
座らせる

意識がない人は
回復体位にしよう！

過去の災害データ 1

東日本大震災 ［平成23年 東北地方太平洋沖地震］ 地震 津波

発生日時	2011年3月11日　14時46分
場所	震源地：三陸沖　約130km付近　深さ24km

何が起きた？

三陸沖を震源とする、マグニチュード9.0の海溝型地震。国内観測史上最大震度を記録し、北海道から九州地方の広範囲で揺れを観測。同時に、岩手県、宮城県、福島県を中心とする太平洋沿岸部に大津波が来襲しました。津波の高さは検潮所観測では福島県相馬市で9.3m以上、宮城県石巻市で8.6m以上でした。また、陸地を駆け上がった津波の高さ（遡《そ》上高《じょうこう》）は最大40mとなりました。さらに、地震により東京電力福島第一原子力発電所において放射性物質漏洩事故が発生しました。

車やがれきが散乱する市街地

街になだれこむ津波

被害の規模

死者・行方不明者	2万2318名（災害関連死を含む）
全壊住宅	12万2039棟 （9都県。令和5年3月9日現在）
発災初期の避難者数	最大約47万人
被害額	約16兆9千億円

防災キーワード

- **原発事故** …… 東京電力福島第一原子力発電所において放射性物質の放出や水素爆発が発生。現在に至るまで廃棄物処理事業が継続しているとともに、原子力災害からの復興や、避難指示が解除された地域の生活再生の取組などが実施されている。
- **計画停電** …… 地震の被害を受けて、東京電力管内では電力供給力が通常と比較して大幅に落ちこみ、電力需給がひっ迫した。そのため、予測不能な大規模停電の回避策として、一定の地域ごとに順番に停電させることを決定。3月14日から実施された。
- **帰宅困難者** … 発災直後、首都圏では鉄道の運行停止や道路の大規模な渋滞のため、通勤・通学の帰宅手段がなくなり、家に帰ることができなくなった人が約515万人発生した。それを契機として、外出先で被災した場合は無理に帰宅しないこと、その際安全に過ごせる場所や物資の確保などが都市部を中心に広まりつつある。

Chapter

2

平時からコツコツと！災害への備え

災害は明日起きるかもしれません。
ライフラインが止まり、
自宅に住めなくなるかもしれません。
あなたは、災害時に命をつなぐ備えができていますか？
先延ばしにせず、今すぐ始めましょう。

01

備蓄のポイント①

普段使っている物が防災グッズになる

家にある日用品で災害に備える

防災用品は、すべて専用の物である必要はありません。普段使っている日用品も、被災時に役立つ物がたくさんあります。ただし、1カ所にまとめて置いておくと、災害時に取り出せなくなる可能性があるので、家の中でも分散配置しておきます。

また、緊急時に、**すぐに避難ができるように非常用持ち出し袋を1人ひとつ用意しましょう**。無理なく持ち運べるよう、必要最小限のものを入れます。住環境や家族構成に合わせて定期的に見直し、避難するときに手に取りやすい玄関などに置いておきましょう。

防災グッズとしても役立つ日用品

家にある物は、災害時にもいろいろな使い方ができます。普段使わない物はしまいこむと忘れてしまうので、定期的に出して確認しましょう。

ペットシーツ
- ゴミ袋の中に2、3枚敷いて非常用トイレの吸収材に
- 乳児や要介護者のおむつ替えシートに
- ふきん、雑巾に

新聞紙
- 体に巻きつけて防寒に
- 物を包む・緩衝材に
- シート代わりに床や地面に敷く
- 自作の非常用トイレの吸収材に

レジャーシート（耐水）
- 家や避難所の床、地面の汚れや小さな破片を避けて座れる
- 雨除けカバー、レインコート代わりに
- ブルーシート代わりとして割れた窓の応急処置に

耐熱ポリ袋
- ポリ袋調理（ポリ袋に食材を入れ、湯せんで火を通す）に（→P.150）
- 食品や傷口を触るときの手袋代わりに
- お椀やカップにかぶせて使い、洗い物を減らす

レジ袋
- おむつ代わりに（→P.70）
- ケガの応急処置（→P.49）

ラップ
- 食器にかぶせて使い、洗い物を減らす
- 包帯・三角巾代わりに
- ねじってヒモに。ヒモを三つ編みにするとさらに丈夫になる
- 生ゴミを入れたポリ袋ごとラップで包むとにおいがもれにくい
- 体に巻きつけて防寒に

防災の基本となる備蓄リスト

各家庭で備蓄リストを作り、用意を始めましょう。特に、介護食や離乳食、アレルギー対応食などは、完全に対応した支援物資は届かないものとして備蓄しておきます。

食品

- □ 飲料水
- □ フリーズドライ食品
- □ 乾物
- □ 米・パックご飯
- □ レトルト食品
- □ 缶詰
- □ 野菜ジュース
- □ 菓子・嗜好品

衛生用品

- □ 口腔ケア用ウエットシート
- □ 体拭き用ウエットシート
- □ マスク
- □ 救急セット
- □ 生理用品
- □ 除菌グッズ
- □ ペットシーツ
- □ 常備薬
- □ ドライシャンプー

日用品

- □ 非常用トイレ
- □ カセットコンロ・カセットボンベ
- □ ラジオ
- □ LEDランタン・ヘッドライト
- □ レインコート
- □ 乾電池・モバイルバッテリー
- □ ラップ・アルミホイル
- □ ゴミ袋（45L）
- □ ポリ袋・耐熱ポリ袋
- □ 革手袋
- □ ペット用品
- □ 布ガムテープ
- □ ヘルメット
- □ クーラーボックス
- □ 保冷剤
- □ 新聞紙
- □ レジャーシート
- □ 給水タンク・給水袋

非常用持ち出し袋を用意する

避難生活のなかで必要になる最小限の物をリュックなどにひとまとめにしておきます。家が倒壊しても持ち出せるように玄関近くや物置、車のなかに配置しておきましょう。

- □ 飲料水
- □ 非常食（調理不要の物）
- □ 口腔ケア用ウエットシート
- □ エアベッド・エアマット
- □ LEDランタン
- □ 体温計
- □ スリッパ、クッションマット
- □ 体拭き用ウエットシート
- □ 現金
- □ 印鑑、身分証明書や通帳のコピー
- □ 下着・靴下
- □ 箸・フォーク・スプーンセット
- □ ゴミ袋・ポリ袋
- □ 非常用トイレ
- □ マスク
- □ 固形石けん
- □ 除菌グッズ
- □ トイレットペーパー
- □ 新聞紙
- □ タオル
- □ 油性ペン
- □ ラップ
- □ お薬手帳
- □ 救急セット
- □ 耳栓・アイマスク
- □ 長袖・長ズボン
- □ 革手袋
- □ レジャーシート
- □ 使い捨てカイロ

02

備蓄のポイント②

ローリングストックは備蓄の第一歩

最低でも1週間分の備蓄は用意する

備蓄は最低1週間分必要です。特に発災後72時間は何よりも人命救助が優先されるため、その間は支援物資をあてにできず、備蓄で生活する必要があります。また、**一般的に1週間は最低限のライフライン復旧が見込めない期間であり、買い物をしなくてもよいように備蓄します**。

普段の食事でも使える保存性の高い食品は、被災後もカセットコンロや、電気が復旧したら使える電気調理器で調理可能です。食品に限らず日用品も少し多めに買い、使った分を買い足す「ローリングストック」を習慣にすると、いつもの買い物が備蓄にもなり、被災中も食べ慣れた味で安心できます。

使いながら備蓄するローリングストック

食品は賞味期限の近い物、日用品は以前買った物から消費し、なくなった分だけ買い足して、常に1週間分の物資が家にあるようにします。

● ローリングストックの流れ

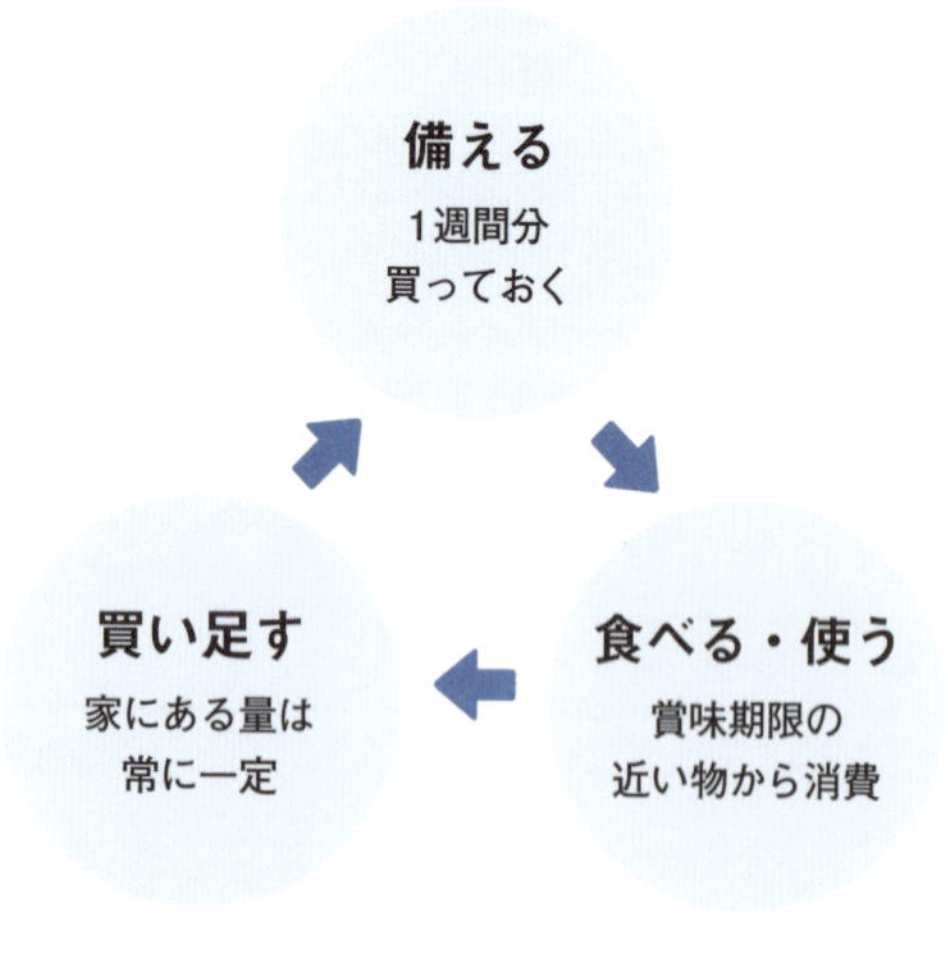

● ローリングストック3つの基本

① 家族全員が「どこに何があるか」を把握する
② 味になじみのある物を揃え、調理方法を家族全員が理解しておく
③ 賞味期限がひとめでわかるように油性ペンなどで大きく書いておく

ローリングストックにおすすめの物資

日用品は普段使っているものを少し多めに、食品は保存期間が長く、炭水化物以外の栄養がとれる物、あまり手間をかけずに調理できる物を備蓄するのがおすすめです。よく料理をする人は、常温保存ができる根菜や果物もローリングストックしましょう。

● 食品

レトルト食品
- カレーや惣菜などメインのおかずになる
- 保存期間が長い

フリーズドライ食品
- 軽くてコンパクト
- 野菜が多いスープなどはビタミンや食物繊維がとれる

乾物
- 海苔、切り干し大根などは、手間が少しかかるがミネラル、食物繊維がとれる

野菜ジュース
- ビタミンや食物繊維がとれる
- 粉末の青汁も飲む習慣があればストックを

菓子・嗜好品
- 賞味期限が長い、あめ、ようかん、チョコレート、せんべいなどがおすすめ

その他
- 缶詰
- 米・パックご飯

● 日用品

除菌グッズ
- 手指や身の周りの消毒に
- ウエットシートはアルコール、ノンアルコール両方を備蓄

マスク
- 埃っぽいところ、人の多いところでの必需品
- 鼻や喉の乾燥対策にも

口腔ケア用ウエットシート
- 普段は軽く歯をみがく代わりに使い、使用方法に慣れておくと◎

非常時に買い占めが起きやすい物

トイレットペーパー
- トイレで使う以外にも、ティッシュペーパーの代わりに使える

ティッシュペーパー
- 花粉症用に保湿剤入りがほしいなど、特別な物は多めにストック

飲料水
- 1人あたり1日で3Lの飲料水が必要とされ、1週間分備蓄しておくと安心（→P.88）

その他
- ラップ・アルミホイル
- ゴミ袋
- ポリ袋
- 布ガムテープ
- 生理用品
- 紙おむつ
- 液体ミルク
- コンタクトケア用品

＼ 備える知識 ／

備蓄の目安がわかる web サイト

東京都によってwebサイトで公開されている「東京備蓄ナビ」は、家族構成やペットの有無などを選択するだけで、一週間分の備蓄品リストを表示します。都民以外でも利用することができます。

東京備蓄ナビ
https://www.bichiku.metro.tokyo.lg.jp/

03

備蓄のポイント③

防災グッズは外出時にも持ち歩く

普段使いのカバンの中に防災グッズを入れておく

外出先で災害にあったときは、当然ながら家にある備蓄品が使えません。そのため、普段から最低限の防災グッズを持ち歩くと安心です。

最近は、かさばらないコンパクトなポーチや、ウォーターボトルに防災グッズをかばんに入れて持ち歩く人が増えてきました。警視庁警備部災害対策課がSNSで発信した「防災ボトル」も話題になりました。

防災ポーチを作るときのポイントは、あれもこれもと欲張らないこと。荷物が増えて重くなると、かえって持ち歩きたくなくなり、逆効果です。左ページの一覧を参考に、自分に必要な物を用意してみましょう。

最低限の物をポーチやボトルに詰める

防災ポーチ・ボトルは、防災グッズがセットになった市販品もありますが、手持ちのポーチやボトルで自作することもできます。

防災ポーチ

メリット
- カバンに入れやすい
- 口が広い

デメリット
- 衝撃に弱い

防災ボトル

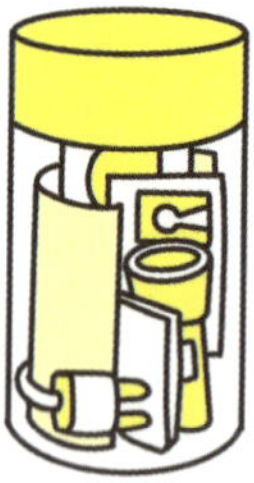

メリット
- 水に強い
- 衝撃に強い

デメリット
- サイズが限定的
- かたい物が入れにくい

気に入ったポーチなら
持ち歩きたくなるね。

常に持ち歩きたい防災グッズリスト

防災対策に持ち歩きたいグッズの一例です。防災ポーチ・ボトルに入れてもOK。ホイッスルはキーホルダーにつけておくのも手です。

必ず持ち歩きたい

□ **モバイルバッテリー**
電池式は乾電池も一緒に持ち歩く。充電式の物はときどき残量を確認

□ **マスク**
3～4枚入れておく。個包装の物が便利

□ **大判ハンカチ**
普段使う物とは別に用意。マスク、ケガの応急処置、タオル、レジ袋代わりとマルチに使える

□ **口腔ケア用ウエットシート**
ポケットティッシュサイズの物が持ち運びやすい

□ **身分証明書のコピー**
保険証や免許証のコピーなど。個人情報なので外から見えないように入れる

□ **現金**
千円札数枚と100円、500円玉。公衆電話使用時のために10円玉を10枚程度

□ **ホイッスル**
閉じこめられたときなど、声を出すより大きな音が出る。防犯ブザーでも◎

□ **ポリ袋**
レジ袋もあると◎。小さく折りたたむ。袋の口をしばるために輪ゴムも用意する

□ **携帯食**
シリアルバーなど好みの味の物を。普段は小腹が空いたら食べ、食べた分から補充

□ **携帯トイレ**
1回分は持ち歩くようにする

□ **飲料水**
重すぎない量にする

- メモ帳
- 油性ペン
- めがね
- コンタクトレンズの予備

できれば持ち歩きたい

□ **ヘッドライト**
両手をふさがないので懐中電灯より便利。アウトドア用のコンパクトな物を

□ **携帯ラジオ**
コンパクトタイプを。乾電池など動力源も一緒に持つ

□ **エマージェンシーブランケット**
アルミ製のシート。寒さ対策や、ケガの固定、雨具、敷物と多用途に使える

どんな大きさの
ポーチなら入るか
事前に試しておこう。

04

備蓄のポイント④

自分で作れる簡単防災グッズ

普段から作って使って慣れておく

災害時は、いつも何気なく使っている物が手に入らなかったり、備蓄していた物が壊れて使えなくなったりすることも。そんなときのために普段から「身近にある物で作る」テクニックを試しておきましょう。

最近は、さまざまな代替品の作り方が、SNSなどでも紹介されています。ピクニックやキャンプなど、実際に活用できる機会に作り、使い勝手を確認しましょう。

新聞紙、ペットボトル、ゴミ袋（ポリ袋）のほか、段ボールなどは、手に入りやすく、加工や廃棄も簡単で、非常時に役に立つアイテムです。廃材としてすぐに捨てず、一定量を備蓄しておくことをおすすめします。

身近な物で簡単に作れる防災グッズ

実際に作ってみることで、強度や使い勝手が確認できます。試していくなかで、簡単な作り方や、便利な代替品のアイデアを思いつき、防災テクニックが向上します。

新聞紙のお皿　用意する物　・新聞紙／チラシ

1

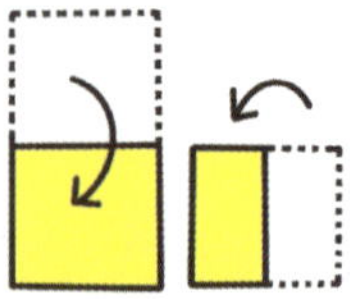

新聞紙を縦半分に折り、さらに横半分に折る

2

折った部分に手を入れ、三角形に開いて折る

3

反対側も同じように開いて折り、1枚めくる。反対側も同様にする

4

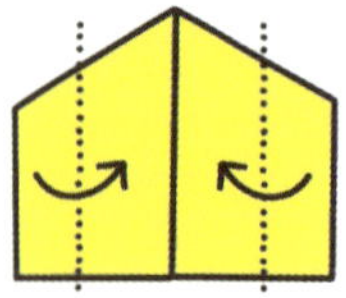

上の1枚を両端から中心に向けて折る。反対側も同様にする

5

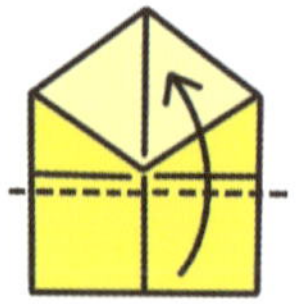

図のように下から上に折る。反対側も同様に

6

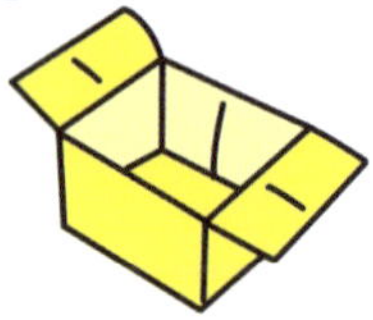

折った部分を外側に広げて開き、底を作れば完成

※A4サイズが作りやすい。新聞紙なら1枚を4つ折りにする

ペットボトルを使ったランタン

用意する物 • ペットボトル • 懐中電灯 • 水

懐中電灯の上に水を入れたペットボトルをのせる

懐中電灯がペットボトルより小さい場合は、コップなどに入れて、その上にペットボトルをのせる

ゴミ袋で作るポンチョ

用意する物 • 70～90Lのゴミ袋（大人用） • ハサミ

1

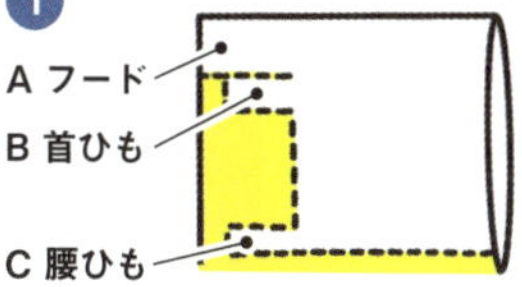

ゴミ袋の口側を右にして黄色の部分を切り落とす

2

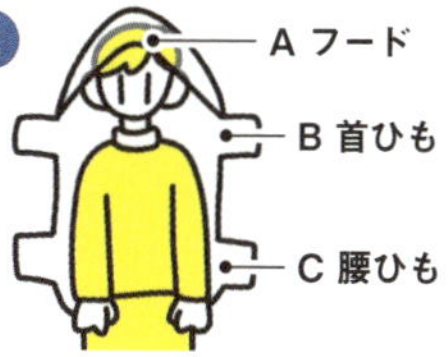

フード部分からかぶり、首ひもと、腰ひもを結ぶ

3

完成！

新聞紙のスリッパ

用意する物 • 新聞紙

1

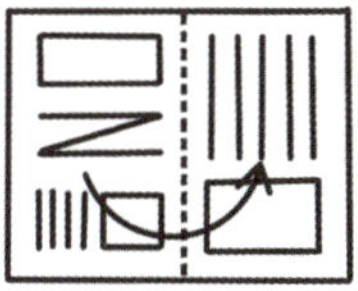

広げた新聞紙1枚を横半分（A2の大きさ）に折る

2

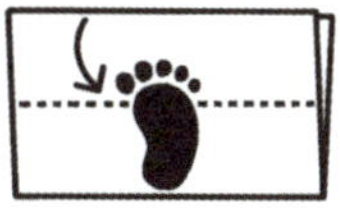

❶を床に置き、折り目側（わ）にかかとを合わせ、上部を手前に折る

3

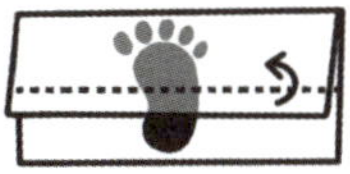

折った部分の端を2cmほど向こう側に折り返す

4

裏返し、左右半分に折って折り目をつける

5

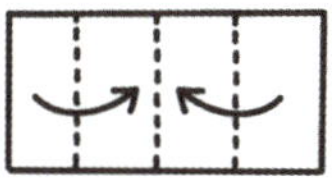

❹の折り目に向かって両端から折る

6

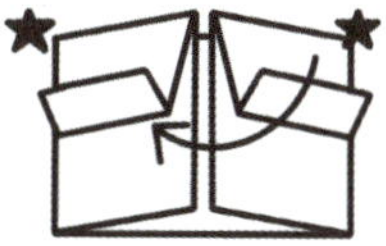

左側の袋状になっている部分に★と★の角が合うように右側の上部を差しこむ

7

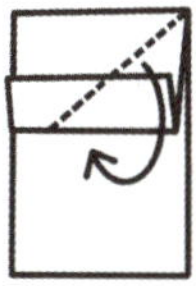

点線を斜めに折って、内側に折りこむ

8

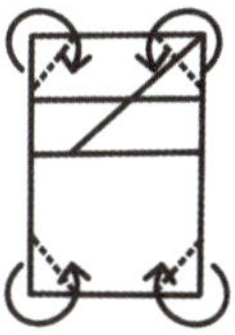

4つの角を内側に折りこむ。同じ物を2つ作る

出典：豊川市防災センター「つくってみよう！ 新聞紙スリッパ」

05

要配慮者の備え①

高齢者・障害者は迅速な避難が難しい

早めの行動と事前の準備・備蓄で被害を防ぐ

要配慮者とは、高齢者や障害者、乳幼児や妊産婦、傷病者など災害時に特別の配慮が必要な人のことです。

なかでも、高齢者や障害者は、**身体機能の低下により、移動が困難なことから避難が遅れ、被害を受けることがあります**。台風など予測できる災害については、事前に親戚宅に身を寄せる、気象警報が出たら避難所に行くなど、早めの行動を心掛けましょう。

また、平時の生活で「できない」「ないと困る」ために使っている物・サービスが非常時に使えるかも確認しましょう。代替品が探しにくいので、備蓄は多めにし、医療品の持ち出し袋も用意しておきましょう。

高齢者・障害者のための備蓄一覧

なくては困る消耗品は、常に多めに用意しておくのがポイント。非常時持ち出し袋にも加えておきます。高齢者の入れ歯などは、持ち出し袋にも予備を入れましょう。

● 非常時でも「ないと困る物」の備えを優先

常用薬がある

3日分（できれば1週間分）を用意。処方の内容がわかる、お薬手帳や薬の説明書もあるとよい

和式のトイレが使えない

座って使える、折りたたみ・組み立て式の非常用トイレを準備する

入れ歯をしている

口腔ケア用ウエットシート、入れ歯用のブラシ・洗浄剤は多めに用意。ケースはスペアを準備

● 必要な備蓄品の例

品目	目安量	ポイント
口腔ケア用ウエットシート	2～3ボトル（100枚入り）	毎食後、入れ歯をふけるように多めに用意する
非常用トイレ	1週間分より多めに	便器が使えない場合に備え、便器組み立てタイプもあるとよい
大人用おむつ	1カ月分	長時間タイプを用意する
介護食・とろみ剤	1週間分	食べ慣れた物
折りたたみいす	1脚	足が悪い人は腰かけるほうが楽
折りたたみ杖	1つ	非常用持ち出し袋に入れておく
避難補助具	状況に応じて	大人用のおんぶひもなど、必要に応じて用意する

在宅避難を見据えて備えをする

在宅介護者の場合、被災後もできる限り在宅で介護が続けられると安心です。そのためには、停電や物資不足を見越した十分な対策が必須です。

電源が必要な医療機器

- 電動の介護ベッドや人工呼吸器、たん吸引機などはレンタル元に非常時に考えられる危険や対処法を相談しておく
- ポータブル電源を用意し、非常時の操作法を練習しておく

緊急連絡先の整理

- かかりつけ医、ヘルパー、ケアマネジャー、医療機器のレンタル元などの緊急連絡先を、スマートフォンと紙両方にまとめておく
- 電話がつながりにくい状況での連絡の取り方を確認しておく

介護食・薬の用意

- 個人によって状況が異なるため、支援物資でまかなえると考えずに常用薬や介護食を多めに用意しておく
- お薬手帳や薬の説明書があると、医療機関がちがっていても同じ薬を処方してもらえる

実際の避難を想定した準備をする

要配慮者と一緒に避難所まで行けるでしょうか。車いすの場合、ゆっくりしか歩けない場合など、さまざまな状況に対してどのような準備ができるかを考えます。

近所の人と情報交換

- 日ごろからご近所と交流し、状況を知ってもらうことで、いざというとき互いに助け合いがしやすくなる
- 避難時の要支援者名簿を作成している自治体もあるので、状況調査には積極的に協力する

福祉避難所を確認

- 自治体が公表している福祉避難所（→P.124）の開設場所を確認し、自宅から歩いてみる
- 個別避難計画の作成が可能かをケアマネジャーなどと相談しておく

避難補助具を使ってみる

- 避難時に車いすをけん引できる補助装置や、大人用のおんぶひもなどがある

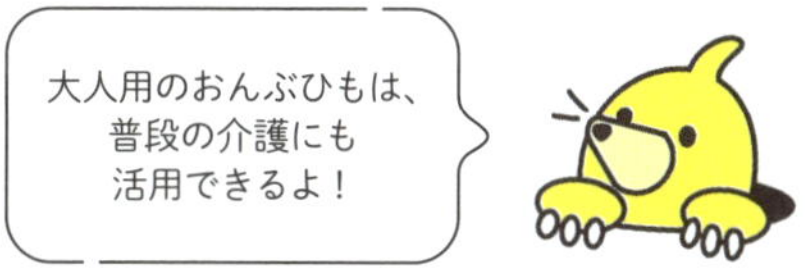
大人用のおんぶひもは、
普段の介護にも
活用できるよ！

＼ 備える知識 ／

**災害時の
医療・福祉を支える
DWATってなに？**

DWAT（Disaster Welfare Assistance Team／ディーワット）とは、被災地に各都道府県が派遣する「災害派遣福祉チーム」のことで、東日本大震災を機に設置されて、現在は全都道府県で展開。登録している専門職の人数は約1万名（令和5年時点）です。都道府県を越えた広域的な派遣は厚生労働省が調整します。

- 介護福祉士や社会福祉士、精神保健福祉士、保育士、介護支援専門員などで構成される
- 1チーム約5名、被災地で約5日間活動して交代する
- 活動は避難所での支援が中心で、環境整備や要配慮者の介助、福祉避難所への誘導、福祉相談などを行う
- 2024年の能登半島地震は、全国規模でDWATチームが派遣された初めての例

06

要配慮者の備え②

乳幼児・妊産婦の基本の準備

いつものお出かけバッグを活用する

乳幼児を連れて外出するときのお出かけバッグ（ペアレンツバッグ）は、災害時にそのまま乳幼児用の非常用持ち出し袋として使えます。

お出かけバッグを持ち出し袋にするコツは、「帰宅したらすぐ補充する」こと。おむつやおやつはもちろん、おしりふきのようなパックの物も、半分使ったら新しい物と入れ替えるなどルールを決めて、いつでも一定数あるように心がけます。

子どもが歩けるようになったら、小さなリュックを背負わせるのもおすすめです。おむつ1枚や布製品、防臭袋など軽い物を入れておきましょう。いざというとき、もう1枚あると思えるのは心強いです。

乳幼児のための備蓄一覧

避難生活の初期に届く災害支援物資に乳幼児用は多くありません。自宅に多めに備蓄し、非常用持ち出し袋にもできるだけ入れておきます。

使い捨て哺乳瓶・哺乳瓶用インナーバッグ

本体ごと使い捨てできるものや、普段使っている哺乳瓶の中に入れて使うインナーバッグタイプもある

まほう瓶

保温できる水筒にいつも熱湯を入れておく。いざというときミルクが作れる

紙おむつ・防臭袋

2パックは常に備蓄しておく。おむつのサイズが変わるときに入れ替えを忘れない

お気に入りの物

おやつやおもちゃなど

液体ミルク

飲みなれた物をローリングストックで多めに用意

おしりふき

2パックは常に備蓄しておく。大人の体を拭くのにも使える

だっこひも・おんぶひも

だっこひもは、おんぶもできるタイプにする

ベビーフード

ベビーフード、レトルトの離乳食、子ども用飲料をローリングストック

タオルケット・バスタオル

授乳ケープとしても使える。ガーゼタイプなら軽くてかさばらない

子ども用マスク

支援物資は大人用がほとんどなので、多めに用意する

母子健康手帳

コピーをとって持ち出し袋に。写真データをスマートフォンやクラウドに保存しておくのもおすすめ

日常生活で試しておきたい乳幼児の防災対策

乳幼児を連れた避難は、時間がかかったり、はぐれたりする危険があり、親が冷静に行動する必要があります。日常生活に防災を取り入れ、「慣れている方法、いつもやっているやり方」で避難できるのがベストです。

液体ミルク・レトルトの離乳食に慣れさせる

- 非常時に急に使おうと思っても、子どもが飲まない・食べないことがあるので普段から慣れさせる
- 液体ミルクは週に1回程度、夜間や外出時に試す
- 数カ月でも必要な物や量が変わるので、備蓄は定期的に見直す

おんぶに慣れさせる

- 避難の際は、おんぶのほうが視界が広くなり、転倒の危険が減る
- 普段からおんぶに慣れておくと、体にしがみつく運動になり、避難時もスムーズにおんぶができる
- おんぶをする際は、なるべく子どもを高い位置で背負い、重心を高くすると、安定し、軽く感じる

子どもがふたり以上いるときは

- 上の子はなるべく歩いて避難できるように、普段からよく歩くようにし、避難所まで散歩するなどしておく
- 近所の人に助けてもらえるように、日ごろからあいさつなどをして交流しておく
- 子どもがそれぞれリュックを背負えるようにする

妊産婦はお産に対応できるように用意する

妊産婦は、自分の体調や経過を伝えるためにも、母子健康手帳が有効です。かかりつけ医以外にも必ず情報が伝わるようにしておきます。

母子健康手帳は携帯し、紛失しても情報が残るようにする

- 初めての病院でも検診などが受けられるため、外出時は常に持ち歩く
- コピーを非常用持ち出し袋に入れておく
- 写真を撮ってスマートフォン（クラウド）に保存しておく

出産・産後の準備をしておく

- 外出時は、生理用ナプキンやおりものシート（産後は清浄綿なども）を持ち歩く
- 分娩準備品（産じょくショーツや、パジャマ、タオルなど）を早めに準備する
- 出産が近いときは、おむつや哺乳瓶など、右ページの備蓄品を非常用持ち出し袋に加えておく

＼ 備える知識 ／

実は万能な赤ちゃん用品

おしりふき➡大人の体拭きや掃除に
おむつ➡非常用トイレの凝固剤・吸収材に
おむつ用防臭袋➡生ゴミ処理袋に
ベビーカー➡長期避難時の物資運搬に
ベビーバス➡排水口つきならバケツに
沐浴剤➡洗浄成分と保湿剤が入っているので洗い流し不要の体拭きに

＼ 備える知識 ／

母子健康手帳はどこをコピーすればいいの？

表紙に加え、以下のページをコピーします。

①出産前
- 妊婦の健康状態等
- 妊婦自身の記録
- 妊娠中の経過
- 検査の記録　など

②出産後
出生時の情報がわかるページをコピー
- 出産の状態
- 乳幼児発育曲線
- 予防接種の記録　など

07

要配慮者の備え③

乳児の必需品がないときの防災アイデア

おむつと授乳の問題は平時の練習で不安を減らす

災害で家が倒壊するなど、乳児用の備蓄品が持ち出せない場合があります。支援物資がすぐに揃わない、あっても子どもにちょうどよいサイズの物がないという場合、**身近な物で代用する手段を知っておくと役に立ちます**。

避難生活中は、哺乳瓶や乳首の清潔を保つことが難しくなります。消毒が不要な使い捨て哺乳瓶の備蓄だけでなく、**子どもが紙コップやスプーンで飲めるように練習しておくと、授乳ができます**。また、災害時はストレスで一時的に母乳が出なくなることもあります。普段は母乳の人も、常温で飲める液体ミルクを使った授乳に慣れておきましょう。

レジ袋で代用おむつを作る

タオルと持ち手付きのレジ袋で、応急的なおむつが作成できます。本来のおむつより吸収性が劣るため、タオルはこまめに替えておむつかぶれを防ぎます。

● 代用おむつの作り方

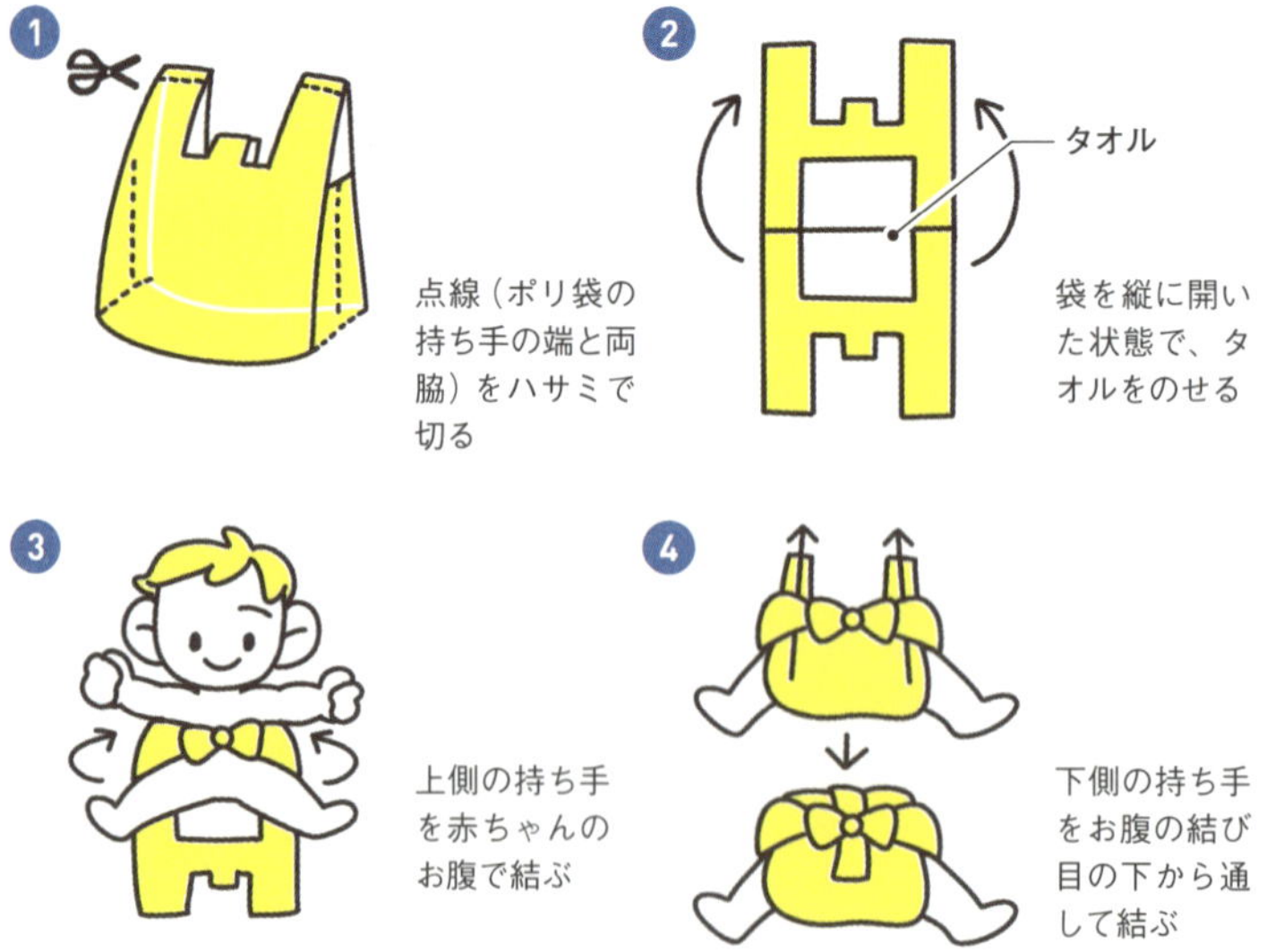

1
点線（ポリ袋の持ち手の端と両脇）をハサミで切る
2
タオル
袋を縦に開いた状態で、タオルをのせる
3
上側の持ち手を赤ちゃんのお腹で結ぶ
4
下側の持ち手をお腹の結び目の下から通して結ぶ

ポイント

- タオルは洗えばくりかえし使える
- タオルのほか、清潔な古着や長時間用生理ナプキンも使える

出典：日本新生児成育医学会「災害時の子育て情報」

コップを使ってミルクを飲ませる

哺乳瓶や乳首を洗えないときは、調乳した粉ミルク・液体ミルクをコップで飲ませます。1回の授乳は30分を目安とし、赤ちゃんのペースに合わせます。

ミルクが上唇に
触れたら固定する。
乳児のペースに合わせる
背中と首を支える
コップを下唇に
そっと当てる
こぼれやすいので
前掛けかタオルを用意する

注意！

飲み残しは菌が増えるので必ず捨てる

ポイント

- こぼす量が多くなるため、あらかじめ多めに調乳する
- ときどきげっぷをさせる
- おむつがしっかりと濡れるくらいの尿が1日6回以上出ていれば、乳量は足りていると判断できる

液体ミルクを活用する

調乳の必要がない液体ミルクを災害用の備蓄品に取り入れる自治体も多くなりました。常温保存が可能ですが、高温になる場所での保管は厳禁です。

注意！

賞味期限表示と容器の破損を最初に確認する

よく振ってから開封
栄養組成は調乳後の
粉ミルクと同じ
滅菌済みなので
常温のままでOK
消毒した哺乳瓶が
ない場合は紙コップに

ポイント

- 飲み残しは次回に取っておかず、そのつど処分する
- 35℃以上になる場所に放置された物は、変質している可能性があるので使わない
- 寒いときは人肌程度に温めてもOK。ただし、電子レンジで温めると温度にムラができやけどをする可能性があるので、湯せんやカイロを使う

08

ペットに必要な備え

ペット用品は災害時に手に入らない

在宅避難ができるよう ペット用品の備蓄を確実に

国は、飼い主がペットと一緒に避難所に安全に避難する「同行避難」、同じ避難所で一緒に生活する「同伴避難」を円滑に進めるガイドラインを作成し、自治体もガイドラインに沿った避難所運営を目指しています。しかし現状、まだ十分に浸透しているとはいえません。そのため、飼い主は在宅避難を視野に入れて、住まいの災害対策や備蓄を行いましょう。

また、ペットと避難所で生活できる場合でも、**支援物資は人のための物が優先され、ペット用品は簡単には入手できないと考えたほうがよいでしょう**。最低でも支援物資が届くまでの分を、飼い主が用意しておく必要があります。

ペットのための備蓄一覧

ペットシーツや排泄物処理用の防臭袋などは人の災害対策にも使用でき、いくらあっても困ることはありません。多めに備蓄しましょう。

● 必要な備蓄品の例

品目	目安量	ポイント
フード・水	1週間分	食べ慣れた物や保存がきく物。おやつも用意する
ペットシーツ・猫砂	1パック	人の非常用トイレにも使用できる
ゴミ袋（45 L）・ポリ袋（中サイズ）	ゴミ袋50枚、ポリ袋100枚	ポリ袋に使用済みのペットシーツを入れ、さらにゴミ袋に入れるなど、におい対策をしっかりと
新聞紙	1週間分	トイレの処理、ケージの下に敷くなどに使用する
キャリーバッグ・ケージ	1つ	避難所ではキャリーバッグがペットスペースになることも。小動物はケージごと移動してもよい
リード	2つ	キャリーバッグで運ぶ際もリードをつける。予備も用意する
ペットの写真	数枚	ペット単体、飼い主が写った物を用意する
常備薬・常用薬	1カ月分	災害時は手に入らないと考える

まずは在宅避難を検討する

住まいがハザードマップ（→P.76）上の安全な地域にあり、家具の転倒防止など災害対策をしっかり行っているのであれば、ペットと一緒に在宅避難する前提で避難計画を立てます。

● 避難の考え方

在宅避難を考える

- 住まいの築年数、構造、家具の転倒や移動防止対策
- ペットの住空間の安全性
- 人とペットの備蓄量（支援物資は在宅避難でも受け取れる）

↓

避難所を調べる

- ペットと同行／同伴避難できる避難所の確認（→P.126）
- 飼育ルール、行き方、道中の危険カ所のチェック
- 避難所以外の避難先の検討

↓

避難する

- 住まいが安全なら在宅避難
- 避難所ではペットの飼育場所での飼育を守る
- ペットの体調に注意を払う
- 長期になる場合はペットの預け先を検討（→P.127）

ペットとの避難は、
運ぶ物が多く、重くなる。
また、時間がかかるため
早めの避難を心がける
小型犬や猫などは
キャリーバッグに
入れて運ぶ
リードを
つけたまま
入れる

普段からしつけやペットの体調管理を心がける

平時からときどきキャリーやケージで寝たりご飯を食べたりしていれば、避難時や避難所でケージ生活の際にも、ペットのストレスを減らすことができます。

しつけ（犬の場合）

- 他の犬、人、環境に慣れさせる
- 「まて、おすわり、おいで」の訓練
- ケージにスムーズに入る訓練
- ペットシーツにトイレをする訓練
- 名前を呼んだら寄ってくる訓練

健康管理

- ペットシェルターなどに預けるとき、ワクチン接種と寄生虫駆除が必須の場合がある
- 病歴や既往症、ワクチン接種の記録などをまとめておく
- 避妊・去勢手術をしておく

迷子対策

- 首輪やケージに迷子札をつける
- 犬の場合は首輪に鑑札・狂犬病予防注射済票をつける
- マイクロチップを装着する

09

災害時の家計管理

被災直後にどのくらいのお金が必要か

現金と電子マネーを普段から併用する

クレジットカードだけでなく、デビットカード、電子マネー、スマートフォンでのバーコード決済など、近年さまざまなタイプが普及しているキャッシュレス決済。便利かつ現金を持ち歩かなくてよい反面、災害時には停電などで利用できなかったり、ＡＴＭから現金が引き出せない状況になったりすることがあります。そのため、**普段はキャッシュレス決済が中心の人も、最低限の現金を持ち歩くとともに、1週間分程度の生活費が現金で手元にあると安心です。**

また、災害時は窃盗など犯罪が増える傾向があります。リスク分散のためにも、普段から現金とキャッシュレスをうまく使い分けましょう。

被災してから1週間の生活費を計算する

1週間程度の生活費を現金で準備しておくのがおすすめです。在宅避難ができないことも想定し、家族で必要なお金を計算してみましょう。

- **近隣の宿泊施設に避難**
  - 宿泊費1泊あたり ………………… ¥＿＿＿＿＿＿＿＿
- **安全な地域に移動して宿泊施設に避難**
  - 宿泊費1泊あたり ………………… ¥＿＿＿＿＿＿＿＿
  - 交通費 ……………………………… ¥＿＿＿＿＿＿＿＿
- **遠方の親戚・知人の家に避難する**
  - 公共交通機関の交通費 …………… ¥＿＿＿＿＿＿＿＿
  - **自家用車なら**
  - ガソリン代 ………………………… ¥＿＿＿＿＿＿＿＿
- **＿＿＿日分の食費（水・食料）**
  - △△スーパー ……………………… ¥＿＿＿＿＿＿＿＿
  - コンビニ …………………………… ¥＿＿＿＿＿＿＿＿
- **持ち出せなかった場合の衣服一式**
  - ○○ショップ ……………………… ¥＿＿＿＿＿＿＿＿
  - **子ども用は**
  - ××屋 ……………………………… ¥＿＿＿＿＿＿＿＿
- **日用品**
  - コンビニ …………………………… ¥＿＿＿＿＿＿＿＿
  - △△スーパー ……………………… ¥＿＿＿＿＿＿＿＿

カードがなくても預金はおろせる

災害で通帳や印鑑、キャッシュカードが手元になかったり、なくしたりした場合も、基本的に本人確認ができれば預金を引き出すことができます。

必要な物

身分証明書

- **運転免許証**
- **パスポート**
- **マイナンバーカード　など**

限度額

ゆうちょ銀行　1日20万円まで
その他の金融機関　1日10万円まで
※2011年東日本大震災実績

電子マネーと現金のメリット・デメリット

キャッシュレス決済が使える場面では積極的に使い、現金はそれしか使えないとき、と使い分けることで、次に預金をおろすまで現金を温存します。

● 電子マネー

メリット

- 現金を持っていなくても買い物や送金ができる
- スマートフォンやタブレット端末決済は、災害時に少ない電力でも使用できる物がある

デメリット

- 停電時に使用できなくなるサービスが多い
- スマートフォンを使う決済は、充電ができる環境が必要

● 現金

メリット

- 電力がなくても、ほとんどの店舗で利用できる
- お金の管理がしやすい
- 不正利用がされにくい

デメリット

- 避難時に十分な現金を持ち出すのが難しい
- 水害や火災、盗難などで自宅の現金が失われるリスクがある
- 災害時は銀行窓口やATMが混雑し、現金をおろすのに時間がかかる

＼ 備える知識 ／

銀行のカードや通帳を紛失したり、口座番号がわからないときは

全国銀行協会のホームページには、キャッシュカードや通帳などの盗難・紛失時の連絡先として、全国の銀行の緊急連絡先一覧を公開しています。身分証明書がないときや、避難先に銀行の支店がないときにも、取引銀行に連絡すれば、個別に相談に乗ってくれます。

全国銀行協会
「カード・通帳・印鑑をなくされたときの連絡先一覧」
https://www.zenginkyo.or.jp/abstract/loss

10

住まいの安全①

ハザードマップと防災マップの活用法

緊急時に地域でどのような問題が発生するのか調べる

自宅のある場所が、災害で被害を受けそうな場所かどうかを知るには、地図に防災関連情報を追加した「ハザードマップ」「防災マップ」が役に立ちます。自治体の「わがまち防災マップ」をインターネットで見たり、印刷物をもらったりしたことのある人も多いのではないでしょうか。

自宅周辺で想定される危険を知らずに、適切な防災対策をすることは不可能です。マップを活用し、リスクに合わせた備蓄をするとともに、自宅から近い避難所や給水ステーションなどの防災施設を確認しましょう。また、それらの施設までどれくらい時間がかかるのか、実際に歩いてみることをおすすめします。

災害が起きたときの自宅周辺の状況を予測する

ハザードマップは、地域の災害の危険性を、災害ごとに可視化しています。防災マップは安全に避難するためのもので、すべての災害に共通のマップとなります。

ハザードマップ

- 被害予測地図とも呼ばれ、引き起こされる自然災害の発生リスクを示す地図
- 災害種類ごとに別の地図がある

防災マップ

- 避難場所や避難経路、防災備蓄倉庫などの防災施設が載っている地図

● 住んでいる地域を調べてみよう

- その地域で過去に起こった災害はあるだろうか
- 過去から現在の地形の変化に注目してみる

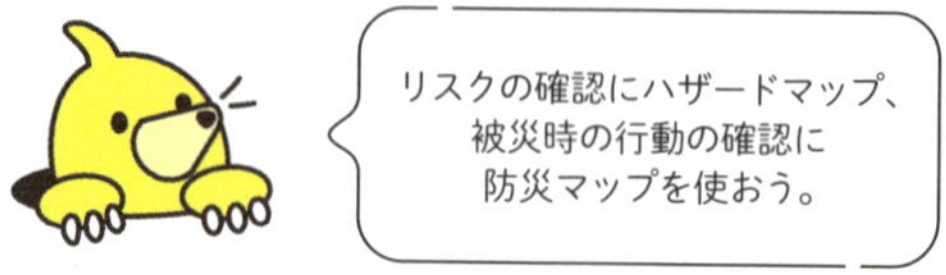
リスクの確認にハザードマップ、
被災時の行動の確認に
防災マップを使おう。

ハザードマップ、防災マップの見方と使い方

ハザードマップと防災マップを活用し、自分の住まい・職場・保育園や幼稚園・学校・病院などの周辺の想定被害を確認し、避難場所や避難所の位置とそこに行く安全な経路を探しましょう。

● ハザードマップ

どこで見られる？

国土交通省
「ハザードマップポータルサイト」
https://disaportal.gsi.go.jp/

どうやって使う？

- 住所、現在地、地図から検索できる
- 各自治体が作成した地域のハザードマップ「わがまちハザードマップ」も検索できる

ハザードマップで見られる災害種別の情報

洪水・内水	洪水浸水想定区域（想定最大規模）を表示
土砂災害	土砂災害警戒区域を表示
高潮	高潮浸水想定区域（想定最大規模）を表示
津波	津波浸水想定を表示
道路防災情報	道路冠水想定カ所・事前通行規制区間・予防的通行規制区間を表示
地形分類	明治前期の低湿地・火山基本図・大規模盛土造成地を表示

● 防災マップ

どこで見られる？

- 各自治体のサイトで公開している（役所で配布している場合もある）
- ハザードマップと防災マップを1つにまとめている自治体も多い

杉並区防災マップの例

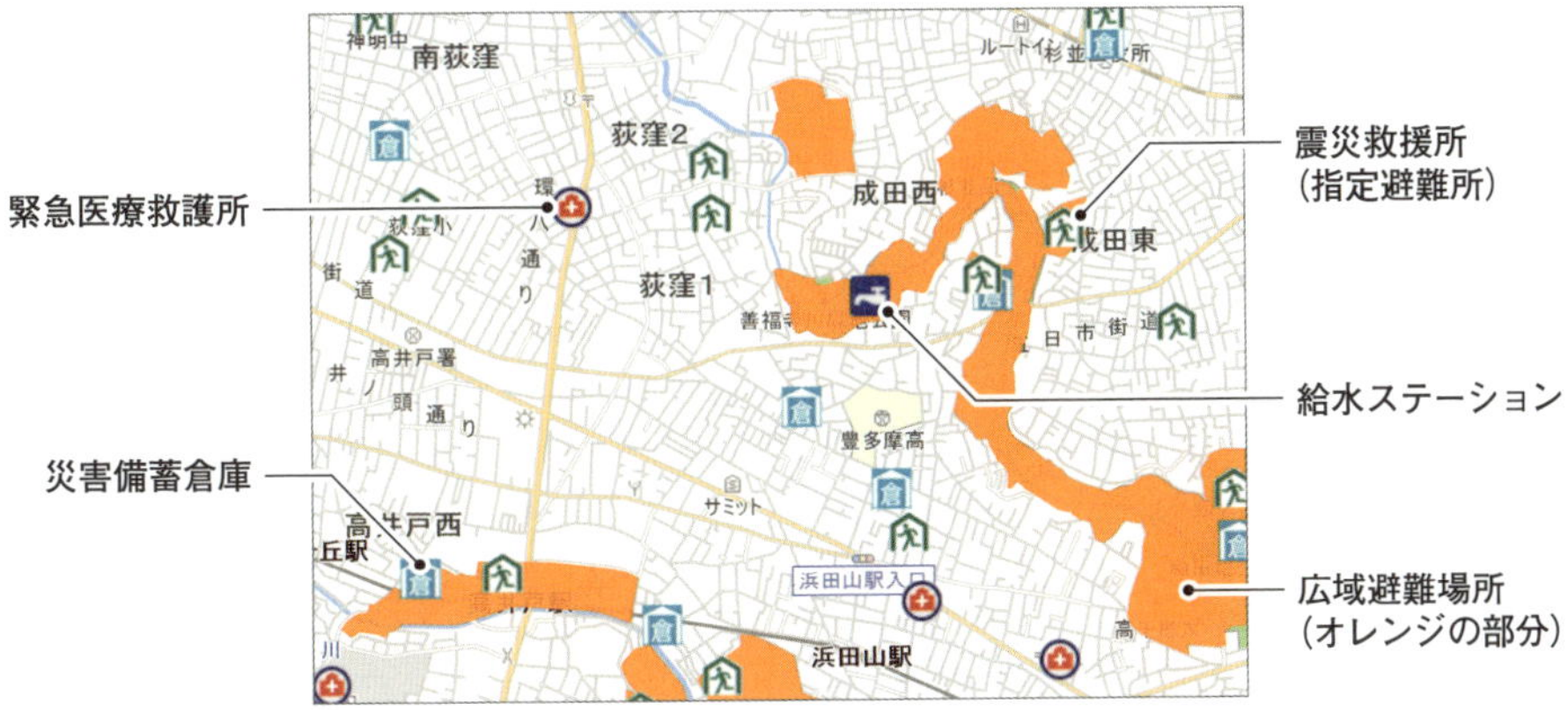

出典：杉並区役所「すぎナビ 防災マップ」

11

住まいの安全②

自宅の耐震性を知る

“新耐震”の基準は1981年6月から

現在、耐震をうたっている建物は、1981年6月の「新耐震基準」に沿って建てられており、震度6~7の大規模地震でも倒壊しない造りの物が大部分です。そのため、**家を借りるとき、買うときは新耐震基準に適合しているかどうかがひとつの目安になります。**

ところが、2016年熊本地震では、新耐震基準を満たしていても倒壊した家屋が多くありました。経年劣化や増改築、施工時の問題などで建物の強度は変化します。耐震診断や耐震改修（補強）は各自治体が情報提供や助成などの支援を行っています。築年数のたった家屋は、安全性を調べておきましょう。

耐震基準改正の流れ

建築基準法が定める耐震基準は、これまでに3回の改正で、より大きな地震に耐えられる、より厳格な基準になっています。

～1981年5月［旧耐震基準］

- 建築確認日が1981年5月31日以前の建物
- 震度5強程度の中規模地震で倒壊しないことを規定
- 震度6以上の大規模地震に関する規定なし

1981年6月～［新耐震基準］

- 建築確認日が1981年6月1日以降の建物
- 震度5強程度の中規模地震では軽微なひび割れ程度に留まり、震度6～7の大規模地震で倒壊しないことを規定

2000年6月～［2000年基準・現行の耐震基準］

- 木造建築物が対象
- 新耐震基準に加え、新築の際に地盤調査の義務づけ、耐力壁の量とバランスの取れた配置を規定、接合部金具の指定、床の剛性を定めるなど基準の厳格化

※建築確認日：建物の建築にあたり、建築計画が法令に違反していないかの審査申請が受理された日

＼ 備える知識 ／

建築確認日の確認方法

建築工事前に交付される「建築確認通知書」「建築確認済証」の交付日が建築確認日になります。この2つの書類がない場合は、役所で「建築計画概要書」か「建築台帳記載事項証明書」を取って日付を確認します。

耐震基準は、建物ではなく
命を守る基準のため、
壊れず住み続けられるとは
限らない。

耐震補強の種類の例

耐震性に不安がある、耐震診断で脆弱性を指摘された…そのようなときは、耐震改修（補強）を。住んでいる地域の自治体から助成金が出る場合もあります。

優先度

高

劣化（腐れ・蟻害）の補修	シロアリや雨がかりによって、柱や土台が腐敗していると、新耐震基準を満たしていても建物の強度が下がる。補修・交換が必要
壁の増強	耐力壁を増設して配置バランスを取る。筋交いや構造用合板を入れて補強する
基礎の強化	基礎部分の補強、ひび割れの補修
屋根の軽量化	重い屋根（瓦など）から、軽い金属屋根に変えて軽量化し、建物への負担を減らす

低

全体が無理なら「シェルター空間」を作る

住まい全体に補強工事をするのは予算や工期の面で厳しい場合、屋内の一室をシェルター化する、ベッド回りを囲む耐震ベッド枠を導入する、などの方法があります。

コンテナタイプ

輸送用コンテナの鉄製パネル材を使用し、一部屋をシェルター化する

テーブルタイプ

発災時に生存確率を高める空間を作る「頑丈なテーブル家具」

部屋タイプ

部屋の中に小さな箱形の部屋を作る、一部屋全体に鉄骨を入れて補強する、浴室をシェルター化するなど、目的にあわせて設置できる

耐震ベッド・耐震ベッド枠

天井や防災グッズ収納を備えたベッドや、既存のベッドを囲むように配置するベッド枠がある

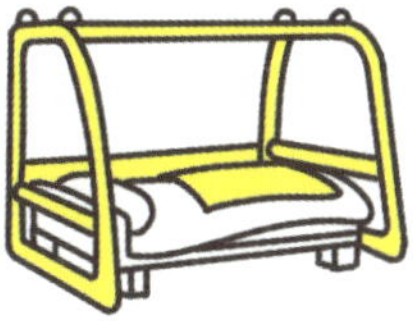

12

住まいの安全③

二次災害の火災を防ぐ

地震直後だけでなく停電の復旧時にも発生する

東日本大震災での火災の原因は、電気が5割を超えています。地震によって電気機器が可燃物と接触して出火する場合だけでなく、**停電から電気が復旧した際に起こる「通電火災」も多数発生しました**。

通電火災は、電気機器が再通電した際に、接触している可燃物から出火したり、屋内外の破損した配線が通電によりショートして出火したりすることで起きます。電気が復旧したときに避難して家屋から離れていると、初期消火ができないため、**平時に感震ブレーカーを取り付けておくこと、「避難するときは家のブレーカーを落とす」**を徹底して、通電火災を防ぐことが大切です。

地震による火災の発生原因

災害による火災は、発災直後と停電復旧直後に起こる可能性が高くなっています。

● 2011年東日本大震災における火災の発生原因

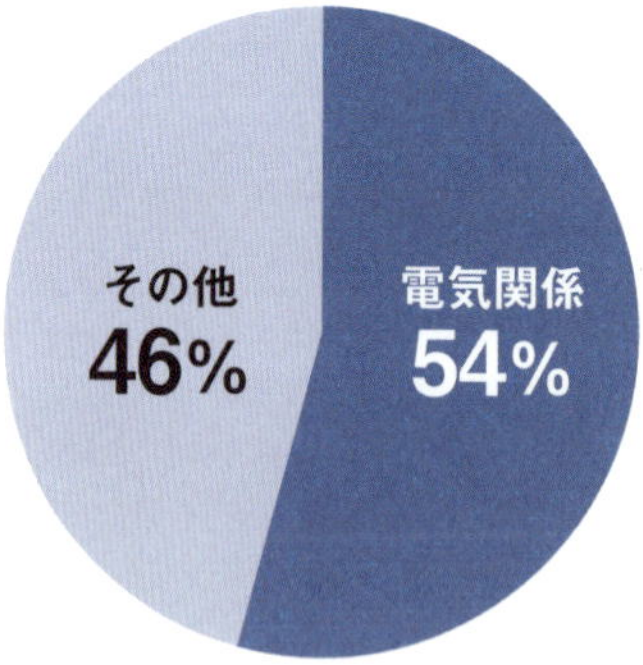

出典：総務省消防庁「令和２年版 消防白書」

揺れによる火元への接触

- 電気機器の「転倒時電源遮断機能」が働かず、接触した可燃物に着火
- 電源コードの断線部分が発熱し、近くの可燃物に着火　など

対策

- 電気機器の近くに可燃物を置かない
- 電源遮断機能が正常に働くか、コード類の劣化がないか確認する

停電復旧後の火災（通電火災）

- 可燃物が電気機器に触れた状態で再通電し着火
- 機器や配線の損傷に気づかず電気の使用を再開し出火　など

対策

- 感震ブレーカーを取り付ける
- 避難時はブレーカーを落とす
- 電気の復旧後、電気機器の使用前にコンセントやプラグの状態をすべて調べる

家庭用消火器の用意

消火器は、延べ面積が150㎡以上の建物（アパート・マンションなども含む）には設置が義務付けられています。また、家庭用として、通販やホームセンターでも入手が可能です。

粉末タイプ

- 粉末の薬剤が広い面積を覆い、火の勢いをおさえる

強化液タイプ

- 霧状の薬剤を吹き出して火を消す

エアゾール式簡易消火具

- 消火薬剤をガスの圧力により噴霧して消火する
- 形状になじみがあり、軽量で扱いやすい
- 消火補助として最初期の消火に使用

エアゾール式
簡易消火具
消す兵衛neo

写真提供：マルヤマエクセル株式会社

消火器の処分

- **使用期限はおおむね5年**
- **リサイクル処分**

➡消火器販売店、メーカー営業所などの窓口に依頼

- **エアゾール式は住んでいる自治体のスプレー缶処分方法で処分**

揺れに反応してブレーカーを落とす感震ブレーカー

感震ブレーカーは、一定以上の揺れを感知した際、電気を自動的に止める役割があります。大元の電気を遮断し、スイッチの切り忘れや通電火災を防ぎます。設置費用を助成している自治体もあります。

● 感震ブレーカーの種類

コンセントタイプ

コンセント内蔵のセンサーが揺れを感知し、コンセントから通電を遮断。製品によっては電気工事が必要。
費用：約5千円～2万円

分電盤タイプ

センサーが揺れを感知してブレーカーを切る。電気工事が必要。
費用：約5～8万円
後付けタイプは約2万円

簡易タイプ

おもりの落下やばねなどによりブレーカーのつまみを動かして切る。電気工事は不要。
費用：約2～4千円

● 設置の注意点

- 感震ブレーカーは揺れを感知すると、実際には停電しなくても電気を遮断する。そのため、在宅医療で使用中の医療機器などは非常用電源の確保、起動が必要
- 停電復旧後は、事前にガス漏れや電気機器に可燃物が接していないか、本体やコードに損傷がないかなどを確認。通電後しばらくは焦げくささや火花などがないか見守る
- 暗くても行動できるよう懐中電灯や足下灯などを常備し、停電に備える。日ごろから避難経路を確保する

13

住まいの安全④

自宅の「凶器」を取り除く

部屋のレイアウトを安全な状態にする

1995年阪神・淡路大震災では、判明している死因の約7割が、家屋の倒壊や家具の転倒による窒息・圧迫死でした。負傷者のケガの原因も、家具の転倒が多くなっていました。

このように、大災害が起こったとき、対策が不十分な住まいは「凶器」になり得ます。室内を安全な空間にすることは、命を守る基本なのです。

まずするべきは、室内の物の配置を安全なものにすること、そして窓ガラスの飛散を防ぐことです。ベッドに家具が倒れてくる配置がダメなのはもちろん、家具が動いてドアをふさぎ、外に出られなくなる配置もNG。窓ガラスは、割れても室内に散乱させない対策が必要です。

「倒れない」「飛ばない」「ふさがない」

家具は、倒れないようにすることが第一ですが、もし倒れたとしてもケガをしない、出入り口をふさがない配置にします。

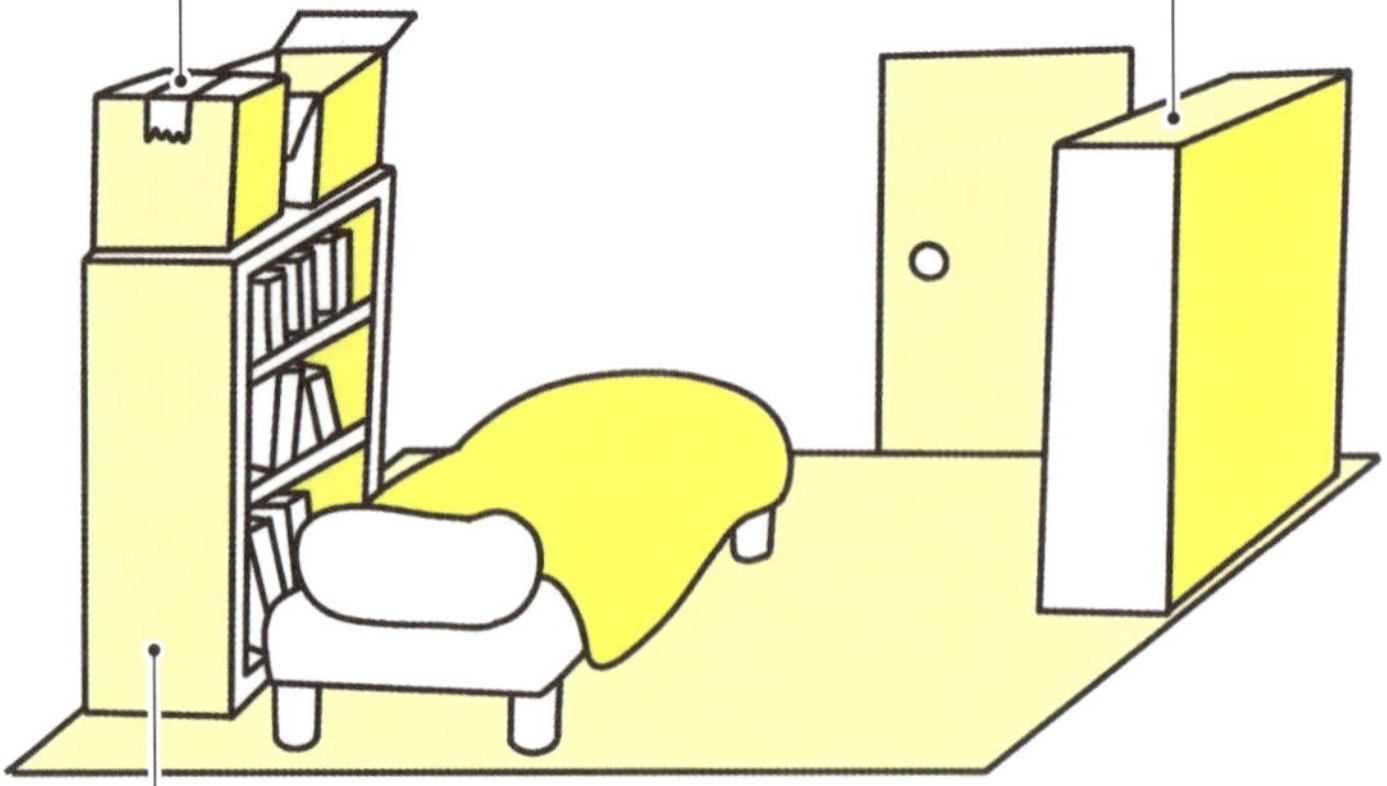

NG!
高い位置に物を置く
特に重い物は、落下時にかなりの勢いがついて飛んでくる
NG!
ドアをふさぐ
ドアが開けられなくなり、避難が遅れる
NG!
寝ているところに倒れてくる
家具のほか、棚の置物や窓ガラスにも注意

ガラスの飛散を防止する

割れたガラスは発災時だけでなく、片づけの際も危険が伴います。割れない、割れても飛び散らない工夫が必要です。

飛散防止フィルムを貼る

ガラスが割れても飛び散ることを防ぐ。食器棚のガラス扉など、小さな場所でも可能な対策。

家具や置物がぶつからない配置

家具などがぶつかると窓ガラスが割れる原因になる。台風のときは、風で動く物をベランダに置かない。

合わせガラスに替える

2枚以上のガラスを樹脂の膜で圧着したもの。ひびは入っても飛び散りにくい。

安全な睡眠スペースをつくる

睡眠時はとっさに動くことができません。危険を回避することが難しいため、寝室はよりしっかりと安全を保つ必要があります。

NG!

窓ガラスが近い

ベッドや布団は窓から離す。カーテンをかけ、寝るときは閉める

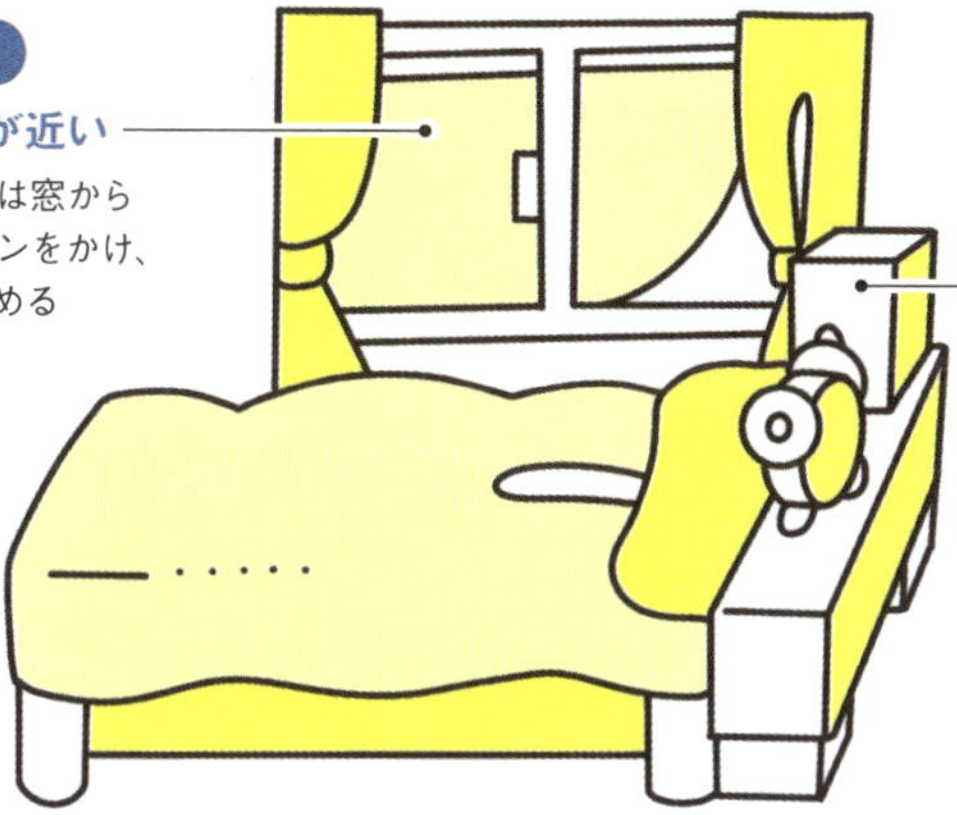

NG!

家具・インテリアが頭の近くにある

寝ている姿勢で、頭上に落ちてくる置物がないか確認。壁掛け時計や額縁、つり下げ照明、エアコンなども頭上にこない位置に

＼ 備える知識 ／

最低限の物を枕元のポーチに入れる

寝室から安全に避難するために以下のグッズを枕元に用意します。スマートフォンもすぐ手に取れるところに置きましょう。

入れておきたい物

- □ 眼鏡（ケースに入れて）
- □ スリッパ
- □ 小型の懐中電灯やヘッドライト
- □ 革手袋
- □ 吸入薬などの予備
- □ 笛

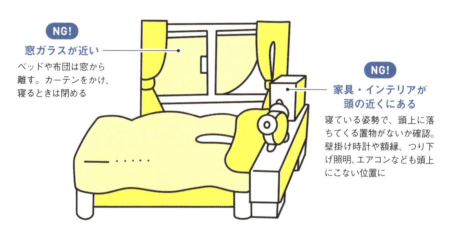

14

住まいの安全⑤

自宅の家具を動かないように固定する

大きな家具や家電を固定して安全な部屋を作る

地震のエネルギーは巨大なため、大きな家具や家電でも、揺れることによって重心のずれ幅が一定以上になると倒れてしまいます。家具の上部が重かったり、重心が高かったりするとより倒れやすくなります。

転倒防止グッズにもさまざまな種類があり、壁を傷つけたり、穴をあけたりしなくてもよいものもあります。**家具や家電の大きさや重さを過信せず、動かないようにすることを基本とし、自宅の環境に合わせて対策を選びましょう**。また、家具を新たに買う際には、転倒防止対策のため、サイズや配置も含めて検討しましょう。できる限り、壁や天井に固定するのがおすすめです。

固定器具の選び方

壁や天井に固定するのが最も安全で確実ですが、賃貸住宅や構造上の問題などで固定できない場合、2つ以上の方法を組み合わせるのが有効です。

強度

弱 ← → 強

ネジ止め不可の賃貸物件にも使える。組み合わせると効果大

ネジ止め式は効果大。壁に穴をあけない粘着テープタイプも

マット式

家具の底の四隅に耐震マットを貼る

ポール式

家具と天井をつっぱり棒で固定する

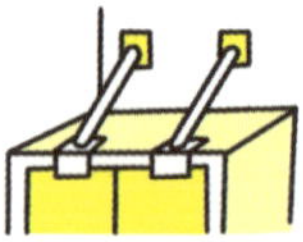

ベルト式

家具と壁を着脱式の転倒防止ベルトでつなぐ

L字金具

家具と壁をネジで固定する

ストッパー式

家具の前下部に耐震ストッパーを挟み、壁側に傾斜させる

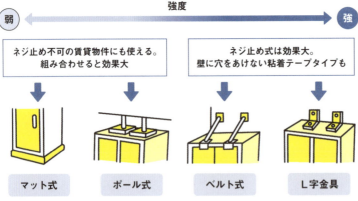

家具の転倒防止テクニック

冷蔵庫などの電化製品や照明、テーブルなどもできるだけ固定します。扉のある棚などには、中身の飛び出し防止に扉開き防止ストッパーを取りつけます。

● キッチン

大きな揺れで置きっぱなしの調理器具は飛びます。出しっぱなしにせず、使ったらしまう習慣を。

冷蔵庫

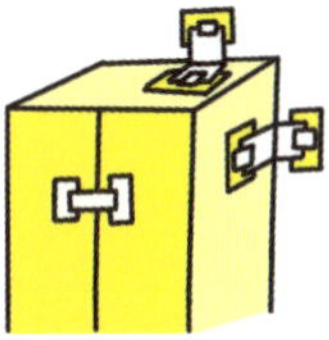

冷蔵庫の上部と側面を粘着テープタイプのL字金具で壁に固定。扉には扉開き防止ストッパーをつける

電子レンジ

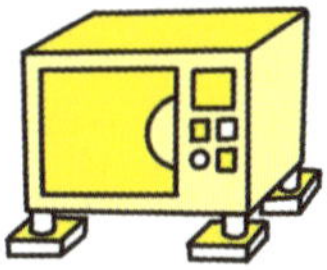

耐震マットなどでレンジ本体をレンジ台に固定する。ベルト式も使える

シンク上の吊戸棚

頭上から物が落ちてくるのを防ぐため、扉に扉開き防止ストッパーをつける

● リビング・ダイニング

壁に面していない位置にあるテーブルなども、滑り止めなどで移動しにくくします。

食器棚

扉には扉開き防止ストッパーをつける。食器下には滑り防止シートを敷く。食器は下から中→大→小と重ねると安定するが、重ねすぎない

テーブル

脚に粘着マットや滑り止め防止マットを使用する

本棚

重い本は下段に収納。落下防止テープなどを使用し、本の飛び出しを防ぐ

照明

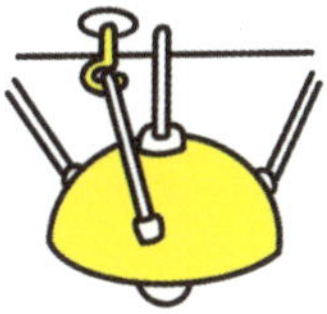

吊り下げタイプの照明は、ワイヤーやチェーンなどで天井に固定

テレビ

テレビ台に耐震マットなどで固定する。テレビ台ごと倒れないよう台も壁に固定する

15

ライフラインの復旧

電気の復旧は早く、ガスは時間がかかる

敷地内の配線・配管の損傷にも注意

電気、ガス、水道といったライフラインは、発災直後に停止し、利用が困難になります。復旧までの期間は災害ごとに異なりますが、おおむね電気の復旧は早く、ガスや水道は時間がかかります。

ライフラインの復旧は、家屋に引きこむ部分の損傷が影響する場合があります。特に**水道管の場合、水道メーターから先の配管修理は家屋の持ち主が行う必要があるため、各自治体が指定する水道業者の数が不十分だと、数カ月たっても水が使えない事態が起こります**。2024年能登半島地震でも問題になり、国は指定業者の範囲を市町村から県まで広げるなどの対応策を取りました。

過去の災害のライフライン復旧日数

東日本大震災、熊本地震、能登半島地震でのライフラインの復旧までにかかった日数です。

災害名	最大震度	電力復旧までの日数	ガス復旧までの日数	水道復旧までの日数
東日本大震災	震度7（M9.0）	東北電力NW 約8日で94%復旧（約3カ月後に復旧完了）東電PG 約7日	都市ガス 約60日（地震・津波による家屋倒壊等が確認された戸数を除き復旧完了）プロパンガス 約40日（家屋流出等地域を除く）	約6カ月半（立入制限区域以外）
熊本地震	震度7（M7.3）	約1週間	都市ガス 約2週間（供給再開できない家屋除く）プロパンガス 約10日後に使用世帯の安全点検完了	約3カ月半（約7日で90%程度復旧）
能登半島地震	震度7（M7.6）	約30日（進入困難カ所除く）	都市ガス 約3日・コミュニティーガス 約10日（復旧困難カ所除く）プロパンガス 約60日後に復旧完了報告	約5カ月（早期復旧困難地域除く）

＼ 備える知識 ／

「新電力」は災害復旧で不利にならない

災害などで停電した際は、国の監視下にある「送配電部門」が復旧を引き受けます。この部門は、発電所から家庭までの送電線などを管理しています。電力自由化後も、送配電部門は政府が許可した一般送配電事業者（東京電力パワーグリッドや関西電力送配電など）が担当し、どの電力会社と契約していても復旧対応を行います。そのため、新電力と契約しているから復旧しない、ということは起こらないといえます。

ガス復旧の流れ

一般的なガス復旧では、ガスの元栓を開ける際は必ず契約している全家屋を回り、契約者立ち会いのもとで安全を確認します。

復旧完了

◀ **開栓巡回**：契約者宅を一軒ずつ訪問し、立ち会いのもとガス栓を開けて使用できるか確認する。

◀ **ガバナ再稼働による供給再開**：ガス供給を遮断していたバルブを開けてガスの供給を再開する。

◀ **道路下のガス導管修理**：地面に埋設されているすべてのガス管のガス漏れを検査し、修理する。工事は手作業になることも。

◀ **地域分割**：ガスのバルブ（ガバナ）を閉めたりガス管を切断して、供給停止地域を分割する。

◀ **閉栓巡回**：契約者宅を一軒ずつ回ってガスメーターのガス栓を閉める。

水道復旧の自治体と住民の分担

水道管の本管と、本管から分岐した水道メーターまでの引きこみ管は、公共設備であり、自治体が修理します。

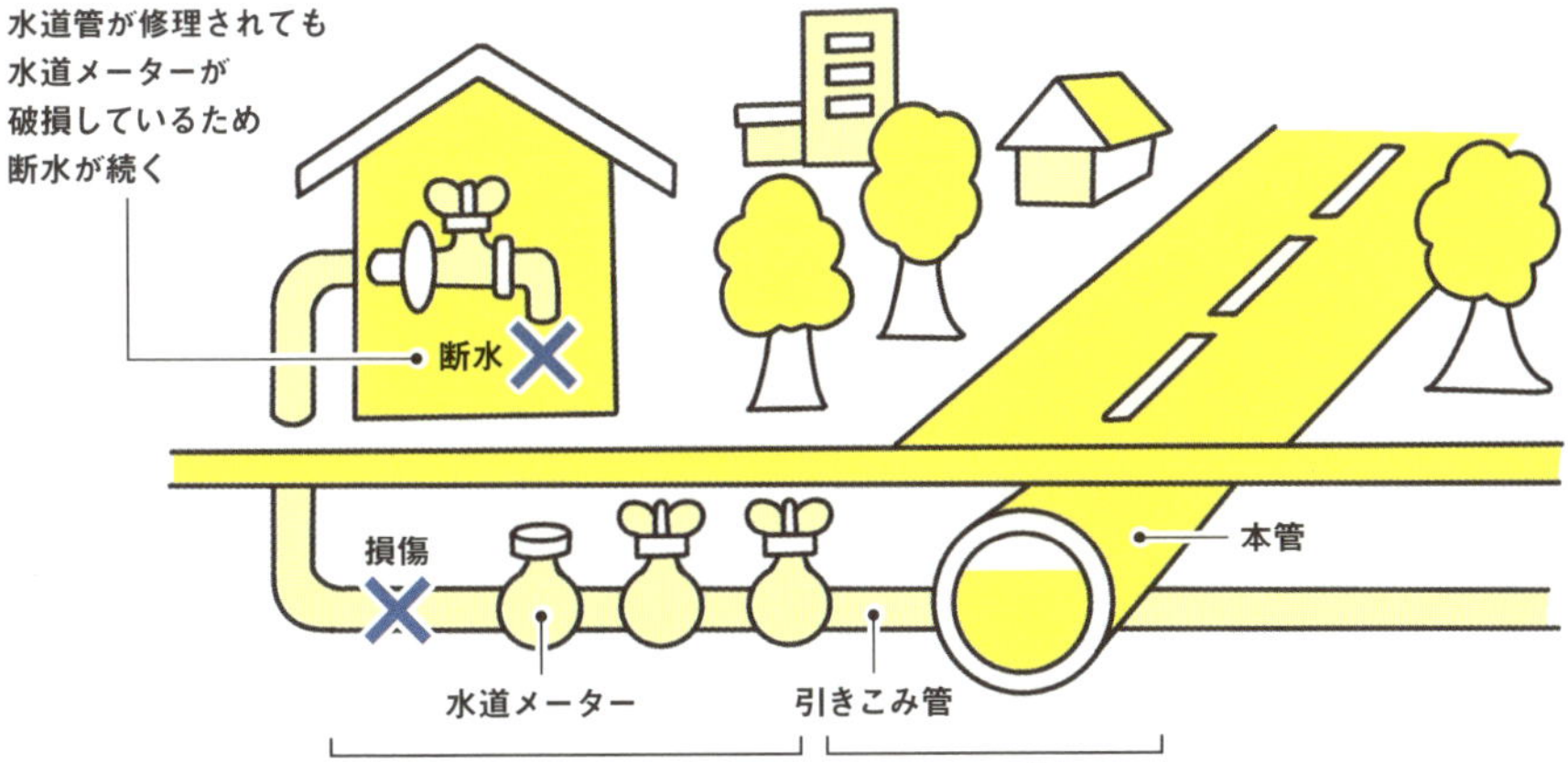

住民の責任で修理をしなくてはいけない

水道メーターから家屋内までは各家庭の財産であり、各自で修理を行う。ただし「水道法」で各自治体の指定業者が工事をすると決められているため、業者不足で工事ができないと断水が長引くことになる。

自治体の責任で修理してもらえる

公共機関の「断水解消」とは、本管、引きこみ管の復旧が完了したことを指す。

出典：毎日新聞「能登半島地震でようやく水道管が復旧　それでも断水が続くのは？5月1日付」

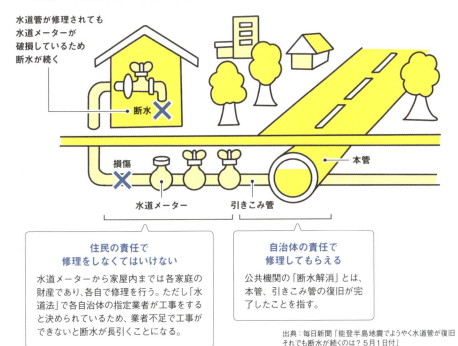

16

水の確保①

断水時に必要な水の確保

断水の復旧には時間がかかる

過去の災害では、ライフラインのなかで水道の復旧に最も時間がかかっています。その原因として、**水源が被害にあうと状態の回復に時間がかかること、水道管の被害確認と修繕に回る人員が不足することなどが挙げられます**。東日本大震災では、津波で水源に海水が流れこみ、塩水になったため元に戻すのに時間がかかった自治体が多くありました。また、公共の水道管から各家に引きこむルートの水道管が壊れている場合、個人で修理する必要がありますが(→P.87)、破損に気がつかない場合や、修理業者の予約待ちですぐに直せない場合などがあり、復旧が遅れることも多くなっています。

飲料水は1週間分は用意しておく

農林水産省は、飲料用と調理用だけで1人1日3Lの水が必要としています。飲料用として最低限1日2L、できれば3Lを用意しましょう。生活用水もできる限り準備しておきます。

● 必要な飲料水量

1人1日 3L × 7日分以上

家にある飲料水

書き出してみましょう

ペットボトル

2L ＿＿＿＿本

500ml ＿＿＿＿本

その他 ＿＿＿＿＿＿＿＿

甘味のないお茶や炭酸水もあれば対象に

最優先

飲料用・調理用

清潔な水は生命維持に必要だが、災害時には入手しにくくなる。まずは飲み水、調理に使う水を確保。

余裕があれば

生活用水

手指や体の衛生、トイレ（水が流せる場合）、洗濯（洗濯機以外）などで1人1日10～20L必要。エコキュートの貯留水、お風呂にためた水、雨水をためるタンクの水も生活用水に使える。

水の保管方法

飲料水は、水道水を容器に入れて保存する、またはミネラルウォーターを用意するという方法で確保します。どちらも直射日光の当たらない、涼しい場所に保管します。

水道水

清潔な容器に口元いっぱいまで水道水を入れ、ふたをきっちり閉める。常温で3日程度、電気が使えるなら冷蔵庫で7日程度保存可能。朝一番の水ではなく、ある程度流したあとの水を入れる。

ミネラルウォーター

賞味期限切れに注意。ローリングストックで備蓄。夏の車中など高温になる場所での保管は避ける。本数が多くなるので、小分けにして保管場所を分けるのも◎。

● 簡単な保管方法

ペットボトルやポリタンクへの貯水

保存日数や賞味期限を過ぎたり、高温の場所に放置してしまった水は、平時に洗濯水に回したり、庭の水まきや家庭菜園などに使用すると無駄にならない。

ウォーターサーバーのストック

お湯が出るタイプのウォーターサーバーは、停電復旧後にお湯が使えて◎。定期的に届くため、賞味期限を気にすることなく備蓄できる。重いので、いざというとき使いやすい場所に保管。

お風呂の湯はすぐに抜かない

地震で水があふれるのを防ぐため、ふたをしておく。乳幼児がいる場合は、溺水防止のためにもしっかりふたを閉め、チャイルドロックなど風呂場に入れない対策をする。時間がたった風呂水は雑菌が繁殖しているので、災害時はトイレや片づけ時の泥落としなどに使う。

水を節約するテクニック

水道が復旧するまでは、今ある水をやりくりしてもたせる必要があります。清潔を損なわない節約テクニックを覚えておきましょう。

歯みがき

少量の水と歯ブラシでみがく、または少量の水でぶくぶくうがいのあと拭き取る（→P.145）

体の衛生管理

ウエットシートやドライシャンプーを使い、洗い流さず汚れを落とす（→P.146）

洗濯

洗濯物と少量の水、洗剤をポリ袋でもみ洗いする（→P.147）。おりものシートなどを使い、下着の汚れを防ぐのも◎

17

水の確保②

応急給水拠点で水の調達

被災時に水を配る応急給水拠点

応急給水拠点は、災害が起こったときに飲料水を配る施設です。水道施設、公園などの地下に水槽や太い水道管（貯留管）を設け、上水道管から水を引きこんでいます。水槽や貯留管の中の水は上水の一部で、常に新鮮な水が流れています。

災害が発生すると、自治体職員や地域の自治組織が、ポンプや蛇口などを組み立てて給水拠点を開設します。中には、平時は学校や公園の水飲み場、災害時はそのまま給水拠点となる所もあります。地域の防災マップなどで位置を確認しておくと慌てません。**給水開始は自治体から発表され、最近では防災アプリなどで知ることもできます。**

応急給水拠点の利用方法

水は生活するうえでなくてはならないものです。住んでいる地域の応急給水拠点を知っておくことは重要です。

場所

自治体ごとに異なるが、地域内におおむね等間隔で、応急給水拠点が設けられている。防災マップで位置を確認しておく。

給水量

災害時に発表される場合と、平時から目安量を公表している場合がある。1人1日3L目安が多い。

持ち物

3L入るポリタンクや給水袋、またはポリ袋とリュックや段ボール箱、台車など。ふたができる清潔な容器か袋が必要。

災害実例

災害時給水ステーション

東京都が開設する応急給水拠点は家からおおむね半径2km以内に1カ所設けられています。施設全体で都民（約1400万人）の約3週間分にあたる飲料水が確保されています。開設場所や災害時の供給開始は、従来の広報のほか、「東京都水道局アプリ」で知ることもできます。

水の効率的な運び方

応急給水拠点から自宅まで毎日水を運ぶ場合、何を使ってどのように運ぶか平時から考えておきましょう。給水袋やタンクが使えない場合の、身近な物での運び方も確認を。

給水袋

- ○ リュックタイプは背負うことができるので、容量が大きくても運びやすい
- ○ 使わないときは折りたたんでコンパクトに収納
- × タンクに比べて破れやすく、耐久性が低い
- × 自立しない物もある

ポリタンク

- ○ 丈夫で自立する物が多い
- ○ 蛇口を取り付けられる物は、注ぐのに便利
- ○ 広口の給水口なら、中を洗うときに手が入りやすい
- × 収納スペースを取る
- × 給水袋に比べて重い

● ポリ袋やゴミ袋を使った運び方

バケツの中に袋を広げて入れ、もう1枚を重ねて水を入れる。袋の口をしばって運ぶ。片手で運べる程度の重さにとどめると歩きやすい。

段ボール箱に袋を広げて入れ、もう1枚を重ねて水を入れて袋の口をしばる。段ボール箱は台車に乗せて運ぶとある程度の重量になっても安全に運べる。

袋を広げてリュックに入れ、もう1枚を重ねて水を入れる。袋の口をしばって運ぶ。運ぶとき両手があくので安全。

災害実例 2024年能登半島地震の給水支援状況

2024年1月1日の地震発生後、2日朝より自衛隊が被災地の2カ所で給水支援を開始しています。被害の大きかった石川県輪島市では5日から1カ所で自衛隊による少量の給水支援の報告があり、6日には給水支援場所が広がりました。

同じく甚大な被害を受けた石川県珠洲市では、2日から自衛隊の給水支援が始まっていましたが、5日の段階では病院への給水が優先され、住民向けの給水はめどが立っていない状況でした。

7日になると、珠洲市でもいくつかの給水支援場所が公表されるようになりました。

Point

運ぶとき

- 袋は、始めから2枚重ねて入れると密着して同時に破れることがあるので、1枚ずつ入れるのがベター
- 台車の代わりにベビーカーやキャリーカートなども使える
- 道が悪いときは無理に台車を使わない

使うとき

- 段ボール箱の底の隅に小さく穴をあけ、水の入った袋の隅を引っ張り出して小さく切り取ると注ぎ口になる
- 水を止めたいときは、袋の口を輪ゴムでしばったり、クリップなどで袋を挟む

18

非常時のトイレ事情①

災害直後のトイレの状況とは

地震発生時 トイレは使えなくなる

災害時でも、排泄は必ず起こる生理現象で、我慢できるものではありません。携帯トイレや仮設トイレなどは比較的早く届けられる支援物資ですが、それらが**すべての被災者に行き渡るにはある程度の時間がかかりますし、必ずしも十分な量とはいえません**。しかも、発災直後の仮設トイレ設置目安は避難者50人に1基です。

2024年能登半島地震において、輪島市では発災1カ月後の断水戸数が発災直後とほとんど同じでした。水道の復旧にも時間がかかります。在宅避難か避難所かにかかわらず、一人ひとりが十分な携帯トイレを備蓄しておくことが重要になります。

3割の人は3時間でトイレに行きたくなる

普段それほどひんぱんにトイレに行かない人でも、被災のストレスや緊張感、トイレが使えない不安感からトイレに行きたくなります。

● 被災後、何時間でトイレに行きたくなったか

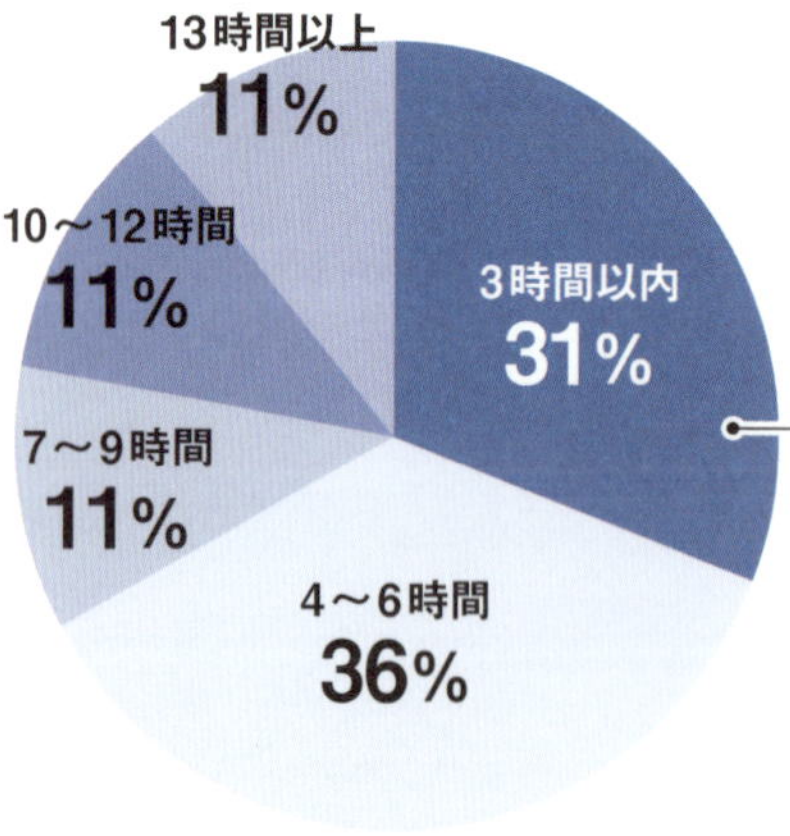

2011年東日本大震災での聞き取り調査結果では、発災から3時間以内にトイレに行きたくなった人は31%、2016年熊本地震では39%にのぼった。

出典：日本トイレ研究所「東日本大震災3.11のトイレ」

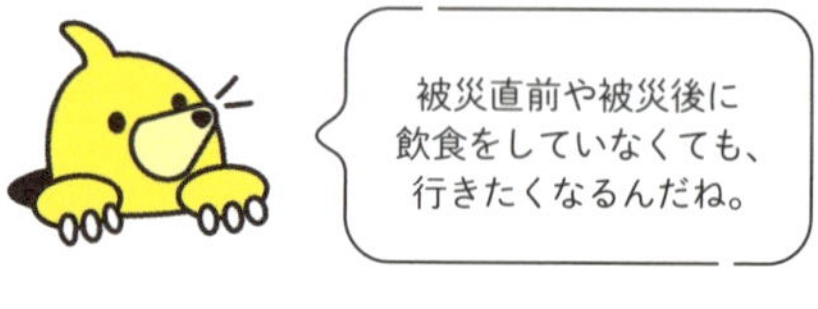

水道の仮復旧までは1カ月以上かかる

ライフラインのなかでも、水道の復旧は最も遅くなります（→P.86）。しかも、水道工事は個人負担で行う区間が発生することがあるので、復旧に個人差があります。

● 東日本大震災でのライフライン仮復旧までの日数

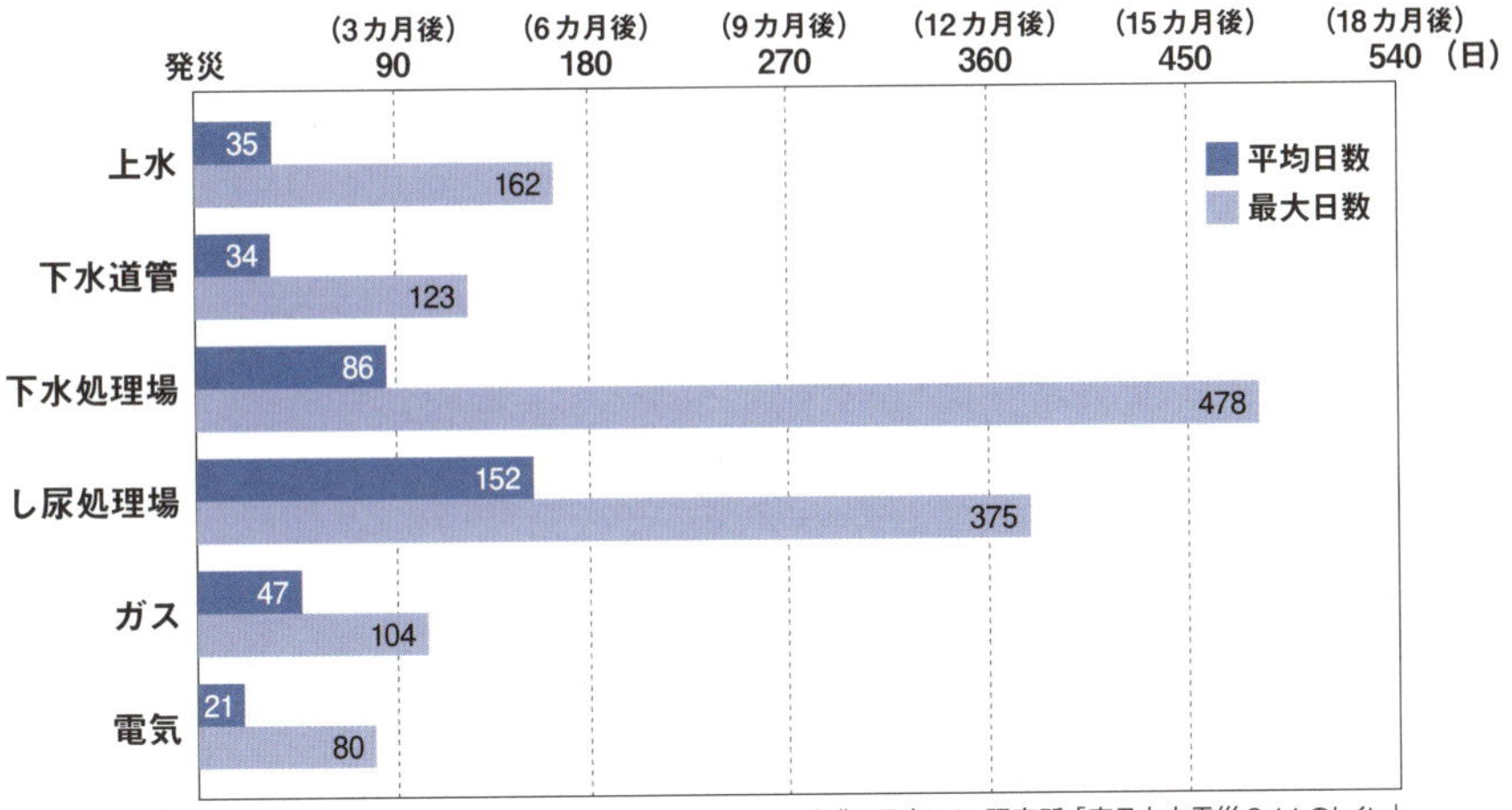

出典：日本トイレ研究所「東日本大震災 3.11 のトイレ」

避難所に設置されるトイレ

避難所のトイレは、避難所にいる人だけではなく、在宅避難をしている人も使用します。避難所に備え付けられていたり、自衛隊や企業が提供したり、多種多様なタイプが設置されます。

仮設トイレ

- **工事現場やイベント用の、屋外設置の物が主流。調達が容易**

和式、狭い、冬は寒い、段差があり高齢者や足腰に不安のある人は使えない。照明がなく､夜間の利用に不安。

- **トイレトレーラー、トイレカーなど**

1台あたりの費用が高く、1つの自治体が所有する台数も少ないが、導入自治体は増加している。自治体同士で連携して被災地に派遣している。

マンホールトイレ

- **自治体職員や地域住民で自主的に設置できる**

マンホールの上に設置する、マンホールトイレ（→P.102）は普及しつつあるが、まだ整備されていない地域もある。

19

非常時のトイレ事情②

地震直後、自宅のトイレは流さない

無理にトイレを使うことでトラブルが起きる

お風呂に水をためておけば、断水時でもトイレを流せると考えている人は多いのではないでしょうか。

しかし、地震や台風のような建物が大きく影響を受ける災害では、給水管や排水管も破損している可能性があります。**もし建物内部や地中の排水管が損傷すると、流した汚水が敷地内や床下にたまり、トイレからあふれるおそれがあります。**

集合住宅の場合、給排水管が使えて、排水ができるかどうかは、管理会社などの調査が終わるまではわかりません。そのため、**トイレを含め排水設備は使用せず、携帯トイレや、避難所に設置される仮設トイレを使いましょう。**

集合住宅やビルのトイレはつながっている

排水管がつながっている多くの集合住宅やオフィスビルなどでは、災害時にトイレは使用禁止となります。

● 集合住宅の排水管の流れ

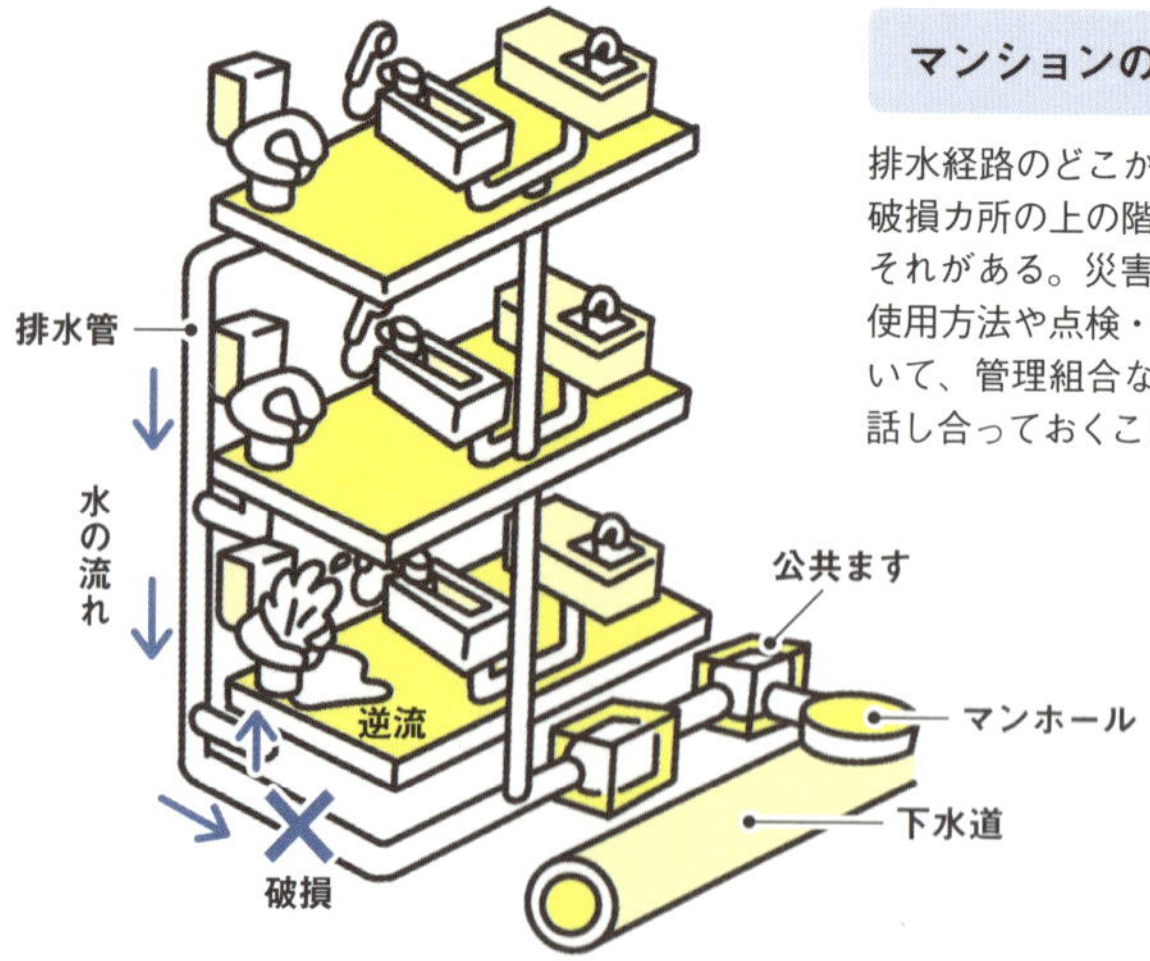

マンションの排水設備

排水経路のどこかが破損すると、破損カ所の上の階で逆流するおそれがある。災害時のトイレの使用方法や点検・修理依頼について、管理組合などでしっかり話し合っておくことが大切。

逆流防止に水のうを置く

逆流を防ぐため、「水のう」で便器の穴をふさぐ。

水のうの作り方

1. ポリ袋かゴミ袋を2重にする（45～90Lサイズ）
2. 水を3分の1から半分ほど入れる
3. 空気を抜いて、袋の口をきつくしばる

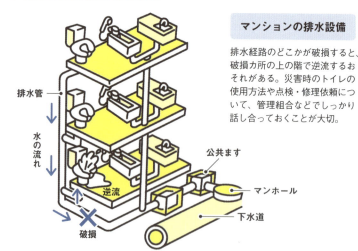

汚水ますで戸建てのトイレが使えるか確認する

水が流れない、逆流や悪臭の発生などの排水トラブルがあった場合はトイレを使わず、自治体が公表する指定業者一覧を見て点検や修理を依頼します。災害時は業者も混乱しているため、自己点検が必要な場合もあります。

● 下水の使用可否の確認手順

1

必ず2名で実施。宅地内に台所、トイレ、浴室ごとに汚水ますがあるので、汚水ますのふたをマイナスドライバーで開ける。

2

台所の流しなどから水を1〜3Lほど流す。

3

もうひとりが、2で流した水が汚水ますに流れてきているか目視で確認する。汚水ますに水がたまったままでなければ下水道を使用できる。

出典：熊本市上下水道局「熊本地震における下水道事業の復旧対応状況と課題」

断水時のトイレの選択肢

断水時には在宅避難でも、避難所でも、主に携帯トイレを使うことになります。避難所には仮設トイレも設置されますが、被災直後に十分な数が用意されるとは限らないため、個人での備蓄が重要です。

自宅のトイレ

自宅の便器で携帯トイレを使用。ゴミの収集が始まったら自治体ルールに沿って汚物を捨てる。

避難所のトイレ

最初期は自宅同様に携帯トイレを使用。仮設トイレと携帯トイレが併用されることも。近年ではトイレカー・トイレトレーラーもあるが各避難所に届くまでに時間がかかる例も。

東日本大震災のとき、仮設トイレは何日で届いたか

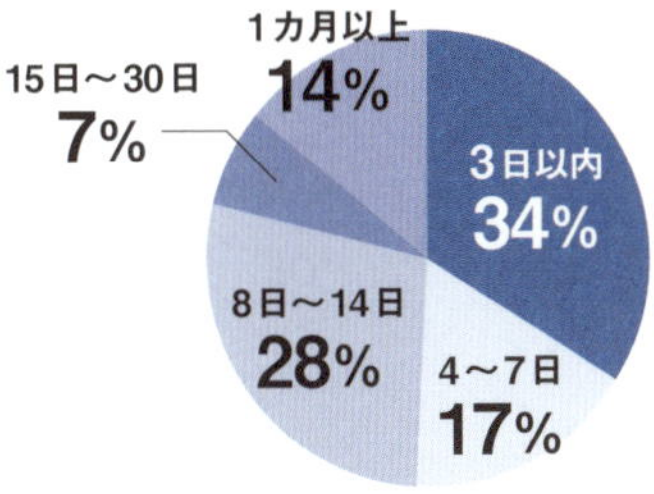

出典：日本トイレ研究所「災害時のトイレの課題と今後の対応」

20

非常時のトイレ事情③

トイレ不足による健康被害

トイレの備えが命を左右する

避難生活のなかで、トイレの管理は後回しにされることが多いです。避難所にトイレが設置されていても、汚く不衛生であったり、トイレの周辺が暗かったり、人目がなかったりするために不安になり、トイレに行きたくないと感じる人がいます。**トイレを控えるために、水分や食事を我慢し、体力低下によって感染症やエコノミークラス症候群を発症してしまうこともあります。トイレの悪環境による災害関連死は、大きな災害で多くの避難生活者が生まれるたびに、深刻な問題となります。**

携帯トイレは自身の命を守るためにも、入念に備える必要があります。

トイレを控えるとエコノミークラス症候群に

トイレの不安は身体に悪影響があります。災害時にはエコノミークラス症候群（→P.139）の危険がありますが、トイレを我慢することも発症の一因になります。

●トイレを我慢することによる健康被害

トイレが汚くなる
次々に使用され、汲み取りも少ないため排泄物がたまり、
トイレ内の汚染や悪臭がひどくなる。

↓

トイレに行きたくなくなる
汚いトイレに入りたくない、と
精神的、身体的にトイレを敬遠する。

↓

トイレに行かないよう水分を控える
飲食、特に水分を控え、ぎりぎりまで我慢する。

↓

水分不足によりエコノミークラス症候群に
避難生活で体を動かさないことと脱水が重なり、
エコノミークラス症候群の発症率が高まる。

災害時に必要とされる携帯トイレの目安

携帯トイレを適切に使用することは非常時のストレスを軽減します。トイレの周囲は常に整頓し、使用後は消毒液で手指を清潔にすることを心がけます。

● 携帯トイレをどれだけ使用し、どれだけ備蓄するか考える

1人1日 約5回 × 家族の人数　　人 × 7日分 以上 ＝ 最低備蓄量

書きこんでみましょう

水道復旧まで1カ月以上かかる場合もあるため、できるだけ多く備蓄するのが◎

● トイレットペーパーの備蓄量

1人7日分 約1ロール × 家族の人数　　人 ＝ 最低備蓄量

書きこんでみましょう

かたく巻いた長巻きペーパーも便利

携帯トイレと一緒に備えておく物

- □ **45L以上のゴミ袋**
  携帯トイレをセットするときの便器カバー、緊急トイレ用
- □ **トイレットペーパー**
  上記参照
- □ **保存用密閉袋と容器**
  使用済み携帯トイレのにおいもれを防いで保管できる物（→P.99）
- □ **ランタン**
  停電時や夜間トイレ用照明に。壁掛けや棚置きタイプが◎
- □ **衛生用品**
  ウエットティッシュ、消毒液（手指用）、手洗いができるなら石けん、トイレ用スプレー式消臭剤、生理用品、掃除用除菌洗浄剤

トイレを感染源とした集団感染の対策

たくさんの人間が生活する避難所ではノロウイルスやロタウイルスによる感染性胃腸炎、黄色ブドウ球菌やサルモネラ、カンピロバクターなどによる細菌性腸炎などの発生例が報告されています。

トイレ掃除

衛生的な環境を保つために、感染源になりやすいトイレをこまめに掃除する。あわせて、トイレ内の履物と居住空間の履物を別にして、トイレ内の汚れを居住スペースに持ちこまないようにする。トイレットペーパーや消臭剤を屋外に放置しない。

手指の消毒

トイレ使用後は必ず石けんで手洗いをする。水が使えないときは、手指消毒剤を両手にしっかりすりこむ（→P.145）。トイレのドアやトイレ内の物品に触った際も消毒する。

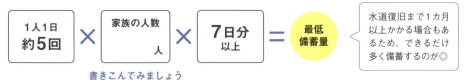

21

非常時のトイレ事情④

自分に合う携帯トイレを知っておく

トイレは使いやすい物を最低1週間分は用意する

携帯トイレは、凝固剤や吸水シート、袋がセットになった持ち運べる簡易なトイレです。洋式トイレや介護用のポータブルトイレ、折りたたみ便器などに取りつけて使用します。**いざ被災時に使おうとしても大変なので、平時に試しておくのがよいでしょう。**凝固剤と吸水シートのどちらが使いやすいか、においもれはどうか、便器へのセットや片づけが衛生的で簡単か、などを見極め、**扱いやすいと思った物を1人あたり1週間分以上備蓄しておきます。**

最近では、10年以上の保存が可能な物もありますが、劣化がないか定期的に確認しましょう。

タイプ別携帯トイレの特徴

携帯トイレの主なちがいは糞尿を固める凝固剤にあります。凝固剤が最初からセットされているシートタイプ、先入れタイプ、あとから振りかけるタイプがあります。

	凝固剤タイプ		吸水凝固シートタイプ
	タブレット	粉末	
		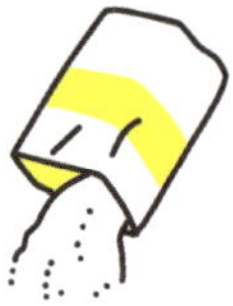	
使い方	便器に袋をかぶせ、凝固剤を入れて用を足す	便器に袋をかぶせ、用を足した後に凝固剤を入れる	便器に袋をかぶせ、そのまま用を足す（シートは袋内にセット済み）
廃棄方法	自治体の「可燃ゴミ」ルールで廃棄（できれば分別して、トイレごみとわかるように明記）		自治体の「紙おむつ」ルールで廃棄
	自治体によっては携帯トイレ専用で収集する場合があるので、通常の可燃ゴミとは分けておく。あらかじめ確認を忘れずに		
特徴	○ コンパクトで大量備蓄が可能 ○ 消臭効果が高い ○ 比較的安価	○ コンパクトで大量備蓄が可能 ○ 比較的安価 △ 停電時や子ども、高齢者には粉末をまんべんなく振りかけることが難しい場合も △ 先に入れると尿だけを固めて便が固められないことがある	○ 便器にかぶせるだけなので簡単 ○ 便器がなくても袋を立たせて使うことが可能 ○ 複数回の使用が可能 △ かさばるので備蓄スペースを取る △ 比較的高価

携帯トイレの使い方（タブレットタイプの例）

便器内の水に携帯トイレの袋が触れないよう、45Lのポリ袋などを先にかぶせてから携帯トイレをセットします。便器内の水は抜かないでおきます。

1

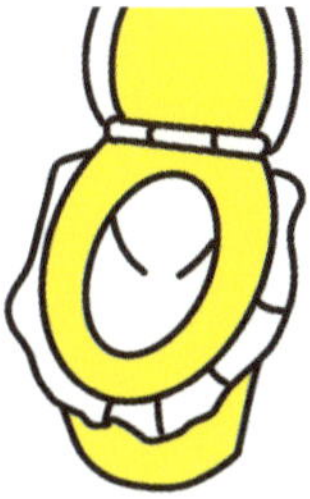

便器にポリ袋をかぶせ（携帯トイレに付属の袋または市販の袋）、便座をおろしてはさむ

※排泄後、携帯トイレの袋だけを交換すれば、便器や床の汚れを防げる

2

便座の上から携帯トイレの袋をかぶせて設置する。先に凝固剤を入れて用を足す

※使用済みトイレットペーパーの処理は説明書に従う

3

携帯トイレの袋だけを取り出す。空気を抜いて口をしばる

※携帯トイレに使い捨て手袋や口をしばるパーツが付属していることもある

4

ゴミ収集が始まるまで、密閉できる容器で保管する。

● 使用済み携帯トイレの保管方法

においがもれないよう、ジッパー付き保存袋や付属の防臭袋に入れ、ふた付きのポリバケツなどに入れて保管する

トイレゴミの保管に使える収納

- ふた付きゴミバケツ（ポリバケツ）
- ふた付き衣装ケース
- 屋外用収納ボックス
- ジッパー付き保存用密閉袋

注意！

処分方法は自治体に確認

ゴミの収集が始まったら、自治体のルールに沿って出す。多くの自治体では可燃ゴミとして収集する。ただし、取り扱いを明言していない自治体もあるため、被災時に情報収集を欠かさないことが重要。

22

非常時のトイレ事情⑤

備えがないときの自作トイレ

トイレの備えがなくなったときの最終手段

そもそも携帯トイレの備蓄をしていなかったり、たくさん用意したが下水の復旧前に尽きてしまったりなどの事態が考えられます。そんなとき、手近な物で簡易なトイレを作る方法を知っていれば安心です。

災害で便器が破損した場合は、段ボール箱やバケツ、椅子などで自作することができます。自作のトイレが不安な場合は、市販の組み立て式や折りたたみ式の便器を用意してもよいでしょう。

凝固剤の代わりは、新聞紙が使えます。ペットシーツや猫砂はペットがいない人でも、いざというとき人間用にも使うことができるので備蓄しておきましょう。

便器が使えるときの簡易トイレ

ポリ袋と新聞紙で緊急用トイレを作ることができます。外側のポリ袋を便器にかぶせるところと使用後の処理は、携帯トイレ（→P.99）と共通です。

1

便器にポリ袋をかぶせて便座をおろしてはさむ

2

別のポリ袋をかぶせる。重曹（消臭用）があれば底に振り入れてから、中にくしゃくしゃにした新聞紙を入れる

3

排泄後、トイレ用のスプレー式消臭剤があれば上からかけ、上のポリ袋を取り出して空気を抜き、口をしっかりしばる。密閉容器に保管する

Point

凝固剤代わりに使える物

- 新聞紙
- 市販のわら半紙
- 紙おむつ
- ペットシーツ、紙製の猫砂
- 古着などの布類（小さく切る）

携帯トイレに比べて消臭力が弱いので、先に重曹や洗濯用粉末洗剤を入れたり、上からトイレ用のスプレー式消臭剤をかけたりするとよい。

便器が壊れたときのトイレの作り方

自宅の便器が壊れたときや、車中泊やテント泊避難をする必要がでたときは簡易な便器を自作するか、便器を使わないトイレを用意しましょう。

● 段ボール便器の自作例

作成後は携帯トイレの使い方と同じように使用する（→P.99）。

1

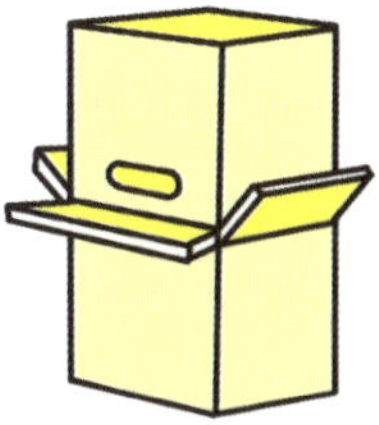

同じ大きさの段ボールを2つ用意。1つの段ボールにもう1つの段ボールを逆さまにはめる。

2

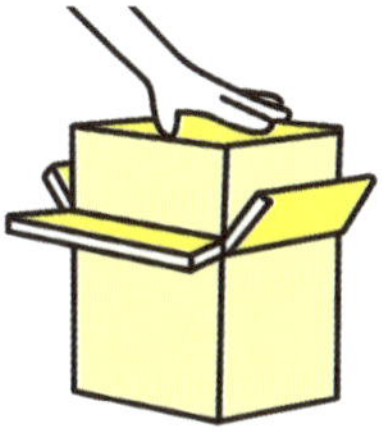

力をかけながら、ゆっくり押しこむ。一気に押しこむと段ボールが壊れる場合があるので注意。

3

奥まで押しこんだら、外側の段ボールのふたをガムテープで巻いて補強する。

4

段ボールの上を切り取って穴をあけ、便座にする。強度が不安なときは、便座をガムテープで補強。

● レジ袋トイレの作り方

1. レジ袋の縁を外側に折り返す。新聞紙を底にフィットする大きさに折って敷く
2. 凝固剤か紙おむつ、新聞紙などを入れ、またがって用を足す

出典：川崎市男女共同参画センター「改訂版 女性の視点でつくる防災 これで安心トイレ対策編」

Point

物資の消費を抑えるには

冬場など、比較的においが発生しにくい時期や、消臭力の強い凝固剤・消臭剤を使用しているときは、内側のポリ袋が破れない程度に使い回しをしてもよい。例えば、尿は3回まで、便をしたら取り換える、など、携帯トイレや凝固剤の凝固性能内で回数を決める。また、1回ごとに消臭剤をかける、新聞紙や吸水シートで覆うといった工夫もおすすめ。

23

非常時のトイレ事情⑥

近年増えているマンホールトイレ

マンホールトイレの導入は進んでいる

マンホールトイレは、2024年能登半島地震において石川県七尾市や金沢市などで使用されました。しかし、使用されたのは七尾市で1基、金沢市で3基、内灘町で5基と多くはなく、被害が大きかった能登地域6市町ではそもそも整備されていないため0基です。このように、マンホールトイレはまだ整備途中です。

ただし、国はマンホールトイレの普及に力を入れており、設置している自治体も増えています。**自治体職員や地域住民が必要な際に自主的に組み立てることができ、素早い設置が可能なことから、今後ますます導入が進むと考えられます。**使い方を今のうちから知っておきましょう。

マンホールトイレの仕組み

屋外排水設備の上に便器を設置するトイレです。排水設備の地上部はマンホールになっています。排水設備は下水管または下水をためる槽につながっています。

● 流下式・貯留式

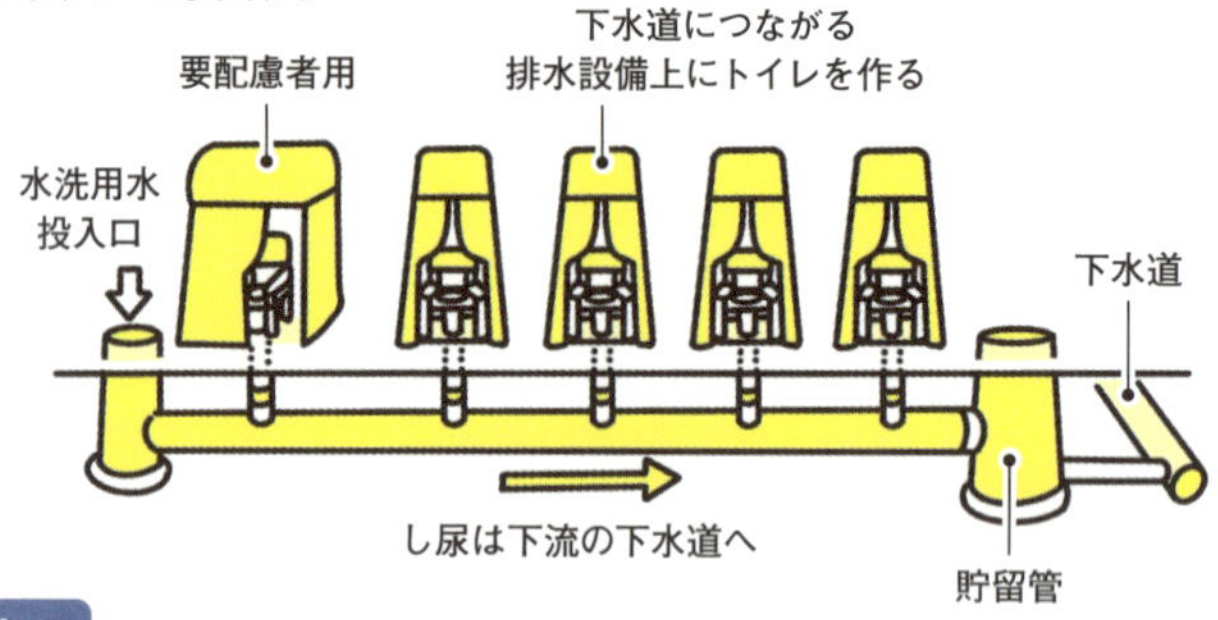

Point

- 排水設備に水が流れているので、通常の水洗トイレに近い感覚で使える
- 下流の下水道が被災している場合は使用不可
- 貯留式は途中の弁を閉じることにより、下水道が被災していても一定期間使用可能
- 要配慮者用に車いすで使える物や中が広いトイレもある

● 汲み取り式

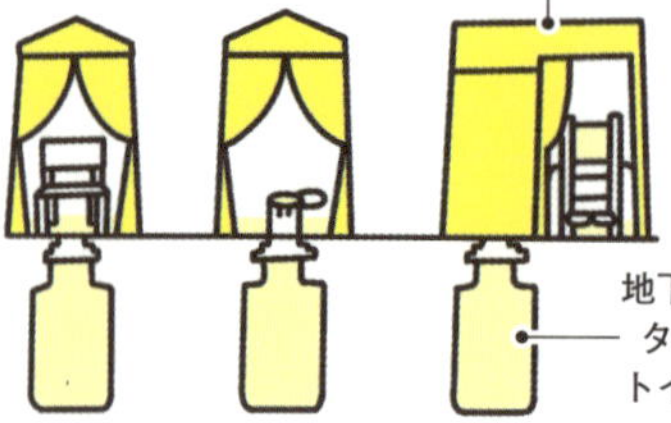

Point

- 下水道が被災して使用不可な場合も使える
- 定期的な汚水の汲み取りが必要
- 要配慮者用に車いすで使える物や中が広いトイレもある

マンホールトイレは自主的に設置できる

ホームページや広報で住民にマンホールトイレの設置方法を伝えたり、防災訓練のときに設置訓練を実施する自治体もあります。積極的に参加しましょう。

トイレ室の保管場所

トイレ室の壁やテント、便座などトイレ室の一式は、設置場所の近くの防災倉庫に保管されている。トイレットペーパーや消臭剤などの消耗品も一緒にある場合が多い。

設置場所

建物近くの平坦な場所に数基マンホールが並んでいる。防災倉庫内のマンホールキーでマンホールのふたを外し、便座などを設置し、トイレ室で覆う。

● マンホールトイレに設置すると便利な備品

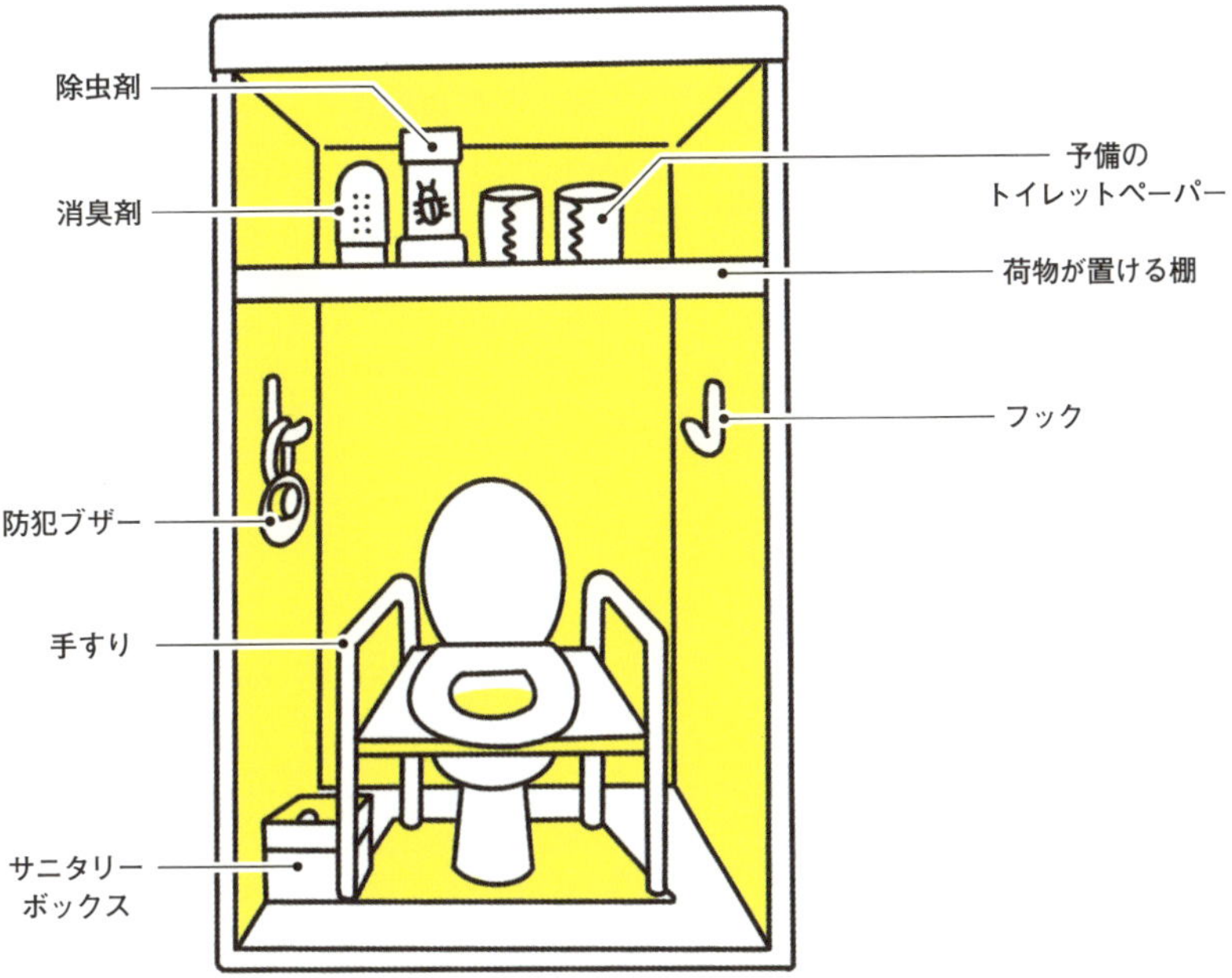

注意！ **マンホールトイレを正しく使う**

- 通常の水洗トイレ同様、紙おむつ、生理用品、ゴミなど、トイレットペーパー以外の物は流さない。携帯トイレで固めた汚物も×
- 流下式は下流の下水管が被災していると使えないため、マンホールトイレが使用できない場合もある

マンホールトイレは、
指定避難所や
公園に優先的に
用意されるよ。

24

非常時の電気①

電気が使えなくなったときの対策

電気の対策をすることが不安感の払拭につながる

身の回りの便利な機器はほぼ電気で動いています。そのため、災害で停電すると情報も快適な生活も失ってしまいます。特に夜間は付近一帯が真っ暗になることで、移動が困難になったり、恐怖を感じたりします。また情報入手の手段もないため、心身が疲弊してしまいます。電気の復旧は他のライフラインより比較的早めですが、緊急度も高いため不安を感じやすくなるのです。

そのため、**明かりと確実な情報を得るための電源を確保することが重要です**。まずは、簡単に用意できる物から準備を始めて、さらに電気が必要と判断したら大容量の補助電源の用意を検討しましょう。

明かりは作業用と据え置き用を用意する

停電時は、平時の夜よりずっと暗くなるため、明かりはいくつあっても困りません。作業用に身につけられる物と、置いて部屋全体を照らす物を用意します。

作業用ヘッドライト

片づけ作業や、がれきなどの危険物が多いところの移動時に、両手をあけた状態で顔の向いた方向を照らせる。アウトドア用のコンパクトなタイプは、性能もよく使いやすい。

据え置き用ランタン

災害用にはLEDランタンが火を使わず安全。300ルーメン程度の明るさで、テーブルを囲む家族の顔が確認できる。家族構成や住宅事情によって複数を用意。キッチン、リビング、トイレの3カ所に置けると安心。

災害時に使える補助電源

電源にはいくつかのタイプがあります。さまざまな電気機器を動かしたいときは大容量の電源が必要になります。

補助電源	特徴	容量	用途
ポータブル電源	内蔵されたバッテリーにあらかじめ電気をためておき、電気機器に給電する大容量バッテリー。持ち運び可能で屋内外で使えるが、大容量になるほど重くなる。先に充電が必要。	1000Wh以上がおすすめ	家電・電気製品の作動、スマートフォン・ラジオの充電
カセットボンベ式発電機	カセットボンベを燃料にして発電する電源装置。燃料が入手しやすく、災害時の備蓄でまかなえる。稼働時間の割にボンベの消費が早く、長時間の使用には向かない。持ち運び可能。運転音が大きく、寒さに弱い。	1500W以上がおすすめ	家電・電気製品の作動、スマートフォン・ラジオの充電
電池	よく使用されるのは乾電池と充電池。比較的小型の電気機器やモバイルバッテリーに使用。	単3・単4形各20本	スマートフォン・ラジオの充電
ソーラー発電機	太陽光で発電した電力を電気機器に供給する発電機。災害用にはソーラーパネルとポータブル電源を組み合わせた物が一般的。騒音や排気の問題はないが、燃料式の発電機と比べて発電に時間がかかり、ソーラーパネルを展開するスペースが必要。	最大出力200W前後	家電・電気製品の作動、スマートフォン・ラジオの充電
電動車	多くの電動車※は、電気をためたり燃料から発電したりでき、非常時の電源として使える。HEV/PHEVはエンジンがかかることがあるため、換気のよい場所で使用する。医療機器には直接給電せず、予備のバッテリーの充電に使用するのが安全。 ※電気自動車（EV）、ハイブリッド自動車（HEV）、プラグイン・ハイブリッド自動車（PHEV）、燃料電池自動車（FCV）	AC100V・1500W給電できる物	家電・電気製品の作動、スマートフォン・ラジオの充電
モバイルバッテリー	スマートフォンで使用する場合は軽量薄型のタイプを。使用しなくても放電するため、充電式の場合は定期的に充電しておく。	20000mAh程度	スマートフォンの充電

※容量は1週間に必要な分として換算

＼ 備える知識 ／

スマートフォンの充電方法

スマートフォンは、できる限り常時使える状態にしておきたいもの。モバイルバッテリーは乾電池式もあると安心です。乾電池は支援物資としても届けられやすく、使い勝手がよいでしょう。そのほか、車から給電する、ソーラーパネルを使う方法もあります。

どんなバッテリーも、
定期的に充電が満タンか
確認しよう。

25

非常時の電気②

停電時に冷蔵庫の冷たさをキープするには

冷たさが持続するのは3時間程度

停電すると冷蔵庫の庫内の温度は上がっていきます。しかし急に上がるわけではなく、ドアを開けなければ3時間程度は冷たさが保てるといわれています。この時間をできるだけのばすことができれば、被災直後の食事をまかなうことができ、災害時に処理に困るゴミを減らすことにもつながります。

ポイントは、冷蔵庫内に収納する食品量と、保冷材の工夫です。**収納する食品の量によって冷気の保持時間が変わるため、普段から適切な量を守りましょう。停電時には冷凍庫内の食品や凍らせたペットボトルの水**を冷蔵庫内の保冷材として使用し、解凍後は飲食や生活用水に使います。

停電時に食材を無駄にしないコツ

冷蔵庫内の食材をできる限り冷えた状態に保つには、食材を使うときまで庫内の温度を上げない、傷みやすい物から消費する、を徹底します。

クーラーボックスは使わない

冷蔵庫の断熱材はたいていのクーラーボックスより優秀なので、移し替えるよりそのままにするほうが、冷たさを保てる。常温のクーラーボックスに冷気が移り、せっかく冷えていた食品がぬるくなりやすい。移し替えるために冷蔵庫を頻繁に開け閉めするのも本末転倒。

ドアの開閉は最小限に

冷蔵庫のドアを10秒間開けたままにすると、中の温度が約3～5℃上がるといわれている。あらかじめ取り出したい物を決めてから、素早く開閉するようにする。

傷みやすい物から食べる

肉や魚、牛乳などの生鮮食品は、冷気が保てているうちに食べるか調理する。冬場であれば、カットしていない野菜や果物は新聞紙などに包んで日陰に置き、早めに消費する。卵は生鮮食品よりも長く保存できるが、必ずしっかり中まで火を通して食べ、生食は×。ゆで卵など調理済み卵の保存も×。

冷蔵庫の冷気を長持ちさせる食材の収納方法

台風のようにあらかじめ予測できる災害の場合は、生鮮食品を使い切っておきます。作り置きを冷凍しておき、停電が長引いたときの冷蔵室の保冷に使うのも手です。

保冷材の位置

冷凍した物を冷蔵室の保冷に使うときは、一番上の棚に置く。冷気は下に向かうので、全体が冷えやすい。溶けて水滴が垂れるのを防ぐため、タオルや新聞紙などを敷いてから設置。

ご飯を小分けにして保冷材に

一膳ずつやおにぎりにして冷凍。冷蔵庫の保冷材として使用し、溶けたら調理。

冷蔵庫は7割を目安に

冷蔵庫はぎゅうぎゅうだとかえって冷えにくい。冷気が全体に回るよう、ある程度余裕を持って入れる。

ペットボトルを凍らせる

ペットボトル飲料や水道水を入れたペットボトルを立てて冷凍。冷蔵庫の保冷材にして溶けたら飲む。凍ると膨張するので中身を8割程度にしてから凍らせる。

すき間に保冷剤を

冷凍庫内にすき間があるなら、大きめの保冷剤をいれておく。ケーキなどについてくる小さな保冷剤も、邪魔にならないなら入れておく。

冷凍庫はきっちり詰めて収納する

冷凍庫は9割程度詰まっていたほうが、冷凍効率がよい。冷凍食品は立てて入れ、食品保存容器は重ねるなどしてすき間がないように入れる。合間には保冷剤や水を入れたペットボトルを。

停電から復旧したら

- 冷蔵庫が正常に動くかチェックする
- 運転音がするか、ドアを開けたら庫内の明かりがつくか確認
- 地震の場合、通電火災（→P.80）が起こらないかも要チェック
- 最後に食品の状態をチェックして、傷んだ物は処分する

＼ 備える知識 ／

保冷剤は「氷点下タイプ」を

ケーキや総菜を買ったときにもらえる保冷剤は、たいてい融点が0℃で、冷蔵庫程度の温度を短時間保つのに使われます。一方、プラスチックなどのかたい容器に入った氷点下タイプの保冷剤は、マイナスの温度を保つための物もあり、一度冷凍すれば数時間低温を保つことができます。災害時はこのタイプが便利です。－11℃の保冷剤が、保冷力や持続力のバランスがよくおすすめです。凍るまでに時間がかかるので、常時冷凍庫に入れておきましょう。

26

非常時のガスの備え

日常的にカセットボンベの用意をしておく

カセットコンロとボンベは日常的に使う

災害時はガスが使えない場合が多く、温かい食事や入浴などにお湯を使うことが困難になります。カセットボンベとカセットコンロがあれば、平時とほぼ同じようにガス調理や湯沸かしが可能なため、できる限り備蓄しておきましょう。

カセットボンベは室温40℃以上の高温を避け、湿気が少ない場所に保管します。ボンベには一律の使用期限はないものの、容器にサビや劣化がない状態で、製造後約7年以内を目安に使い切ることが推奨されています。**製造年月日の古い物から鍋料理やアウトドアで日常的に使うなど、ローリングストックで無理なく備蓄しましょう。**

ガスは1カ月以上止まる可能性がある

南海トラフ地震や首都直下地震など、今後起こる予測が高い災害では、都市ガスの復旧に45日程度かかるといわれています。

● 都市ガス復旧にかかる日数試算

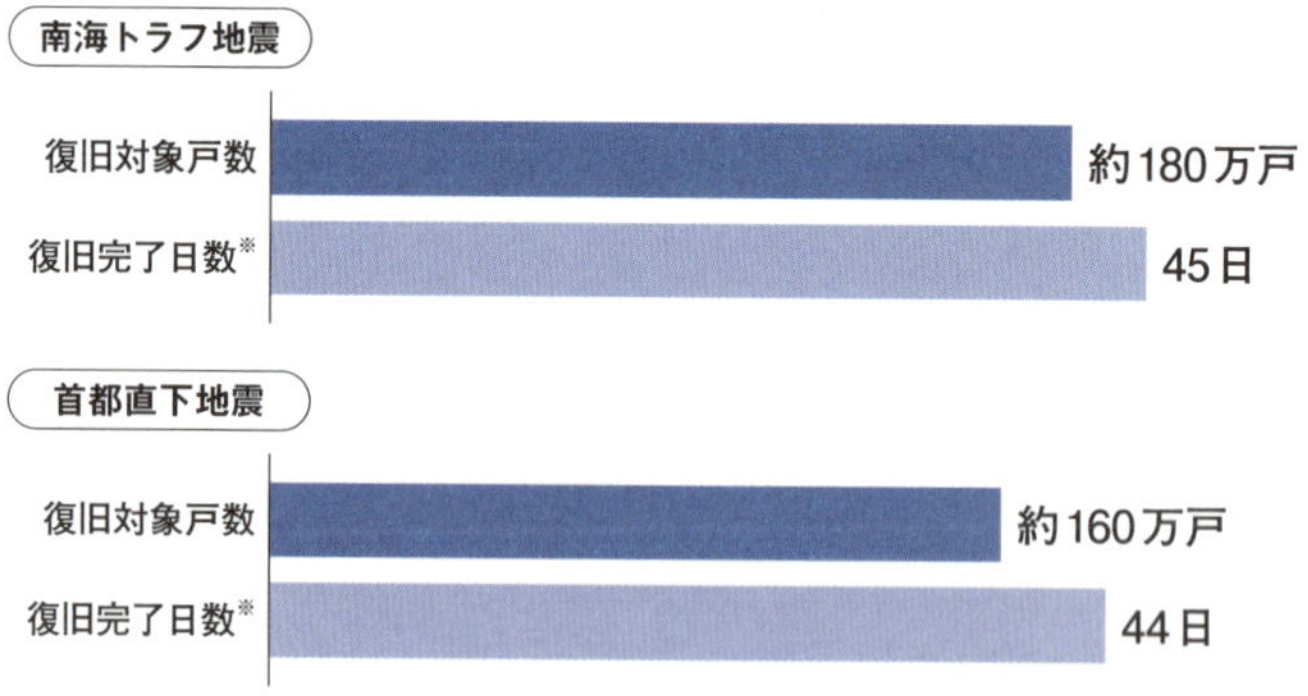

※95%が復旧するまでの日数。被害が甚大で復旧予測が困難な地区は除く。

出典：経済産業省「南海トラフ巨大地震、首都直下地震を踏まえた災害対策について」

● 災害時のカセットコンロ使用のメリット

温かい食事を用意する

非常時に温かい食事がとれると、心身ともに休まる。不足しがちな栄養素がとれる調理もでき、加熱した物をすぐ食べることで、衛生面も◎。

顔や全身を温かいタオルで拭く

寒い時期はもちろん、夏でも温めた濡れタオルで全身を拭くとさっぱりする。洗濯時にぬるま湯を使うと、洗剤の洗浄力が上がる。

カセットボンベの備蓄の目安

カセットコンロで行う作業によって、必要なカセットボンベの量は異なります。ここでは主に、お湯を沸かして使用する場合で試算した例を紹介します。

● カセットボンベの必要量

気温10℃の時
（大人2人分の場合）

（0.7本 ＋ 0.2本 ＋ 0.4本）× 7日 ➡ 9.1本

0.7本	0.2本	0.4本
沸騰したお湯で温めるレトルト総菜パックご飯	温かい飲み物250ml	殺菌・洗浄のためのお湯を沸かす
1日3回	1日3回	1日3回

気温25℃の時
（大人2人分の場合）

（0.6本 ＋ 0.1本 ＋ 0.2本）× 7日 ➡ 6.3本

0.6本	0.1本	0.2本
沸騰したお湯で温めるレトルト総菜パックご飯	温かい飲み物250ml	殺菌・洗浄のためのお湯を沸かす
1日3回	1日3回	1日3回

● お湯を沸かす際に必要な水量と火力の維持時間

	想定用途分（2人分）	沸かす水量	使用鍋	気温	火力・維持時間
食事	レトルト総菜 パックご飯（各2個）	1L	20cm 両手鍋	25℃	強火4分30秒＋ 中火15分
				10℃	強火7分40秒＋ 中火15分
	カップ麺（大2個）	1.2L	やかん	25℃	強火5分
				10℃	強火8分
飲み物	温かい飲み物 (250mlを2杯)	0.5L	やかん	25℃	強火2分30秒
				10℃	強火4分
お湯	お湯を沸かす （殺菌・洗浄など）	1.2L	やかん	25℃	強火5分

出典：岩谷産業株式会社「ご存じですか?カセットボンベの備蓄目安」

煮込みなどの調理をしたりすると
もう少し分量が必要になる場合があるよ。

27

台風の備えと避難①

台風のための備え

事前の情報と対策で被害を最小限に

台風の接近は、気象庁の発表やニュースなどでかなり前から情報を得ることができるため、事前に防災対策ができるという特徴があります。まだ天気が崩れていないうちに行動することにより、備蓄品の用意や、住まいの周囲の整備も行いやすく、これらの**事前の備えによって大きな被害を回避することができます**。

多くの台風では、強風と豪雨の2つの災害対策を行います。また、強風対策では2階に避難するのはNGですが、水害の場合は1階にいるのがNGです。そのため、普段から防災マップ（→P.76）で住まいの位置を確認し、より危険度の高い災害にあわせて避難計画を立てましょう。

接近に合わせて取るべき行動を柔軟に変える

予測可能な災害だからこそ、ニュースや公共交通機関の情報に注意を払い、対策を進めていきましょう。避難指示が出たときは、様子見せずにすぐ動くことが大切です。

台風上陸の2、3日前

気象庁が会見する
ニュースで台風が取り上げられる

やること

- ハザードマップの確認・台風に備えた準備
- 家の周りの片づけ
- 非常用持ち出し袋の確認・補充
- 防災マップで避難経路の確認　　など

↓

台風上陸前日

計画運休や大雨警報などの発表

やること

- テレビやアプリで情報収集・避難指示に従って避難
- 高齢者等避難は早めに避難

↓

台風上陸・最接近

特別警報の発令
付近の道路の冠水、住宅の浸水

やること

- 外に出ない・垂直避難（→P.112）
- 車で移動をしない
- 出勤や帰宅は安全が確認されるまで待つ

台風が来る前に準備しておくべきこと

風や雨が強くなる前に、準備を済ませてしまうことが理想です。日常生活に支障のないところから手をつけていきましょう。

● 屋外の備え

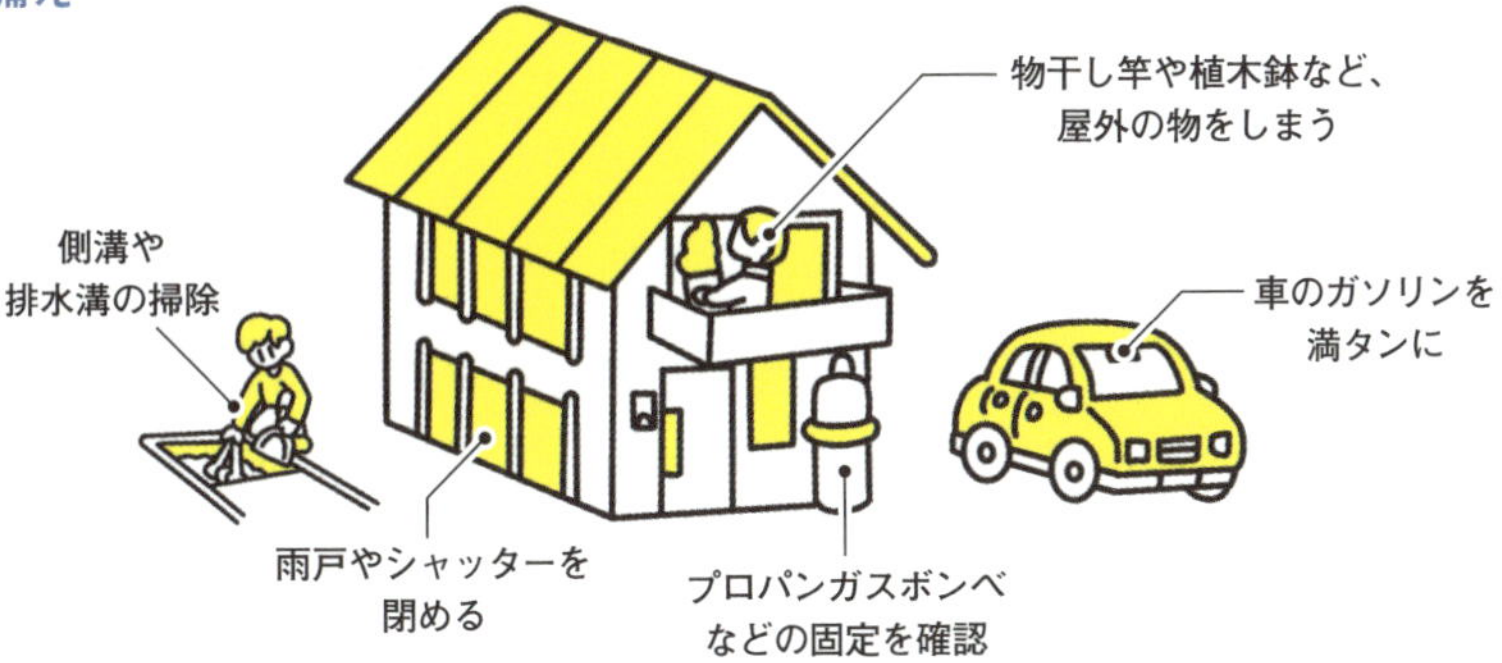
物干し竿や植木鉢など、
屋外の物をしまう
側溝や
排水溝の掃除
車のガソリンを
満タンに
雨戸やシャッターを
閉める
プロパンガスボンベ
などの固定を確認

● 屋内の備え

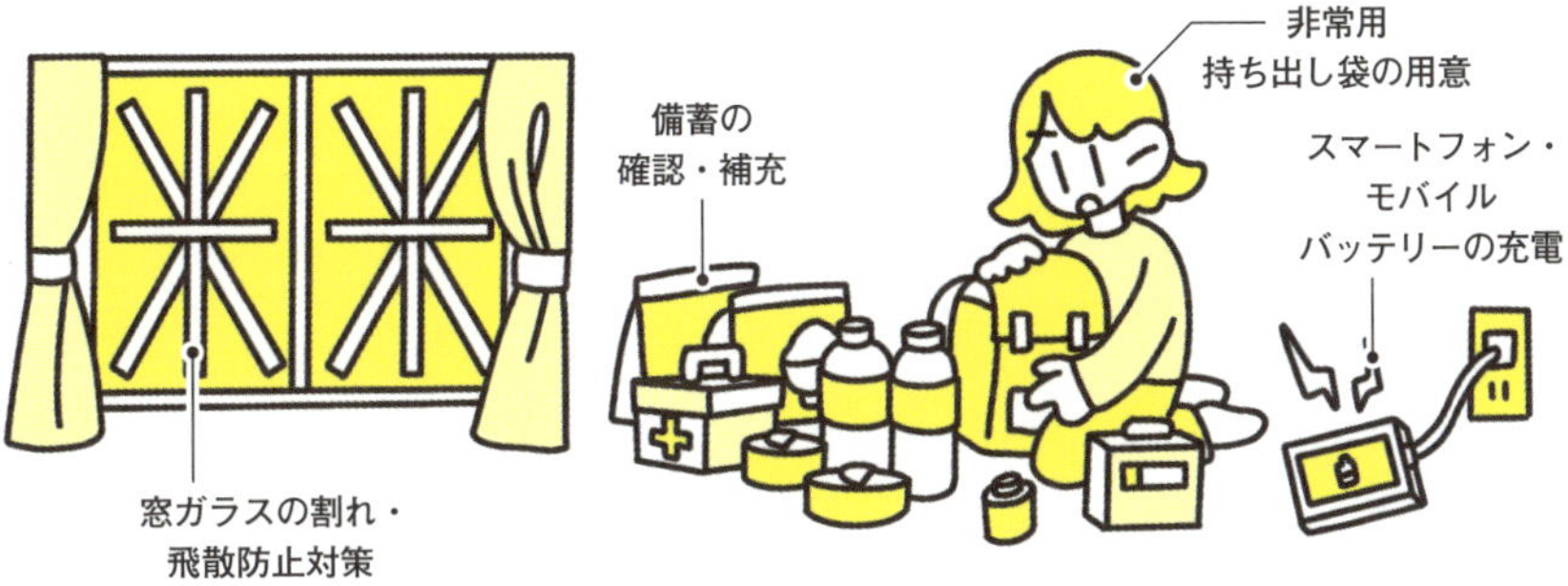
非常用
持ち出し袋の用意
備蓄の
確認・補充
スマートフォン・
モバイル
バッテリーの充電
窓ガラスの割れ・
飛散防止対策

● 土のう・水のうの用意

土のう

プラスチック製の袋の中に、土や砂を入れた物。土のうで玄関や車庫の入り口をふさぐことで、雨水の侵入を防げる。

水のう

土のうを用意できない場合は、水のう（→P.94）を使用してもよい。便器や屋内にある排水口に水のうを置くと、下水の逆流を防げる。

土のうの積み方

1. 結び口を上にして、家のほうに向けて並べる
2. すき間なく並べたら踏みつけて平らにする
3. 積み重ねるときは、結び口の向きを変え、下の段と約3分の1ずらして重ねる

28

台風の備えと避難②

台風接近時の安全な避難

逃げ遅れたときは無理して外に出ない

ハザードマップ・防災マップなどで、住まい周辺の災害危険度が高いと判断したときは、早めの避難を心がけます。注意報や警報、避難情報などが随時発表されるので、こまめに確認しましょう。

一方、いきなり風雨が激しくなって避難のタイミングを逃したり、ハザードマップ上では安全範囲でも危険を感じたりすることも考えられます。そのような場合は、**家屋や建物内のより高い場所に避難する「垂直避難」をし、無理に屋外に出て避難することは避けます**。住まいが安全で備蓄が十分にあり、避難が必要ない場合も、外を見に行ったりせず、家の中で待機しましょう。

避難するときは動きやすい格好で

傘や長靴など、通常の雨天時の格好は、台風時の避難には不向きです。とっさに危険を回避できるよう、動きやすい服装で避難します。

帽子をかぶる
動きやすい服装
肌を露出しない長袖長ズボン。雨ガッパで雨をしのぐ。持ち出し袋に雨避けカバーをかけると◎
非常用持ち出し袋を用意
大雨時は着替えやタオルを入れる。中身はポリ袋に入れて濡れるのを防ぐ
長ズボン
履き慣れた運動靴
長靴は水が入ると歩くのが困難になるのでNG

避難する前にチェック

- □ 電気のブレーカーを落としたか
- □ ガスの元栓を閉めたか
- □ 窓に鍵をかけ、カーテンを閉めたか
- □ 戸締まりをしたか

暴風雨の避難で注意すること

道路の状況によっては、避難することが危険な場合があります。特に冠水しているときは無理に移動せず、屋内で垂直避難をします。

自宅での垂直避難

自宅なら2階以上に避難。マンションやオフィスビルなどでは上階へ。上階に共有スペースがあればそこに避難する。

住まいが低地帯なら「広域避難」

大規模な水害では、低い土地は周囲一帯が被害を受ける。警報などを確認して、早めに他市区町村など浸水想定区域の外まで避難する。

マンホールや用水路に注意

冠水すると、マンホールのふたが外れていたり側溝や用水路があることに気づけず危険。

● 近寄ってはいけない場所

地下・半地下

- 浸水しやすい
- 水があっという間に流れこんできて逃げる暇がない
- 外が見えないので何が起こっているかわからない

河川・用水路

- 氾濫の危険がある
- 用水路は冠水していると気づかずに転落するおそれがある

アンダーパス

（線路や道路の下を通るためのくぐり抜け式通路）

- 水がたまりやすいが、見た目で水深が測りにくいため通れると判断しがち
- 冠水していても通れる深さは車によってちがう。「前の車が行けたから」は危険

＼ 備える知識 ／

車が水没したときの脱出方法

● ドアが開かなくなった

窓が開けば窓から脱出。窓が水没する前に脱出用ハンマーのカッター部分でシートベルトを切り、ハンマーで横の窓ガラスを割る

● 脱出用ハンマーも工具もない

シートのヘッドレストを外し、金属の棒部分をドアと窓ガラスの間に差しこむ。てこの原理で押し引きするとガラスが割れる

● 水没していく

車内と車外の水位の差が小さくなると、ドアにかかる水圧が低くなり、開けられる可能性がある。状況を見てドアを一気に開ける

＼ 備える知識 ／

キキクルで状況を確認する

気象庁のホームページでは、大雨・洪水の危険度を地図で知らせる「キキクル（危険度分布）」を公開しています。10分ごとに更新され、自分のいる場所が危険かどうか地図上で確認できます。対応する災害は「土砂災害、浸水、洪水」の3種類。危険度は5段階に色分けされ、わかりやすく表示されます。

気象庁　キキクル
https://www.jma.go.jp/bosai/risk/

過去の災害データ 2

御嶽山噴火

噴火

発生日時	2014年9月27日　11時52分
場所	御嶽山　山頂南西

何が起きた？

お昼ごろ、御嶽山山頂付近で突然、水蒸気噴火が発生し、半径約1km内に大きな噴石が飛散しました。火砕流も発生し、火口南西側を約3km程度流下、火口北西側にも流れ下りました。御嶽山は古くから信仰の対象であり、また眺望の良さなどもあって登山者が多い山ですが、1979年以降小規模ながら噴火を繰り返している活火山であり、1988年から常時観測火山として監視対象になっていました。噴火前は火山性の地震が増えていましたが揺れ幅は小さく、火山性微動もほとんど発生していなかったため、直前まで噴火警戒レベルは1でした。

御嶽山の火砕流

御嶽山噴火の様子

被害の規模

死者・行方不明者	63名。地元住民ではなく、登山客が被災した
火砕流発生	火口南西側斜面約3km流下
火山灰降下	御嶽山西側の岐阜県下呂市萩原町から東側の山梨県甲府市飯田にかけての範囲

出典：長野県「長野県御嶽山噴火災害対応記録集」

防災キーワード

- **噴火警戒レベル** ……… 常時観測火山の活動状況に応じて「警戒が必要な範囲」と防災機関や住民などが「取るべき防災対応」を５段階にまとめた指標。従来、レベル１は「平常」としていたが、安全だと誤解されることを防ぐため、御嶽山噴火の翌年から「活火山であることに留意」に変更された。
- **火砕流** ……… 噴火で放出された破片状の固体物質と火山ガスなどが、高速で地表に沿って流れる現象。時速100km以上、数百℃に達することもある。
- **登山届** ……… 御嶽山噴火では登山届を出していない登山者が多く、行方不明者の特定に時間がかかった。そのため「活火山法」に登山届の努力義務規定が追加された。一方、オンラインで申請できるようにするなどの整備が進みつつある。

Chapter
3

不便を回避！
避難生活の基本

災害が起きたときから、日常通りにはいかない
不便な生活がスタートします。
在宅避難、避難所、車中泊……。
置かれた状況で、少しでも安全に安心して
過ごせる方法を探りましょう。

01

避難生活の場を選ぶ①

避難先は自分や家族の状況に合わせる

国や自治体は密集を避けた「分散避難」を推奨

近年の大規模災害を踏まえ、避難所の数は年々増加していますが、特に都市部において、ひとつの避難所あたりの収容人数が多い傾向が続いています。**人が密集した空間での共同生活は感染症の危険があるため、国や自治体では「分散避難」を推奨しています。**

分散避難とは、避難所以外に自宅や親戚・知人宅、ホテルなどの宿泊施設、車中やテント、水害では自宅やマンションのより高い階にある共用部分や空き部屋など、避難先を分散させることをいいます。

どのような形でどこへ避難するのか、災害が起こる前に家族としっかり話し合いましょう。

状況に応じてベストな避難先を選ぶ

避難先は必ずしも避難所である必要はありません。それぞれのメリットやデメリット、向き・不向きを考えて自主避難の選択も考慮します。

自宅が無事で安全なら在宅避難

慣れた自宅で生活しながら片づけができる。特に高齢者や子ども、ペットがいる場合は、在宅避難を第一候補として準備する。

自宅に住み続けられない場合は避難所

市区町村が開設する「指定避難所」へ行く。近隣が満員の場合は、住所地以外の避難所も利用できる。要配慮者（→P.66）向けに福祉避難所（→P.124）が開設されることもある。

頼れる親戚がいるなら縁故避難

安全な地域の親戚や知人を頼る。普段からよい関係を心がけるとともに、災害時にお互い身を寄せることができるか、あらかじめ相談しておく。

多少費用がかけられるなら宿泊施設避難

避難所として指定されている場合は料金の補助がある。要配慮者優先の場合もあるので確認する。避難所指定のない宿泊施設は、通常の宿泊料金を支払う。

避難生活拠点の決定フローチャート

在宅避難ができるかどうかを見極めるポイントは、「自宅に被害があるか、二次災害の危険がありそうか」「備蓄や情報収集など、自力で生活できるか」です。

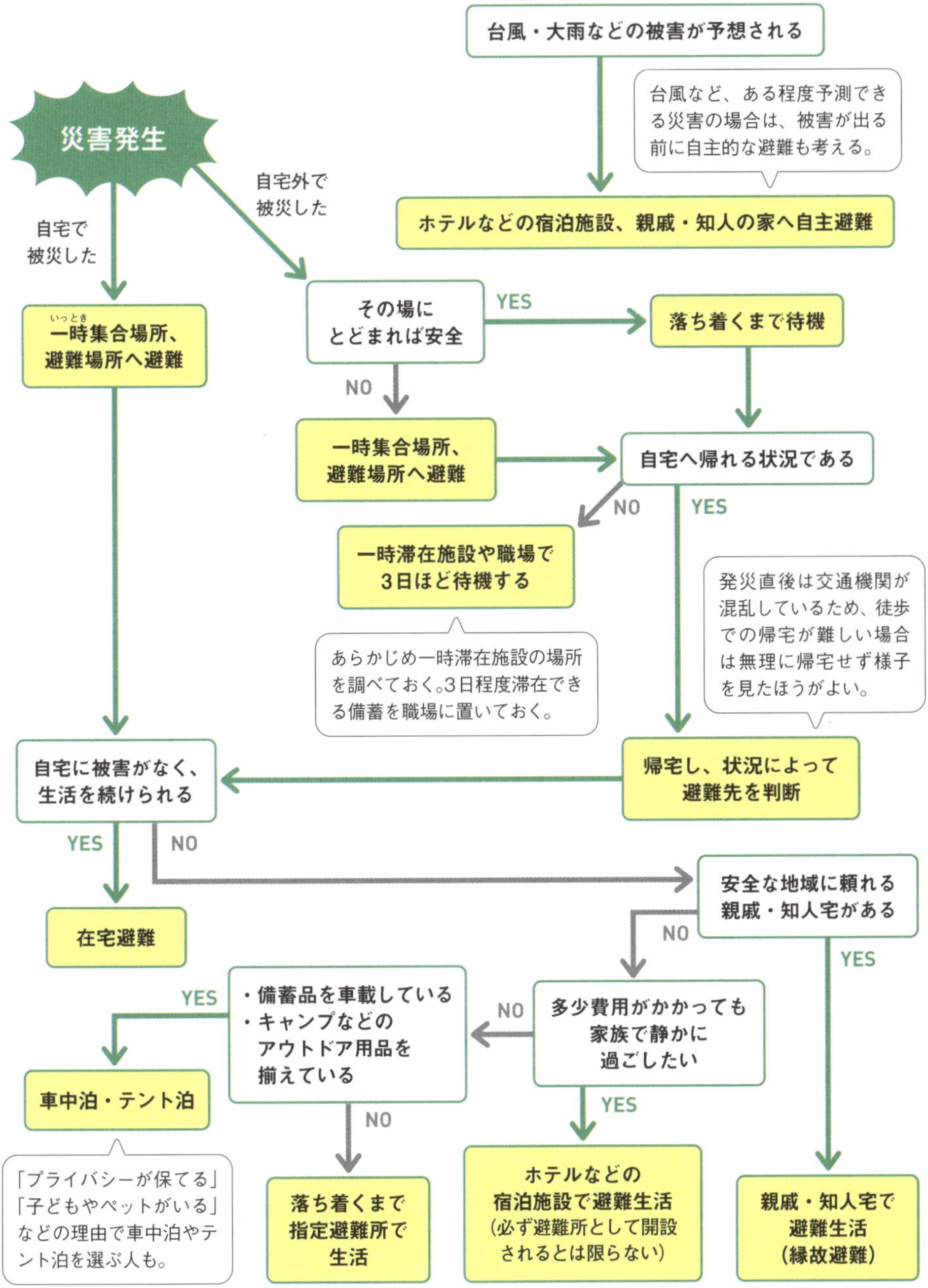

02

避難生活の場を選ぶ②

在宅避難を第一候補として検討する

大規模災害では避難所が不足する可能性

避難所の数は増えているものの、大規模な災害発生時の指定避難所不足が指摘されています。例えば、東京都国分寺市の一部地区では、立川断層帯地震（首都直下地震のひとつ。想定マグニチュード7・4）の際、**避難してくる人の半分以上が避難所に入れない可能性があると試算しています。**

そのため、国や自治体では避難所以外で生活する被災者支援の取り組みを強化し、在宅でも避難所と同等の支援を行うことで被災直後の生活の質を改善するとしています。

ただし、住まいに倒壊の危険がある場合は、在宅に固執せず、ほかの避難先を選択することも重要です。

日ごろから災害に備え、在宅避難を確実に

被災したとき、住み慣れた自宅で過ごせることは何より落ち着けるものです。危険がない限りは在宅避難ができるよう、平時からできる限りの備えをしておきましょう。

家の中を安全な環境に（→P.84）

- 物を出しっぱなしにしない
- 家具を固定しておく
- 食器の下、インテリアにすべり止めを敷く
- 窓ガラスに飛散防止フィルムを貼る
- つり下げ照明器具にチェーンなどをつけて補強
- 水槽やウォーターサーバーの水があふれないよう、適切な器具で対策する

ライフラインが止まったときの準備

- カセットコンロとカセットボンベを準備する
- ヘッドライト、LEDランタンなどの照明。緊急時に身の回りの物で作る方法も知っておく（→P.65）
- 飲料水は1人1日3Lを目安に備蓄（→P.88）
- 風呂水や雨水などをためておく
- テント、シートなどのアウトドア用品を備えておく

食料品や日用品を備えておく（→P.60）

- 食べ慣れた食品や、使い慣れた物で備蓄できる物を選ぶ
- 部屋が狭い場合、部屋の隅やちょっとしたすき間などに分けてしまう
- 水や缶詰は棚の最下段にしまい、転倒防止の重りにする

在宅避難者を支援する拠点の設置

在宅避難者や車中泊避難者が適切な支援を受けられるよう、避難所に在宅避難者の支援機能を備えたり、在宅避難者の支援拠点を設けることが積極的にすすめられています。

● 在宅避難者の支援拠点とは

避難所以外で避難生活を送る場合でも、避難所と同じ支援を受けられるよう、救援物資・支援情報の提供や被災に関する相談などができる場所。

小規模な支援拠点

地域の自治会や自主防災組織によって運営される。物資や情報の提供、トイレの設置、炊き出しなど、生活に必要な物を支援する。

広域な支援拠点

行政によって運営される。物資の提供から支援情報の発信や相談窓口、罹災証明などの申請窓口と、幅広い支援を提供する。

在宅避難者への支援

- 公民館や公園、神社、コンビニなどに支援拠点が設置される
- 食料や飲料水のほか、在宅で避難生活を送るときに不足する物資を中心に支援
  例）電気・ガスが止まって煮炊きできない場合にカセットコンロとガスボンベを提供する
- 季節による寒暖を考慮した物資を支援
  例）夏季：高温や熱中症対策、冬季：暖を得るための物資
- 災害の種類に応じた物資の提供
  例）水害の片づけに防じんマスクやゴム手袋を提供

車中泊避難者への支援

- 平時から車中泊避難ができるスペースを公表し、車中泊避難者を集約
  例）車中泊避難用駐車スペース、トイレ・水道設備、情報などの提供を行うという協定を民間団体と締結（千葉県千葉市）
- 車中泊で特に起こりやすい健康被害を周知し、健康被害を防ぐ支援
  例）保健師などが車中泊の車を回り、エコノミークラス症候群予防のチラシや弾性ストッキングを配布（2016年熊本地震）
- 応急仮設住宅への移動支援など、早期に車中泊が解消できるよう支援

災害体験

寝る場所を子どもが選んでおうちごっこ

2016年熊本地震

前震のとき、とりあえず自宅前の公園へ出ました。親の不安がうつったのか子どもたちは興奮状態で、夜10時でもテンションが高いままでした。そこで、ブルーシートとテント、キャンプ道具を引っ張り出して、テントを張りました。おうちごっこをして気持ちがおさまればいいし、そこで寝られればいいやと。本震後、家で寝ることをますます怖がったので、寝る場所は子どもが決めるようにしました。そろそろ家に戻ってもいいと思ったら家、テントがよければテント、車がよければ車の中、の3タイプです。キャンプ道具があって比較的困らない状況だったこともあり、子どもの前で悲壮感を出さず、前向きに乗り切りました。

（40代 男性） 内閣府「一日前プロジェクト」より

紙面の都合上、記載を一部編集しております。

03

避難生活の場を選ぶ③

在宅避難のメリット・デメリット

住み慣れた家は安心 でも情報不足や孤立が心配

在宅避難の最大のメリットは、住み慣れた家で、プライバシーを守りながら暮らせることです。周囲に気をつかわず、自分のペースで生活することができます。少人数で生活するため、感染症にかかるリスクをおさえることもでき、防犯面でも空き巣の被害を防ぎやすくなります。

その反面、ある程度自力で生活することが求められます。炊き出しや給水などの情報も、基本的には自分で集める必要があります。

また、避難所と比べて被災者同士で励まし合うことが少なく、不安を感じる人もいます。**避難所や支援拠点では情報や物資の提供や相談窓口があるので1日1回は行きましょう。**

メリットはプライバシーの保持と体調管理

被災直後にそれ以上のストレスを受けず、落ち着いて暮らすことができるのは、在宅避難ならではのメリットです。

プラバシーの保持

人目を気にせずに安心して過ごす時間と場所を確保できる。

体調管理・感染リスク低減

過密にならないので感染症にかかるリスクが少ない。持病のある人の体調や服薬の管理がしやすい。

犯罪に巻きこまれにくい

女性や子どもへの犯罪や置き引きなどから身を守りやすい。留守宅を狙う空き巣被害も防ぎやすい。

要配慮者・ペットと気兼ねなく生活できる

小さな子どもや療養中の人、ペットがいても周囲に気をつかうことなくともに暮らすことができる。

デメリットは情報不足になりやすいこと

特に被災直後は人のいる避難所に情報が集まるため、避難所から離れていると必要な情報を得るのが遅くなることがあります。

情報・物資の不足

- 電気やインターネット回線が復旧するまでは、テレビやホームページなどから情報を得ることが困難
- 避難所にお知らせなどを貼り出す方法が取られがちで、インターネットや巡回訪問などによる情報提供が遅れる
- 物資は避難所単位で届くことが多い

孤独・不安に陥りやすい

- 余震で家が倒壊したり、近くの建物が壊れるのに巻きこまれたらと不安になる
- 明かりのない生活が心細い
- 不安になっても気持ちを共有する人が近くにいない

避難所や在宅避難者の支援拠点に通う

- 情報を得られる
- 物資を受け取れる
- 避難所で開催される相談会などに参加できる
- 避難所のカウンセラーなどこころのケアの専門家に相談できる

※在宅避難が無理だと感じたら、避難所に移動することも検討する

意外と見落としがちな注意点

在宅避難ができる状態であっても、完全に平時の生活と同じではありません。普段以上に非常事態に備えることが大切です。

二次災害の危険

自宅や隣の家の壁、屋根、ブロック塀などに変化がないかチェックする。壁に亀裂が入った、窓が開けづらくなった、ガス臭いなどの兆候があったら避難所に移動する。

食品・ゴミの管理

冷蔵庫内の食品は優先的に消費する。停電中は開閉を短時間にして冷気を保つ。消費することで生ゴミを減らす。ゴミの回収が再開されるまでは、消臭対策をして蓋付き容器に入れたり、防臭袋を利用して不衛生にならないように管理する。

不審者の来訪

インフラや家屋の点検、保険申請代行などを装った詐欺や悪徳商法が報告されている。見知らぬ業者には身分証明書を提示してもらい、その場で契約しないようにする。

04

避難生活の場を選ぶ④

車中泊避難にはデメリットも多い

車中泊には健康リスク 推奨される避難先ではない

「平成28年度避難所における被災者支援に関する事例等報告書」によると、災害時のテント泊や車中泊避難者対応策を検討していると答えた自治体は45・2%でした。一方、2016年熊本地震では8割以上の人が指定避難所以外に避難し、そのうち約半数は車中泊でした。車中泊を避難先として考える人は、自治体の想定以上に多いことがわかります。

車中泊避難は、ほかの避難方法よりも健康のリスクが大きくなるため、推奨される避難先ではないことに注意します。また、ときに車ごと移動するため、避難者の把握が難しいという課題があります。所在を明らかにすることが重要になります。

車中泊避難のメリット・デメリット

一部の宿泊可能な車両を除き、基本的に車中泊は長期の避難生活には不向きです。自治体が開設する車中泊用スペースも、なるべく短期間にするよう提言されています。

メリット

- 移動が楽にできるので、よりよい避難場所に行くことができる
- 在宅避難同様、プライバシーが保てる
- 在宅避難同様、小さい子どもやペットと気兼ねなく生活できる
- 地震の場合、余震で壊れる心配がない
- いざというとき、冷暖房が使える
- 家の近くにいられるため、侵入者などを監視しやすい
- 感染対策がしやすい

デメリット

- 移動が楽にできてしまうため、避難者として把握されず、支援を受けにくい
- 健康被害が生じやすい（エコノミークラス症候群、熱中症・低体温症、一酸化炭素中毒など）
- 情報、救援物資、炊き出しなどが入手しにくい
- トイレや給水所が近くにない
- 車中泊できる人数が少なく、狭い
- 駐車場所によっては、いたずらや犯罪にあう危険が高くなる
- ガソリン切れ、バッテリー上がり、車のトラブルなどで動けなくなる

車中泊をする場所は事前に調べておく

平時に車中泊ができる場所を調べておきます。自治体が車中泊のできる場所を指定している場合は、そこに向かうのがベストです。

場所選びのポイント

- 建物が倒壊しても被害を受けない
- トイレや支援物資の配布場所に近い
- 浸水や土砂災害の心配がない
- 街灯があり、ほかにも車中泊している車がいる

車中泊のポイント

水平に足をのばす

寝るときは足を上げるか、できるだけ体を水平に（→P.163）。

防寒・防熱

サンシェード、段ボールなどで熱の出入りを防ぐ。暑さ、寒さが防げないと感じたら、無理をせず避難所を利用する。

一酸化炭素中毒対策

長時間エンジンをかけたまま車内で過ごすと、一酸化炭素中毒の危険が高まる。寝るときは基本的にエンジンを切る。

外からの視線を防ぐ

段ボールや断熱マットを窓に貼り、車内が見えないようにする。防寒・防熱対策にもなる。

水分補給とトイレ

トイレを気にして水分を十分にとらないと、エコノミークラス症候群（→P.139）の危険が増す。携帯トイレは多めに用意する。

体を動かす

エコノミークラス症候群を防ぐために同じ姿勢でいることを避ける。ストレッチ体操（→P.165）や数時間ごとに外に出るなど工夫する。

＼ 備える知識 ／

自分を避難所に把握してもらう

車中泊をしていると、居場所が不定なため避難者名簿に載せられず、必要な支援を受けられない場合があります。避難所や在宅避難の支援拠点（→P.119）などで車中泊避難者人数、家族構成、駐車場所などを伝え、登録します。
情報入手のためにも、避難所などには積極的に出向きましょう。なお、2024年現在、デジタル庁でスマートフォンなどから避難者登録できるシステムの実験が行われています。

車に常備しておきたい あると便利な車内泊グッズ

- **クッション・毛布**
  シートの段差をカバー
- **断熱マット・バスタオル**
  目隠しや防寒に活躍
- **弾性ストッキング（着圧ソックス）**
  エコノミークラス症候群予防の必需品
- **携帯トイレ**
  1人1日5回×人数分を用意
- **ランタン**
  照明に必須。乾電池など電源も

05

避難生活の場を選ぶ⑤

介護や配慮が必要な人の避難所選び

できる限り平時の支援に近づけるのが理想

被災時の避難所は要配慮者（↓P.66）にとって必要なケアを受けることができる環境が十分に整備されているとは限りません。そこで、各自治体は一般の指定避難所とは別に、**要配慮者が必要とする支援を受けられ、安心して避難生活を送ることができる「福祉避難所」を開設します。**

福祉避難所は、発災から72時間後を目安に、高齢者福祉施設や障害者支援施設などに開設されます。対象者は、避難所の条件に該当するかを保健師などの専門職が判断し、どの福祉避難所が受け入れるかを自治体が決定します。まずは、一般の指定避難所に行き、福祉避難所への入所が必要か相談をしましょう。

福祉避難所に入所できるのはどんな人？

福祉避難所への入所は、１次避難所での生活では支障をきたすと判断された人が入所できます。

福祉避難所とは　要配慮者を受け入れるための設備・器材・人材を備えた避難所施設

対象となる要配慮者と受け入れ先

要配慮者

高齢者（比較的要介護度が高い人）、身体障害者・児、知的障害者・児、精神障害者・児、難病患者、医療的ケア児、傷病者、医療的ケアが必要な人、妊産婦・乳幼児、要配慮者の家族（原則1名）など

- より重度 → 介護保険施設
- 特別な配慮が必要 → 福祉避難所へ
- より軽度 → 一般の指定避難所の福祉スペース

判定は保健師などが行う

注意！

- ✕ すぐに開設されるわけではない（72時間を目安に開設）
- ✕ 直接行っても受け入れられない（個別避難計画があれば可能なことも）
- ✕ 家族全員が一緒に入れるわけではない
- ✕ 希望者全員が入れるわけではない

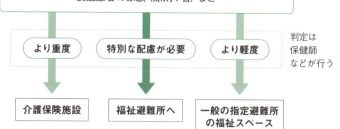

福祉避難所への入所の流れ

福祉避難所を希望する人も、まずは一般の指定避難所に避難します。その後、聞き取り調査などで福祉避難所への入所が必要と判断されれば移動します。

● 福祉避難所への入所の流れ

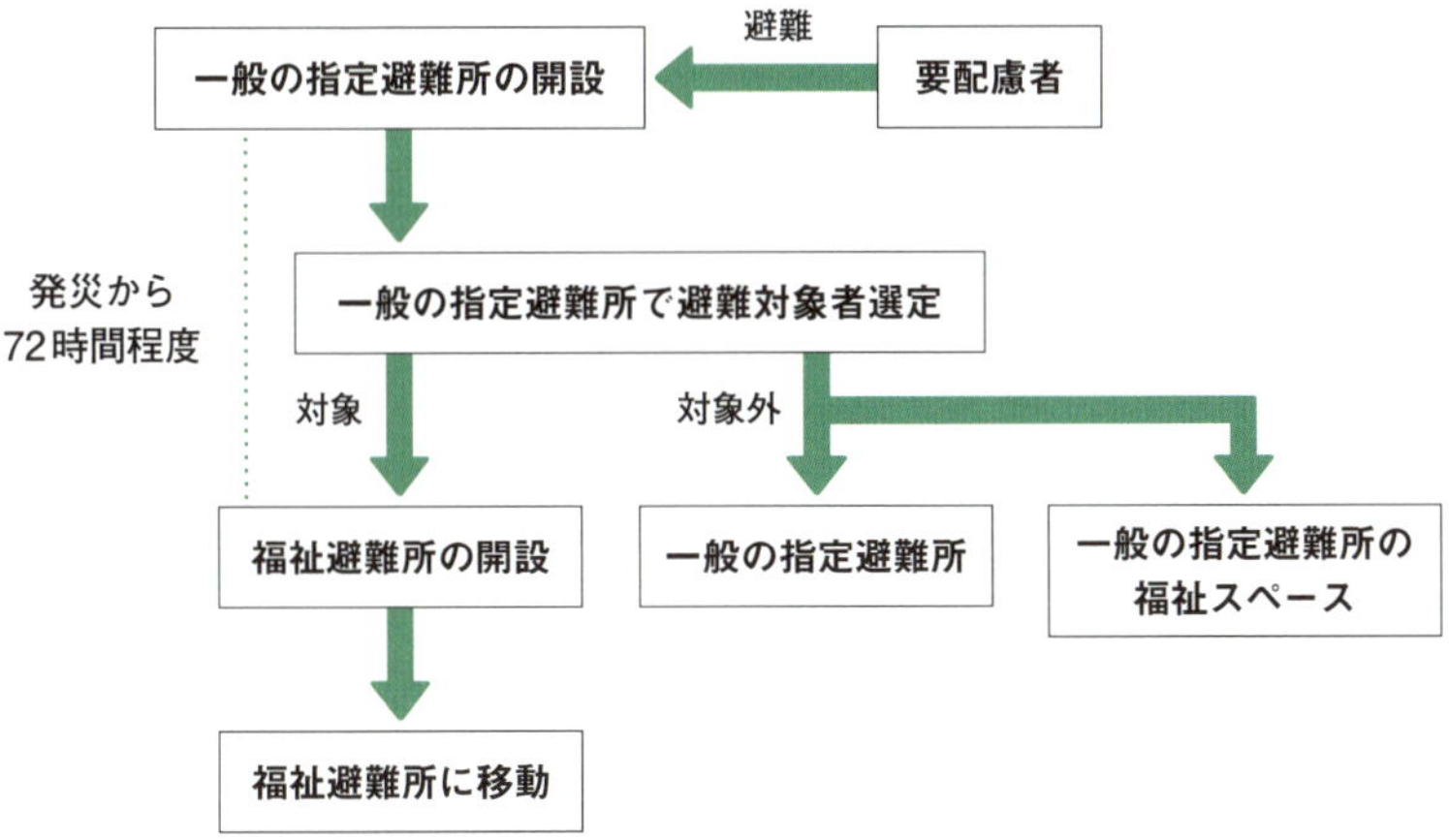

こんな人も困っているかもしれない、と気にかける

福祉避難所の受け入れ対象となる要配慮者以外にも、避難所には配慮の必要な人がいます。一般の避難者も含めて、みんながお互いを気にかけ合うのが理想です。

● 支援を必要とする人

- 要配慮者で福祉避難所に行かない人
- 乳幼児
- 介護保険による要介護、要支援の対象ではない高齢者
- 外国人
- 性的マイノリティの人

● こんなところに留意する

● 必要な物資を受け取れている？	□食事 □飲料水 □配給品 □衣類 □毛布 □情報 □その人の価値観に合った物資
● 脱水を起こしていない？	□口が乾燥 □目が落ちくぼんでいる □ぼんやりしている
● 見当識障害が起きていない？	□今日の日付がわからない
● 転倒しそう？	□床につまずきそうな箇所がある □階段の明るさ
● 食べづらそう？	□栄養状態 □嚥《えん》下《げ》機能の状態 □調理方法
● 子どもは遊べている？	□ストレス発散 □災害トラウマ克服
● 衛生管理ができている？	□手洗い徹底 □清潔な着替え □洗濯 □医療にかかる

06

避難生活の場を選ぶ⑥

ペットと同行避難ができるかを検討する

飼い主・家族としてペットと周囲に責任を持つ

災害時、まず行うべきは飼い主自身の安全確保です。飼い主が無事でなければ、ペットの安全や避難生活が成り立たないからです。そのうえで、ペットをどのように避難させるか考えておく必要があります。**日頃のしつけはペットの安全だけでなく、飼い主と周囲の人の安全・安心の確保、災害時のペットのストレスを軽減させることにもつながります。**

また、ペットと避難所に行く「同行避難」はできても、屋内で一緒に暮らす「同伴避難」はできない場合が多いです。平時から、家の近くの避難所のペットの対応を確認しておき、避難所以外の選択肢も確保しておきましょう。

ペットと生活できる避難所は少ない

ペットと避難所に行くこと自体はできても、屋内で一緒に生活できるとは限りません。しっかり確認しておきましょう。

● 2016年熊本地震のペットの避難状況（熊本県の市町村の合計）

※熊本市を除く

巡回避難所数		同行避難の情報がある避難所数	調査日現在、同行避難が確認された避難所数	調査日現在、屋内で同行避難が確認された避難所数	確認された避難ペット		
箇所数	のべ箇所数				犬※（のべ頭数）	猫※（のべ頭数）	その他の動物
136	147	85	50	15	156	17	ウサギ、フェレット、ハリネズミ、セキセイインコ

※頭数が確認されたもののみをカウント

出典：環境省「熊本地震における被災動物対応記録集」

● 調査時に同行・同伴避難が少なくなっていた理由

- 避難所屋内への受け入れ拒否があった
- 飼い主が他の避難者に配慮してペットと移動したり、ペットだけを家に置いてきたりしていた
- 同行避難が可能なのに、「室内同居ができない」ことを「同行避難はできない」と間違えた解釈がSNSなどで拡散されてしまった

「迷惑をかけない」＋「嫌がられることをしない」

大勢の避難者が近い距離で長期間暮らす避難所では、飼い主には気にならないことでも、ペットと暮らしたことのない人にとっては耐えがたい苦痛となる場合があります。

●「ペットが苦手」には「ペットの飼い主が苦手」な場合がある

ペットが苦手

- 動物アレルギー
- 吠えられると怖い
- かまれたり引っかかれたりしないか不安

飼い主が苦手

- 吠えているのに何もしない
- フンや尿を放置している
- ペットを優先しろと要求ばかり言う

● 飼い主ができる日頃の準備 （→P.72）

- ペットの迷子対策（首輪に迷子札や鑑札など）
- ワクチン接種
- 人に慣れさせる
- ペット用品の備蓄（特ににおい対策）
- ペットシーツにトイレをする習慣づけ
- キャリーバッグやケージでの待機に慣れさせる

ペットを避難所に連れていかない選択もある

避難所がペットを受け入れていなかったり、ペットがどうしても避難所に慣れない場合は、ほかの場所で生活することを考えます。

自宅で世話する

在宅避難が可能な場合は、ペットも引き続き一緒に暮らすことができる。ペットは自宅に残し、飼い主が避難所から世話に通う方法も。

施設などに預ける

自治体の収容施設、安全な地域のペットホテルや動物病院、親戚・知人に預かってもらう。トラブル防止のため条件や費用などを最初に確認し、文書を取り交わすとよい。

車中泊・テント泊

ペットが休めるよう車内やテントにスペースを作る。ペットも熱中症になるため、気温や車内（テント内）温度には常に注意を払い、飲み水を十分に用意する。

自宅の損壊が危険な状況にもかかわらず、
ペットと避難できないからといって
「一緒に自宅に残る」は他の人にも迷惑をかけるよ。

07

2024年能登半島地震の避難支援

1・5次避難、2次避難とは？

石川県による2次避難を促すための支援

2024年能登半島地震で、石川県は、地震がおさまったあと避難生活を送るために開設された避難所への避難を「1次避難」、被災地の避難所から被災地以外の生活環境が確保された避難所への移動を**「2次避難」としました。そして、配慮の必要な人が2次避難するまでの「つなぎ」の滞在場所**へ行くことを「1・5次避難」と呼び、「1・5次避難所」を設けました。

1・5次避難所は、2次避難所が準備できるまでの間、一時的に要配慮者を優先的に受け入れ、健康状態やニーズを聞き取り、2次避難所との調整をする施設として運営されました。

1次避難から避難終了までの流れ

自宅に戻るまでの間や仮設住宅への入居が決まるまでの間、要配慮者の生活環境を確保するため、1.5次避難や2次避難が進められました。

● 能登半島地震の例

災害発生

1次避難所

地震直後に一時的に避難し安全を確保するための場所。学校の体育館や公民館など。

1.5次避難所

※要配慮者優先

2次避難所や住居への移動までの場所。余震を考慮して、地震があった場所から少し離れた大型施設に設置される。総合体育館や大型展示場など。

2次避難所

※要配慮者優先

当面の生活環境が整った場所。ホテルや病院、福祉施設などを指す。病院や福祉施設は数が不足した。

写真提供：金沢東急ホテル

避難生活を終えた後の住居

自宅の復旧の見通しがつく、仮設住宅が設置され始めることで、自宅に戻る、仮設住宅に入居するなど、住居を選択した。

出典：内閣府「令和6年能登半島地震における避難所運営の状況」

1.5次避難、2次避難の課題点

石川県が主導し、首長などから2次避難への移動を促す強いメッセージが発信されましたが、初期は現場まで情報が伝わっておらず、混乱がみられました。

● 避難所を移ることが難しかった理由

情報不足

- 1.5次避難や2次避難があることを、報道やSNSで知ったという避難所があった
- 2次避難の先の見通しがよくわからず、2次避難をするほうがよいのか、現在の避難所に居続けるほうがよいのか判断に困った

要配慮者の特性と受け入れ先不足

- 1.5次避難した要配慮者は介護の必要な高齢者が多く、介護施設のような2次避難所が不足した
- 避難生活中に身体状況が変化し、介護が必要になって2次避難所に移れないケースが増えた
- 2次避難所に介護できる人がいないため、家族が仕事などで地元を離れられない場合、2次避難することができなかった

● 1.5次避難、2次避難をうまく活用するためのポイント

- 1次避難所にいる自治体職員や、巡回の保健師などに自分の状況をしっかり伝える
- 情報収集を自分で行う
- 避難生活中に身体機能が衰え、要介護状態になって2次避難先で過ごせなくなる人がいることから、意識して体を動かし、生活不活発病（→P.164）を防ぐ

● 2次避難に関する職員の報告レポート

評価すべき点	● 2次避難を大規模に実施し、避難所の混雑回避、孤立集落の避難の促進等が図られた ● 高齢の2次避難者が多いことを踏まえ、WEBだけでなく、広報誌の郵送などにより情報提供した事例が見られた ● インフラ復旧の見込みや、みなし仮設、各種支援制度について説明会を実施し、2次避難者の今後の生活再建に向けた支援が行われた
改善点	● 当初、避難先のマッチングや輸送手段の確保に混乱が見られたため、避難者の不安につながった ● 当初、避難の長期化に伴い、2次避難者の受入施設に延長を要請する等の調整が生じた ● 2次避難者が避難先で孤立しがちとなった事例が見られた
提案など	● 広域で避難した人の情報の把握・共有のための体制整備 ● 円滑に取組みが行えるよう、制度上の位置づけやマニュアルについて整理する

出典：内閣府「令和6年能登半島地震における避難所運営の状況」

08

避難所での生活①

避難所での集団生活は協力が必要

避難所でストレスなく過ごすのは難しい

避難所は、自宅で暮らせなくなった人が仮の住居として身を寄せ、生活する場所です。割り当てられるスペースは十分とは言えず、お隣も知った人とは限りません。災害で疲弊しているうえにがまんを強いられている状況のため、ストレスがたまりやすく、ささいなことが原因でトラブルが発生しがちです。

ストレスを減らし、避難所の生活環境を整えるには、避難者自らが避難所を快適に運営していくという「自主運営」の姿勢が大切です。事前に用意されている自治体の避難所運営マニュアルをもとに、被災状況や避難所にいる人に合わせて、避難所のルールを作りましょう。

避難所で生じるストレス

避難所に入る前から災害ストレスを抱えていることに加えて、避難所でさらにストレスにさらされることで、さまざまな反応が現れてきます。

- くさい
- 寒い
- 暗すぎる
- ペットが怖い
- けんかが絶えない
- うるさい
- 物資をもらえていない
- 明るすぎる
- 食事がおいしくない
- プライバシーがない
- よく眠れない
- 暑い
- 盗み聞きされる
- つきまとわれた！
- 働かない人、協力しない人がいる

↓

抑うつ、不眠、生活不活発病などにつながることも

避難所生活を少しでも居心地よくするためには

自らが避難所を運営しているという「自主運営」の意識を持つことが効果的です。避難所の人々全員で情報を共有し、役割を分担しましょう。

● ルールをつくり、マナーを守る

役割分担	●自分は避難所を動かしているという気持ちがストレスを減らす ●それぞれのできることを持ち寄り、老若男女分け隔てなく役割を担う ●貢献している人には感謝するとともに役割が偏っていないか常に確認する
衛生を保つ	●居住スペースを掃除する。寝る場所の近くは土足厳禁 ●ゴミの廃棄やトイレの清潔は、掃除当番を決めるなどして管理する
プライバシーを守る	●着替えや洗濯物干しは決められた場所を使う ●他人のスペースにむやみに入らない
感染症予防	●こまめな手洗いやうがい、マスク着用のルールなどを徹底する（→P.140）
他者への配慮	●足腰が弱い、要介護者など、サポートが必要な人への心配りと手助けを忘れない
秩序ある行動	●特に、被災初期は食料や物資が不足することがあるので、配布ルールを決めるなどして公平に分配できるようにする

災害体験

避難所の自治会作り

2000年 有珠山噴火

役場から避難所の自治会を組織してほしいと要望があったので作りました。いざ避難所での生活が始まると、上げ膳据え膳のような感じで、配膳なんかもやってもらえて生活が単調なんです。それではまずい、これから何日続くかわからない避難所生活を自主的に運営しよう、と共通の約束をみんなで確認しあいました。それから、地区ごとに分けて、さらにその中に隣近所同士の小グループをたくさん作りました。全体で話して物事を進めるのは大変だけれども、小グループ単位で話し合いをするのはうまくいったなと思います。

（60代 男性）内閣府「一日前プロジェクト」より

災害体験

意外に使えた避難所での「肩書き」

2011年 東日本大震災

避難所ではできるだけ役割分担をし、「○○係」と役職をつけて役割を明確にしました。例えば支援物資が届いたとき、誰が受け取るかは重大な問題です。非常時は勘違いも起きやすい。そういうときに「受け入れ係」を決めておけば作業はスムーズだし、物資の管理もしやすく、届ける側も安心です。こうして小さな役割でも「係」にするのは、避難所運営のコツのひとつだと思います。よくルール作りが肝心だと言われますが、責任を明確にするのも大変大事です。

（60代 男性）内閣府「一日前プロジェクト」より

紙面の都合上、記載を一部編集しております。

09

避難所での生活②

女性が過ごしやすい避難所をつくるには

女性の視点での避難所運営が求められている

　過去の大災害の体験から、避難所では着替えや授乳がしにくい、生理用品が不足するなど、女性特有の悩みが問題となりました。避難所の運営でも、こうした悩みをすくいあげ、女性の立場に立った対策が求められています。

　女性に限らず、老若男女それぞれの困りごとや問題を明確にし、運営にしっかり反映させていくことは、結果的に誰もが円滑かつ安全・安心な避難所生活を送ることにつながります。**女性側は、悩みを個人の問題として我慢しないこと、対策をみんなですばやく考えられるよう、冷静に問題を共有すること、積極的に運営に参加することが重要です。**

避難所運営に女性が積極的にかかわる

女性が困りごとに対し声をあげることで、問題として認識されます。問題が共有されることで、対策やルール作りを行うことができます。

● 避難所で起こる問題

プライバシー

仕切りや更衣室がないため、着替えや授乳、体の清拭ができない。異性の目があり下着が干せない。

物資不足

生理用品や下着、育児用品などが必要なのに要望できなかったり、多くの人の前でもらいにくかったりする。

体調への理解不足

生理時の腹痛や体調不良が理解されない。衛生状態が悪いと膀胱炎や膣《ちつ》炎などを起こしやすいが、個人の清潔の問題にされる。

役割分担の偏り

食事作りや片づけ、トイレの清掃など役割を担うのが女性に偏り、負担が多い。

暴力・犯罪への不安

のぞき、盗撮、DV、暴行、性被害など立場の弱い女性を狙う犯罪が起きやすい。

↓

対策

- **避難所の管理責任者は、男女両方を配置する**
  運営責任者に女性も置くことで、女性のニーズをくみ取りやすくする
- **自治的な運営組織の役員は、女性を3割以上にする**
  育児や介護、衛生や栄養に関することなど、女性の経験を避難所運営に活かす
- **運営組織に、多様な立場の人が参加するようにする**
  介護や介助が必要な人、乳幼児がいる家庭の人、中学生や高校生などの意見を活かす

出典：内閣府「災害対応力を強化する女性の視点～男女共同参画の視点からの防災・復興ガイドライン」

避難所を女性の視点でチェックする

避難所を利用する際は、女性が安心して過ごせる場所なのか、次のような視点でチェックしてみましょう。改善すべき点は積極的に役員や管理者に伝えていくことも必要です。

プライバシーの確保

- 男女別の更衣室、休養スペースがあるか（男女のスペースが離れているか）
- 授乳室（いす、授乳用の枕やクッション、おむつ替えスペース）があるか
- 仕切りの高さや大きさは十分か
- 女性専用スペースやキッズスペース（保育エリア）があるか

役割分担

- 食事作り・片づけ・清掃などの分担は、男女問わずできる人で分担されているか
- 女性用品（生理用品、下着など）は、女性担当者が配布を行っているか

暴力防止・安全の確保

- 男女一緒に行う防犯体制はあるか
- 就寝場所や女性専用スペースなどへの巡回警備は行われているか
- 防犯ブザーやホイッスルは配布されているか
- 照明の増設、女性や子どもは2人以上で行動する、啓発ポスターの掲示など、暴力を許さない環境づくりが行われているか

トイレ・入浴の安全

- 女性トイレと男性トイレが離れた場所にあるか
- 女性トイレに女性用品、防犯ブザーがあるか
- 屋外トイレは暗がりにならない場所に設置されているか
- 男女問わず1人で（または付き添いつきで）入浴できるか

困りごとの把握

- 意見箱の設置など、要望や困りごとを受けられる仕組みがあるか
- 女性や子育て・介護中の家庭の要望や困りごとを聞き取り、運営に反映させているか
- 専門職と連携したメンタルケア・健康相談が受けられるか

避難所の運営管理者は
大半が男性で、
女性の要望が
届きづらいことが多いよ。

出典：内閣府「災害対応力を強化する女性の視点～男女共同参画の視点からの防災・復興ガイドライン」

災害時に気をつけたい女性に多い病気

女性は困りごとがあっても我慢したり悩みを打ち明けられなかったりと、避難所生活でストレスを抱えやすく、それが体調を崩す原因になります。

膀胱炎、尿道炎、膣炎、外陰炎

女性は男性に比べ尿道が短く、肛門、膣口、尿道出口が近いため、清潔を保ちにくい被災時はこれらの病気にかかりやすくなる。

生理痛、生理不順

ストレスが子宮に強い影響を与え、生理に異常をきたすことがある。

エコノミークラス症候群

トイレの問題から水分を控えて、狭いスペースで同じ姿勢を取り続けるため、エコノミークラス症候群（→P.139）を発症する可能性が高くなる。

10

避難所での生活③

乳幼児・妊産婦の健康を守る

妊産婦や子連れの避難は不便・不安が多い

妊娠中や産後の女性、乳幼児は、災害時には要配慮者として特別な支援の対象となります。それでも、すぐに必要な物が手に入るとは限りません。**乳幼児や妊産婦は免疫力が低く、体調が変化しやすいため、支援物資に頼らなくても1週間程度は過ごせるように、備蓄を心がけます。**

また、災害時に避難する際、車やベビーカーなどが使えない可能性も考えて、避難所まで歩けるかどうかも確認しておきましょう。

子ども連れの避難所での生活は、周りに気をつかうことが多いため、日ごろから地域の人と顔見知りになっておくと、災害時のコミュニケーションや助け合いに役立ちます。

妊産婦と乳幼児の注意すべき症状

避難生活中は、平時以上に体調の変化や症状の出現に気を配ります。医療機関に相談が必要な症状と、その他の起こりやすい症状を知っておくと安心です。

	妊娠中	妊娠中・産後	産後	乳幼児
医療機関への相談・連絡が必要な症状	☐ 胎動が減少し、1時間以上ない ☐ 規則的なお腹の張り（1時間に6回以上あるいは10分ごと）／腹痛／膣出血／破水など分娩開始の兆候がある	☐ 頭痛／目がチカチカするなどの症状がある（妊娠高血圧症候群の可能性） ☐ 不眠／気が滅入る／無気力になる／イライラ／物音や揺れに敏感／不安で仕方ないなどが続く	☐ 発熱がある ☐ 悪露の増加／直径3cm以上の血塊／悪露が臭い ☐ 傷（帝王切開や会陰切開の傷）の痛み／発赤／腫脹／浸出液が出る（手術後の傷口の感染の可能性） ☐ 乳房の発赤／腫脹／しこり／汚い色の母乳が出る ☐ 強い不安や気分の落ち込みがある	☐ 発熱／下痢／食欲（哺乳力）低下がある（感染や脱水の可能性） ☐ 子どもの様子がいつもと異なることが続く 〈新生児〉夜泣き／寝付きが悪い／音に敏感になる／表情が乏しいなど 〈乳幼児〉赤ちゃん返り／落ち着きのなさ／無気力／爪かみ／夜尿／自傷行為／泣くなど
	※治療中の病気や服薬中の薬がある場合は医療機関に相談			
その他起こりやすい症状		☐ 浮腫 ☐ 便秘 ☐ 腰痛 ☐ おりもの増加／陰部の掻痒感 ☐ 排尿時痛／残尿感 ☐ 肛門部痛／痔（じ）	☐ 母乳分泌量の低下 ☐ 疲れやすい	☐ おむつかぶれ／湿疹 ☐ 赤ちゃんが寝ない／ぐずぐず言う
	※その他起こりやすい症状が続く、悪化する場合は医療機関に相談			

出典：厚生労働省「避難所等で生活している妊産婦、乳幼児の支援のポイント」

妊産婦が避難所で健康に過ごすためのヒント

可能な限りしっかり食べて、母体の体力低下を防ぐことが大切です。避難所であっても規則正しい生活を心がけ、自身の体調の変化をチェックしましょう。

病気を予防する

- 一般の人に比べて血栓ができやすい。「エコノミークラス症候群」（→P.139）予防のため、水分を適度にとり、定期的に体を動かして血液の循環をよくする
- 熱中症予防のために、こまめに水分をとる
- 眠れない、暗くなると怖いなどの不安が強いときは、医師に相談する

みそ汁の塩分が
気になるときは
水で薄めるといいよ。

バランスのよい食事をとる

- おにぎりやパンなどの炭水化物が中心になりがち。できるだけ主食・主菜・副菜を揃えた食事をとる
- 塩分をとりすぎるとむくみやすくなるので、なるべく避ける
- たんぱく質・ビタミン・ミネラル・食物繊維が含まれたサプリメントを使用してもよい
- 体重を量り、十分な食事がとれているかを確認する

授乳婦・乳児が落ち着ける空間をつくる

乳幼児連れの人がいる場合、避難所に授乳室やキッズスペースを設けます。親子がいつも通りにいられ、安心して過ごせる個室または共同の専用空間とします。

授乳室はプライバシーを確保する

- 小部屋や空き教室、もしくは間仕切りやテントなどを使ってプライバシーを守る
- 「使用中」などの表示をすることで、個室として使用できるようにする
- 出入りする際に中が見えないようにする
- 男性用のスペースと離れており、昼夜問わず安心して行きやすい場所にする

キッズスペースは音に配慮する

- 静養室などの静かにすごしたい人が集まるスペースからできるだけ離す
- 学習スペースもつくる
- 授乳室の近くにあると、乳児がいる親が安心して授乳ができる

＼ 備える知識 ／

「水で調乳した粉ミルクをカイロで温める」は絶対ダメ

粉ミルクは70度以上でのお湯で殺菌が必要ですが、カイロではそこまで湯温は上がらず、雑菌が増える温度になるだけなのでやってはいけません。どうしてもお湯が入手できない場合、日本栄養士会は「リスクはあるものの、乳児に適した衛生的な水で溶かす」としています。なお、ミルク用のお湯は普通の水道水、または国産のミネラルウォーター（軟水）を使います。外国産の水の中には硬度が高く、赤ちゃんに向かない物があります。

11

避難所での生活④

子どものストレスを軽減させる環境づくり

受けたストレスをうまく表出できない子どもも多い

子どもは、将来の見通しを立てることが上手にできないので、避難生活になじめずストレスを抱えこむことが多くなります。また、大人は生活の立て直しに向けて忙しく、子どもが抱えるストレスになかなか気づけません。**ストレスを抱え続けることで、睡眠障害や体調不良などの体の症状が現れることもあります。**

自己表現がある程度できる年齢の子どもでも、災害への気持ちを自由に吐き出すことは難しいです。そのため、大人は子どもの心身の変化や不調に気を配り、避難生活のなかでも**子どもが安心してストレスを解放できる環境を、できる限り用意することが大切です。**

災害時に子どもに現れやすい心身の反応

子どもが普段と変わらないように見えるのは、不調をうまく表現できていないためかもしれません。大人が気をつけて観察し、対処する必要があります。

心の変化

- 「地震ごっこ」など災害体験に関連した遊びをくり返す
- 反抗的になる、乱暴になる、わがままを言いかんしゃくを起こす
- 赤ちゃん返り、甘え、親につきまとう、親の姿が見えないとパニックになる

体の変化

- ぜん息・アトピーなどのアレルギー症状が強くなる
- 寝つきが悪くなる、夜何度も目を覚ます、おねしょをする
- 食欲がなくなる、食べすぎる

＼ 備える知識 ／

支援制度は積極的に利用する

被災後、大人はやることがたくさんあります。疲弊しきったなかで子どもの相手をする余裕がないことも。「避難所運営ガイドライン」では、設置すべきこととして、キッズスペース（子どもの遊び場）や心身の相談窓口が示されています。また、訪問カウンセリング、子どもと遊ぶ災害ボランティアなど、支援制度は遠慮せず利用しましょう。

身近な大人にしかできない子どものケア

親しい大人に自分のことを見てもらえている、大人が守ってくれている、という確信は、子どもに大きな安心感を与えます。

● 4つのポイントから見る子どものケア

安心感を与える

一緒にいたりスキンシップの時間を多めにとり、子どもに寄り添う。

日常を取り戻す

普段通りの生活リズムを保ち、遊びなれたおもちゃを与える。

被災地の映像をくり返し見せない

災害が今起こっているととらえてしまい、情緒不安定になることを避ける。

自分で回復する力を信じる

子どもが一時的に不安定になるのは当たり前。叱ったり、無理に何かをさせたりしない。

注意！ おかしいな？と思ったら

右ページの心身の変化や、災害の絵を描く、災害ごっこをするといった行動は、子どもが気持ちを整理する過程でよく見られるもの。しかし、それらが数週間も続く場合は、子どもが気持ちをうまく処理できていない可能性がある。このようなときは、医療や心理の専門家に相談する。

運動遊びでストレスを軽減させる

避難所の限られたスペースは子どもたちに多大なストレスを与えます。体を使った運動遊びはストレスを減少させ、気分を向上させてくれます。周囲に迷惑をかけないように気をつけながら体を動かしましょう。

屋外の遊び

「壁にタッチして戻って来て」「ボールを転がすから取ってきて」など子どもに指令を出す。「30秒たつとボールがライオンに変身するよ※！」など架空の危機的状況を演出して楽しく。

※災害を想起させるシーン設定は避ける

屋内の遊び

大人は両足を伸ばして開脚した状態で座る。子どもに足の上を飛び越えさせて、大人の背後をひと回りさせる。慣れたら片足とびや後ろとびなどにも挑戦！

出典：「笑顔と元気あふれる毎日を！　生活リズムの整え方」

災害関連死を防ぐには

衛生環境の悪化と人の密集が病気をまん延させる

災害関連死は、災害が間接的な要因となって亡くなることを指します。自治体に申請して災害関連死として認定されると、災害弔《ちょう》慰《い》金（→P.182）が支給されます。

災害関連死の原因はさまざまですが、**避難所の大勢の人が密集して暮らす狭い空間、不衛生な環境から来るストレス、被災による医療を受ける機会の制限などは、病気にかかるリスクや持病が悪化するリスクを高めます**。災害関連死で亡くなる人は高齢者に多いのが特徴です。災害関連死につながる病気を知り、清潔を心がけ、心と体の健康を保つといった個人でできる対策をできる限り取っておくことが大切になります。

災害関連死は3カ月以内に8割近く発生する

被災後の生活で命を落とす災害関連死は、2016年の熊本地震で約8割が3カ月以内に集中し、そのうち約8割が70歳以上の人となっています。

● 熊本地震における災害関連死のデータ

亡くなった人の年代

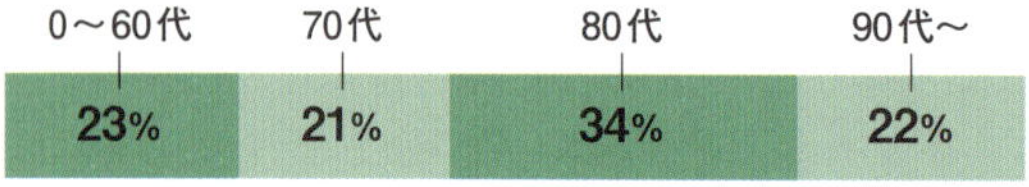

災害関連死の死因

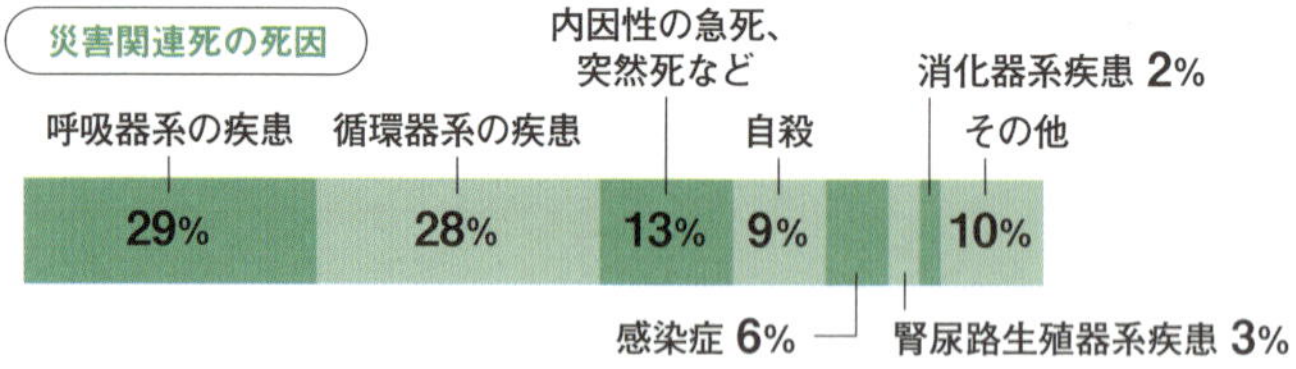

災害発生から死亡までの期間

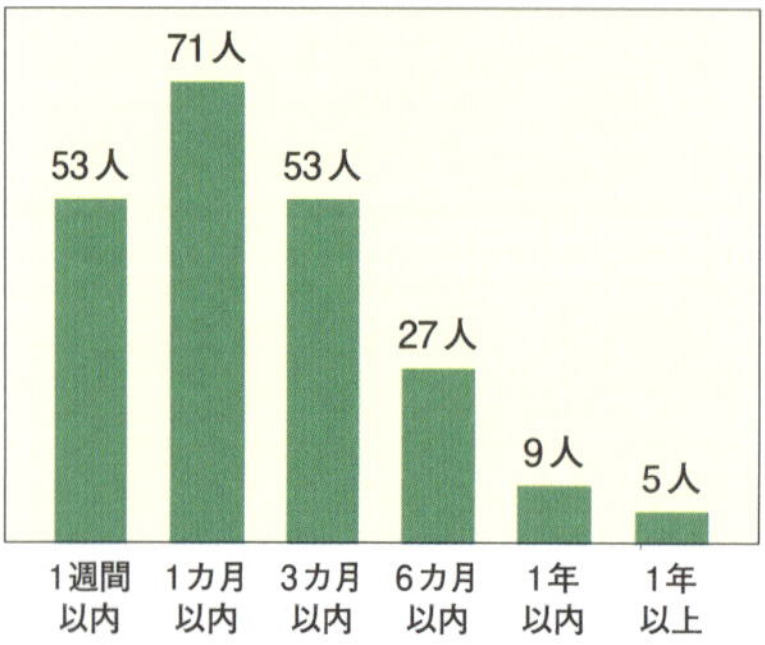

出典：内閣府「災害関連死事例集」

災害関連死につながる病気

阪神・淡路大震災で災害関連死に呼吸器疾患が多かったことを受け、災害時の口腔ケアが重要視されるようになりました。

● 誤《こ》嚥《えん》性肺炎

飲みこみづらい食事などでむせて、食べ物や飲み物、唾液などが気道に入る

→

誤嚥した物と一緒に口の中の細菌が肺に入り、炎症を起こす

→

誤嚥性肺炎

主な症状

発熱、咳、膿のような痰、高齢者ははっきりとした症状が出ないことも

予防方法

- 何はともあれ口の中を清潔にすることが大切！（→P.144）

● 肺《はい》血《けっ》栓《せん》塞《そく》栓《せん》症《しょう》（エコノミークラス症候群）

動かない生活で血行が悪くなり、血栓（血のかたまり）ができる

→

血栓が肺に運ばれ、肺の血管が詰まることで発症する

→

肺血栓塞栓症（エコノミークラス症候群）

主な症状

ふくらはぎや太ももの腫れ・痛み、足がむくむ・だるい、胸の痛み・呼吸困難

予防方法

- 定期的に体を動かすことが大切！（→P.164）
- トイレを我慢しない

注意！

避難生活は持病が悪化しやすい

長期にわたって十分な水分と食事をとれない、睡眠もままならない環境が続くと、肉体的・精神的に疲労が蓄積し、既往症が悪化する。体調が悪化した際、すぐに医療機関にかかれるように、お薬手帳や入院歴・通院歴がわかる物を持ち歩くようにする。また、普段から薬や療法食などを多めにストックしておいたり、いざというときには災害地域以外にいる親戚宅に避難させてもらうなどの備えをしておく。

災害実例　災害関連死の例

- 避難中の車内で疲労による心疾患（74歳　女性）
- 地震後の疲労による心不全（78歳　男性）
- 慣れない避難所生活から肺炎を発症、入院先の病院で死亡（83歳　女性）
- 地震による疲労が原因と思われる交通事故（32歳　男性）
- エコノミークラス症候群の疑い（43歳　女性）
- 地震による栄養障害と持病の悪化（88歳　男性）
- 地震のショックおよび余震への恐怖が原因で急性心筋梗塞を発症（83歳　女性）

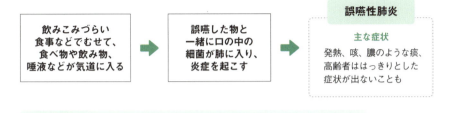

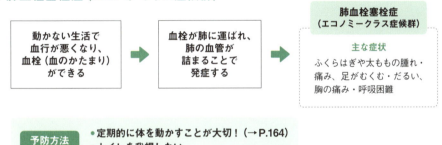

13

災害時の病気・健康②

避難所は感染症が流行しやすい

避難生活は感染症のリスクに満ちている

感染症集団発生の防止策といえば、今やすっかり定着した「密閉」「密集」「密接」の「3密を避ける」です。しかし、**災害時の避難所はまさに3密空間であり、かつ災害による心身の疲労や栄養不足、衛生環境の悪化などが重なるため、平時よりも感染症にかかりやすくなります。**

現在までのところ、災害時に広い範囲での感染症の大発生は幸いにも起きていませんが、散発的に集団発生した例はあります。対策が不十分な環境では、簡単に感染拡大するリスクがあることから、衛生用品が乏しいなかでもできる限り清潔を保つ方法を取り、3密を避け続ける必要があります。

避難所で流行した感染症例

感染が確認された避難所では、その情報が公衆衛生対応機関で素早く共有され、迅速な清潔・衛生用品設置・清掃・環境消毒などが徹底されています。

新型コロナウイルス感染症

SARS-CoV-2による呼吸器感染症

感染経路	飛沫感染、接触感染
症状	初期は風邪の症状。発熱・倦怠感・咳・嗅覚・味覚異常 重症化すると肺炎で死亡例も。無症状の感染者も多い
実例	2024年能登半島地震では、28人が避難している避難所で12人の感染を確認

感染性胃腸炎

細菌やウイルスを病原体とする消化器感染症。ノロウイルスやロタウイルスなど

感染経路	経口感染、接触感染
症状	発熱・下痢・嘔吐・腹痛
実例	2011年東日本大震災では、大型避難所で200人以上のノロウイルスによる嘔吐・下痢症が集団発生

インフルエンザ

インフルエンザウイルスによる呼吸器感染症

感染経路	飛沫感染、接触感染 手についたウイルスが目、鼻、口などの粘膜から感染する
症状	38度以上の発熱・頭痛・関節痛・筋肉痛・喉の痛み・咳
実例	1995年阪神・淡路大震災では、兵庫県内の死者6402人中約350人が避難所でインフルエンザに感染、持病が悪化して死亡したとみられる

被災時の感染症予防

被災時の感染予防は、平時と大きく異なるものではありません。ただし、衛生環境は悪いため、平時では簡単な清潔を保つ行為も意識して行う必要があります。

手洗いの徹底
(→ P.145)

食事前、調理前後、外出後、掃除後、トイレの後、不衛生な物を触った後、多くの人が触るところを触った後など。

咳エチケット

普段からマスクをする。マスクがないときにくしゃみや咳がでそうになったら、ティッシュで鼻と口を覆う。

トイレを清潔に使う

居住スペースを歩く靴で入らない。使用前後に除菌シートで便座を拭く。汚したら始末してから出る。

食事の注意点
(→ P.156)

加熱した物を食べる。袋入りのパンはちぎらない。できるだけ直接食品に触らない。調理器具の消毒。

片づけ・がれき撤去時の注意

大腸菌・破傷風などの感染防止のため、革手袋や底の厚い靴、長袖長ズボンを身につける。小さい傷でも放置せず、救護所や医療機関にかかる。水害の片づけのときは、小学生以下の子どもは参加させない。

面倒でも
こまめに
手洗いをしよう。

清潔を保つのが
一番の対策
なんだね。

＼ 備える知識 ／

パンデミック時の避難はどうする？

パンデミック（世界的大流行）とは、感染症が複数の国や地域にまたがって流行している状態のことです。このようなときに災害が起きると、救助活動が遅れたり、医療機関へのアクセスが制限されたり、支援やボランティアが到着するまでに時間がかかったりします。避難所での感染リスクも非常に高くなります。

パンデミック下の災害対応

- 要救助者にならない、負傷しない
- 自分たちで救助や応急処置ができるようにする
- 避難所へ行かなくてすむよう備蓄、家具の固定、家の危険箇所点検と修理をしておく
- 衛生用品を多めにストックする

14

被災者の心理経過

被災後に心はどう回復するのか

希望が戻り始めて元気に見える時期に注意

被災者の心理状態は、災害直後から復興までの間、個人差はあるものの大きく4段階の変化をたどるといわれています。そのうち、「被災者同士、力を合わせて乗り越えていこう」と前向きになる時期が、被災後の比較的早い段階で現れます。この時期は「ハネムーン期」と呼ばれます。**ハネムーン期の被災者は、被災のストレスから立ち直ったように見えますが、多くの場合は一時的なものです**。災害を受け入れて心が安定したわけではなく、事態が落ち着き、日常生活が戻るにつれて、それまでおさえられていた心の問題が表面化してきます。抱えこまずに、相談することが回復への道のりです。

一般に、被災者の心理状態は4段階に変化する

災害のダメージから心が回復するには、一定の時間が必要です。その間、被災者は4段階の心理状態をたどるといわれています。

● 被災者の一般的な心理変化

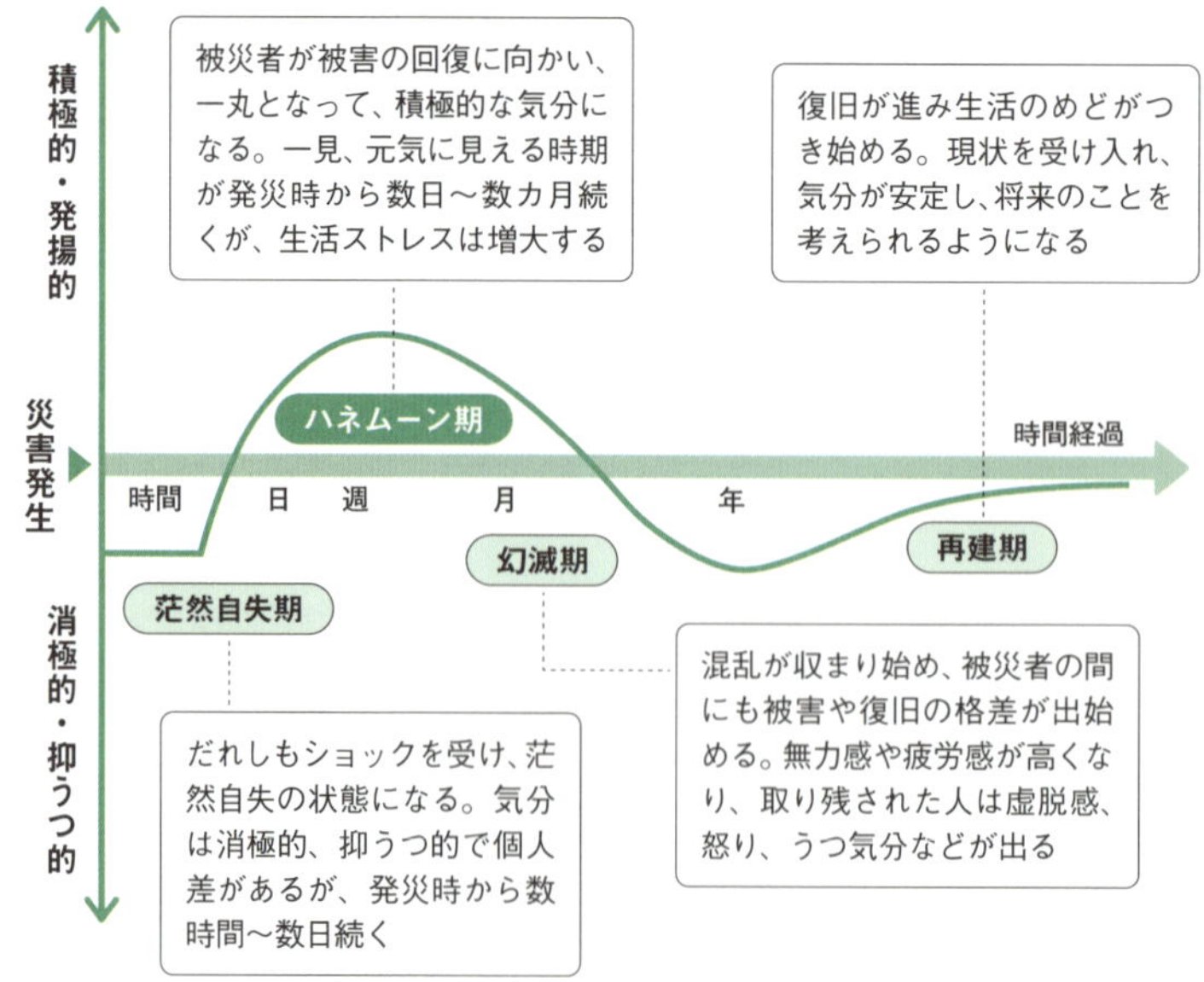

出典：内閣府「避難生活応援リーダー／サポーター研修テキスト」

被災者の心理的回復格差が現れてくる

災害がもたらす恐怖・喪失の悲しみ・非日常のストレスにより、被災者にはさまざまな心身の不調が現れます。多くは改善していきますが、立ち直りが遅れる人もいます。

● 被災者の回復に格差が生じてくる

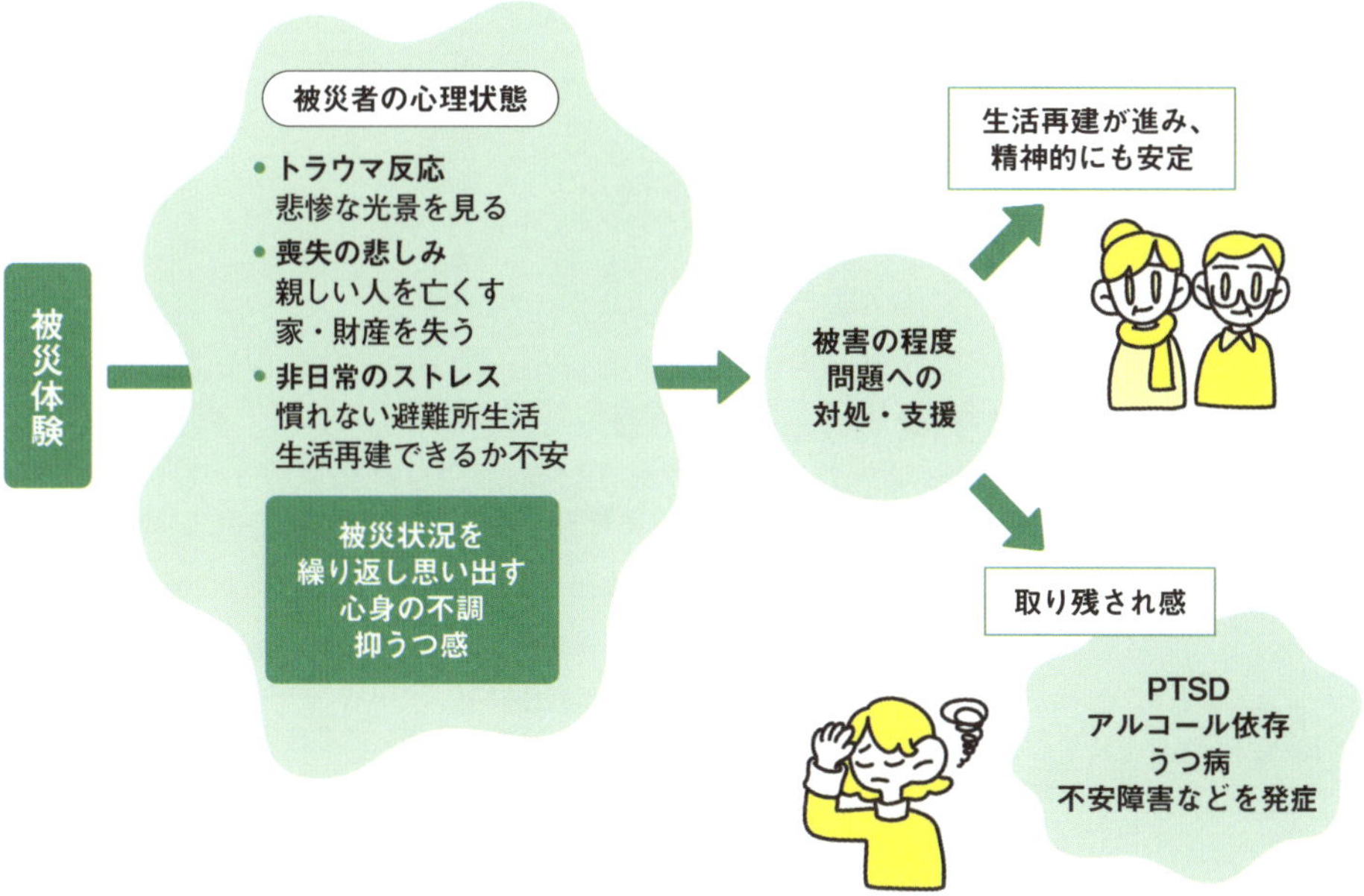

災害ストレスに対処するには

ハネムーン期からほどなく、急性の災害対応が落ち着くころ、心理変化では「幻滅期」に入り、今まで抑圧されていた心の問題が噴き出してきます。

自分でできる取り組み

- ゆっくり呼吸をする
- 太陽の光を浴びながら体を動かす
- 「非常時だから○○をしなければ」という思考をやめる
- がんばっている自分を褒め、ねぎらう
- 生活リズムを整え、夜眠れなくてもとりあえず横になってみる

無理せず専門家を頼る

- 避難所や巡回訪問の保健師、カウンセラーと話す
- 国や自治体が紹介している電話相談窓口などに相談する

注意！

PTSD
（心的外傷後ストレス障害）

悲惨な体験に直面したときの記憶が何度も呼び起こされ、恐怖などの強い感情とともにその瞬間に戻ったように感じ続ける病気。性暴力や虐待などはなかなか人に言いづらいが、つらい症状が続くときは一人で我慢せず、救護スタッフにカウンセラーを紹介してもらえるか、思い切って尋ねてみよう。

15

清潔を維持する①

口と手の清潔を保つのが避難生活の要

清潔の維持は体力の維持につながる

　2016年熊本地震の際、日本歯科医師会は「歯みがき、お口のケアはあなたの命を守ります！」というポスターで口の清潔の啓発を行いました。**口の清潔が損なわれると、細菌が体内に入りやすくなり、肺炎や全身状態の悪化につながるためです。**

　また、**手の不衛生は胃腸の感染症や食中毒を招きます。**特に災害時は手が汚れる場面が非常に多いのですが、水道が使えない、衛生用品が足りないなどでどうしても清潔の維持が難しくなります。平時に衛生用品の備蓄をしっかり行い、被災時に避難所で生活する際は、清潔な環境を保つための取り決めや指導に従うことが大切です。

感染症は口と手を介して広がる

過去の災害では、避難所など人の大勢集まる場所で感染症の集団発生がありました。衛生物資が不足するなかでも、できる限り清潔を保つ必要があります。

● 口の清潔が保てないと

極度の緊張で唾液が出ない
歯みがきや洗口ができない
→ 免疫力低下 口の中の汚れ
→
・誤嚥《ごえん》性肺炎
・インフルエンザ
などにかかりやすくなる

※災害関連死中呼吸器疾患の割合
阪神・淡路大震災 41%
東日本大震災 31%
熊本地震 28%

※出典：香川県歯科医師会警察歯科医会「災害を生きぬこう 災害関連死から命を守る口腔健康管理」

● 手指の清潔が保てないと

汲み置き水しかない
消毒剤が足りない
トイレを使用した後手が洗えない
→ さまざまな病原体が手指に付着
→ ノロウイルス感染性胃腸炎の流行

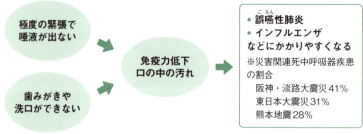

水を節約した歯のみがき方

口の清潔の基本は歯みがきです。少しの水と歯ブラシでみがく方法があります。また、歯ブラシがない場合は、ティッシュやハンカチで歯の汚れを拭き取るようにします。

水が少ないときの歯みがき

1. 約30ml（ペットボトルのキャップ4杯分）の水で歯ブラシをぬらして歯をみがく
2. 何度か歯ブラシの汚れをティッシュで拭き取る
3. コップの水を2～3回に分けて口に含み、すすぐ

※液体歯みがきを水代わりにするのもよい（この場合、水でのすすぎは不要）

歯ブラシがないとき

- 食後に少量の水やお茶でぶくぶくと口の中を洗う
- ハンカチやティッシュを指に巻きつけて、汚れを拭き取る（液体歯みがきで口の中を洗ってから拭き取るのもよい）
- キシリトール入りのガムをかんで唾液を出し、汚れを流す

水が使えないときの手の洗い方

手洗いの水がないときや、あっても清潔な水ではないときは手指消毒剤を使います。指先、指の間、手首まで消毒剤をしっかりすりこむのがコツです。

手指消毒剤を使って洗う

1

手指消毒剤を手のひらに出し、手のひらをこすり合わせる

2

手のひらの上で指先にすりこむ

3

手のひら、手の甲にもすりこむ

4

両手を組むようにこすり合わせて指の間にすりこむ

5

反対の手で親指をねじるようにすりこむ

6

反対の手で手首をねじるようにすりこむ

お手拭きシートを使う

1

両手のひらをしっかり拭く

2

シートを裏返して両手の甲を拭く

3

全指の腹から指先にかけて拭き取る

16

清潔を維持する②

断水時の清潔テクニック

衛生用品は1カ月分の備えを

大きな災害のあとは、断水が続き、入浴ができない状態がしばらく続きます。**体を拭いたり洗い流したりできないと、膀胱炎や尿道炎、膣《ちつ》炎などの病気にかかりやすくなります。**体の清潔を保てないことは、身体的にも精神的にも大きな負担になるため、**1カ月分程度の衛生用品を準備しておくようにしましょう。**

また、断水している被災地では、水をたくさん使う洗濯はかなり難しくなります。使い捨てできる下着類、上着やズボンなどに使える除菌効果のある衣類用消臭剤を備蓄しておくと安心です。ポリ袋や洗面器を使った少量の水で洗濯する方法も覚えておきましょう。

水を使わず体を清潔にする衛生用品をそろえる

水を使わずに顔や体を拭くシートや、水がなくても使えるシャンプーが市販されています。アルコール成分が含まれている物は刺激を感じる場合があるので注意します。

体拭き用ウエットシート

背中まで届く大きな物が便利。ノンアルコールタイプのほうが肌にやさしい

ドライシャンプー

頭皮に清涼感を与え、髪の汚れを取る

赤ちゃんのおしり拭き

ウエットシートの中でも分厚く丈夫で、デリケートな肌にも使える

注意！

デリケートゾーンのケア

デリケートゾーンは、不潔にするとにおいが強くなり、また病気にかかりやすくなる。ノンアルコールタイプのウエットシートで拭き取るほか、使い捨てビデや、ペットボトルの蓋に小さな穴を開けた簡易シャワーなどで洗い流すとさっぱりする。

体の清掃に役立つその他のアイテム

生理用品

- **生理用ナプキン**
災害時は手に入りにくくなるため、多めに備蓄しておく。ケガをしたときの止血用具にナプキンが使える。

下着

- **使い捨て下着**
- **おりものシート**
おりものシートを付け替えて下着の汚れを防ぐ。男性の下着汚れ対策にも使える。
- **カップ付インナー**
ブラジャーの代わりにカップ付インナーにすると洗濯物が減らせる。

スキンケア

- **保湿クリーム**
- **リップクリーム**
- **オールインワンジェル**
- **メイク落としシート**
洗い流しが不要なタイプは洗顔にも使える。

少量の水で洗濯する方法

被災後は洗濯用水の確保が難しく、洗濯機での洗濯は難しいと考えましょう。洗える物も限られますが、下着など衛生的に使いたい物は少量の水で洗います。

● 少ない水とポリ袋でもみ洗いする

1. ポリ袋に洗濯物、水、少量の洗剤を入れてよくもむ
2. 水を替えて洗剤をもみ出すようにすすぐ
3. よくしぼって干す

注意！　水と洗剤の量の目安

水1リットル、小さじ1杯の洗剤に対し、小さめのタオル2枚、靴下2足、下着2枚ほど洗える。あくまでも目安。

● 水を節約した洗濯

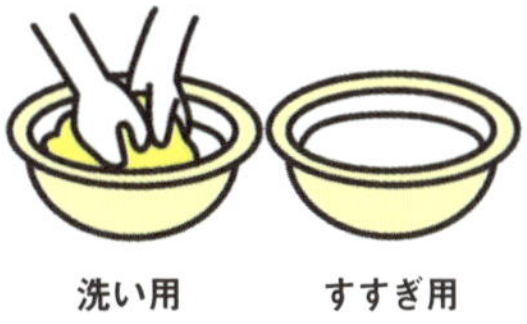
洗い用
すすぎ用

洗い用
すすぎ用

1. 洗面器を2つ用意し、両方の洗面器に洗う物がつかる程度の水を入れる
2. 「洗い」用の洗面器に洗剤を少量入れ、1枚ずつもみ洗いし、しぼる
3. 「すすぎ」用の洗面器ですすぎ、しぼって干す。水が汚れてきたら「洗い」用として再利用する

出典：ライオン株式会社 Lidea「避難所でもできる！　災害時に役立つ洗濯の仕方」

洗濯用洗剤がないときは、台所用洗剤も使えるよ。

災害実例

2024年能登半島地震の入浴支援例

2024年能登半島地震では、1月1日の発災後、6日から自衛隊による入浴支援が始まり、2024年8月まで延べ約48万9000人が自衛隊のお風呂を利用しました。被害の少なかった地域や、水道が復旧した地域では温浴施設の協力による入浴支援も行われました。また、指定避難所に設置されたシャワーブースは、一度使用した水をその場で浄化して繰り返し使う循環型のシステムを備えたシャワーもあり、水の入手や排水の問題が低減されています。

避難所に設置された自衛隊の入浴支援

避難所に設置されたシャワーブース

17

災害時の家での食事①

災害時の料理の基本

できるだけ水と熱源を節約して調理する

災害時はライフラインが限られているため、水と熱源をいつも通りに使う料理が作れません。また、衛生的な環境での調理も難しくなります。

近年では、水や熱源を節約しつつ、衛生的で、おいしい料理を作る方法が開発されています。**お湯を入れるだけで完成するフリーズドライや食品に使える耐熱ポリ袋も定着し、食事の幅がより広がりました。**手間がかからず、時短になるレシピが多いので、平時でも練習を兼ねて作ってみましょう。

なお、災害時の調理は、室内が片付いていなかったり余震の発生などで、火災ややけどの危険があります。安全を確認しながら行いましょう。

栄養バランスを考えて1週間分を備蓄する

災害直後に手に入る物は、パンやおにぎりなど、炭水化物が多くなりがちです。備蓄品は栄養バランスも考えて選びましょう。大人２人の１週間分の目安を紹介します。

主食　炭水化物は、体を動かすエネルギー源

例　なるべく無洗米（2kg×２袋）、乾麺（そうめん600g、パスタ1200g）、カップ麺（6個）、パックご飯（6個）、シリアルなど（適量）

必需品

水2L×6本×4箱
※飲料用と調理用水で１人１日3L程度
※お茶や清涼飲料水もあると便利

カセットコンロ・カセットボンベ（12本）
※１人１週間で６本程度

主菜　たんぱく質は、体力を維持するために必要

例　レトルト食品（牛丼の素やカレーなど18個、パスタソース６個）、肉や魚の缶詰（お好みの物18缶）

副菜・その他　食物繊維やビタミン、ミネラルで体の調子を整える

例　（量はすべて適量）：常温で日持ちする野菜類（たまねぎ・じゃがいもなど）　梅干し・のり・乾燥わかめ、インスタントみそ汁・即席スープ、野菜ジュース、調味料、チョコレートや飴などの菓子類

出典：農林水産省「災害時に備えた食品ストックガイド」

災害時に使える調理テクニック

災害時でも道具の使い方次第で、さまざまな方法で温かく、バリエーションに富んだ食事を作ることができます。

ポリ袋を使って調理（パッククッキング）（→P.150）

耐熱ポリ袋に食材を入れ、湯せんで調理する

- ○ 普段使っている食材で調理ができる
- ○ 鍋のお湯で湯せんするだけなど、手順が簡単
- ○ 1袋ごとにちがう料理を一度に作れる
- ○ 加熱した水は調理に再利用可能。生活用水にも
- ○ 袋のまま提供でき、食器を汚さない

節水調理（→P.152）

食器や調理器具を制限して洗い物を減らす

- ○ 飲用水の使用を少なくすることで、給水拠点からの運搬負担を減らせる
- ○ 少量の水で煮炊きすることで食材の栄養素が損なわれにくい

注意！ 過度な節水は衛生的に危険な場合がある

ガスが復旧するまでの調理（→P.154）

カセットコンロや電磁調理器、七輪などガス以外の熱源を利用する

- ○ ガスとほぼ同等の日常的な調理ができる

注意！ ガス調理器より不安定な環境で調理することになるため、火災などに十分注意

手軽においしく食べられる非常食を選ぶ

かつて非常食といえば、長期保存ができる乾パンや缶詰などに限られていました。しかし今は種類も豊富になり、保存期間も長くなるなど、進化を遂げています。

フリーズドライ食品

食品を凍らせ、真空に近い状態にして乾燥させた物。食材の色や香り、風味、食感などが復元されやすく、栄養価が損なわれにくい。お湯や水をかけるだけで食べられる。

アルファ米（アルファ化米）

パックにお湯もしくは水を注いでおくだけで、やわらかいご飯に戻る（お湯で約15分、水で約60分）。おかゆ、混ぜご飯など種類も豊富。

レスキューフーズ

加熱袋の中に食品（ご飯やレトルトパック、缶詰など）と、発熱剤（発熱溶液を加えると反応）を入れて温める。電気・ガス・水道が使えなくても、30分程度で温かい食事が食べられる。

18

災害時の家での食事②

ポリ袋を使った調理方法

バリエーション豊富なポリ袋調理

ポリ袋調理は「パッククッキング」とも呼ばれ、食材と調味料を入れた耐熱性のポリ袋を湯せんして、料理を作る方法です。

災害時、調理に大量の水を必要とせず、洗い物が減らせるポリ袋調理は重宝します。混ぜたり味つけをしたりすることがポリ袋の中でできるため、食材に触れる時間が短く、衛生面でも安心です。

耐熱ポリ袋はスーパーやドラッグストアなどで購入できます。**購入の際は、必ず「湯せん可能」「食品用」などの表記を確認しましょう**。また、調理中ポリ袋に穴があくと料理も湯せんのお湯も無駄になるため、ていねいに扱いましょう。

ポリ袋調理の特徴と基本手順

利点は何といっても物資が節約できること。出来上がりを袋のまま食べれば食器が不要で洗い物が減らせます。また、湯せんしたときのお湯は繰り返し使えます。

● ポリ袋調理のメリット

- 複数の料理を同時に加熱できる
- 調理法が簡単
- 洗い物が減る

● 調理の手順

① ポリ袋に食材と調味料を入れる

食材は小さめ、薄めに切ると火の通りが早い

② 手でもんで混ぜる

口をしっかり持ち、中身がこぼれないように混ぜる。
力を入れすぎてポリ袋を破らないよう注意

③ 空気を抜いて口を結ぶ

ポリ袋を水の中に入れ、水圧で空気を抜くのがおすすめ。
加熱中に袋がふくらむので、口をねじり上のほうを結ぶ

④ 鍋に耐熱容器を敷き、水もしくはお湯を張る

鍋底に直接ポリ袋が接するのを避けるため、薄い皿を底に敷くとよい

⑤ 鍋にポリ袋を入れ、ふたをして加熱する

量が多いときは、先にポリ袋を並べてから水もしくはお湯を注いでもよい

⑥ トングで取り出す

災害時はポリ袋ごと渡したり食器にのせたりして、洗い物を減らす

混ぜるときに使い捨て手袋を使うのもおすすめ！

ポリ袋を使ったレシピ

主食、主菜、副菜、デザートやお菓子など、幅広いレシピがあります。材料は冷蔵庫内の物や備蓄品を使ってアレンジしてもOKです。ここでは「昭和女子大学食プロジェクト」の非常食レシピを紹介します。

● ポリ袋カレーキーマ風

道具 耐熱ポリ袋、鍋、耐熱容器、トング、タオル、包丁

材料（1人分）

ひき肉（あるものでOK）………100g
たまねぎ………1/2個
にんじん………1/2本
セロリ………1/2本
なす………1個
ニンニク（チューブ）………約2cm
カレールー………1かけ半（30g）
ウスターソース………小さじ2
水………80ml

※野菜はある物でOK

作り方

❶ 野菜を1cmくらいに切る。カレールーも切っておく
❷ ❶の野菜、ひき肉、調味料、水をポリ袋に入れる
❸ 軽くもんでから、空気を抜きながら袋の上のほうを結ぶ。ハンバーグのようにやや平たい形にする
❹ 鍋底に耐熱容器を敷いてから水を張り、加熱する。沸騰したらポリ袋を入れて、ふつふつと沸き立つ程度の火加減で20分煮る
❺ 20分たったら、鍋からトングで取り出す。熱いのでタオルにくるんで軽くもむ

● ポテトチップススパニッシュオムレツ

道具 耐熱ポリ袋、鍋、耐熱容器、トング、包丁

材料（1人分）

卵………1個
ポテトチップス………5枚
コーン缶（ホール）………大さじ3
コーンの汁………大さじ1
ベーコンスライス………2枚
たまねぎ………1/4個

※ポテトチップスは、筒に入っている成型タイプが◎
※ベーコンの代わりに缶詰の肉やツナ、チーズなどでも
※野菜はある物でOK

作り方

❶ 卵をポリ袋に割り入れ、よくもんでからコーンの汁を加えて軽くもむ
❷ たまねぎはみじん切りに、ベーコンは1cm角に切る
❸ ❶のポリ袋に材料を全部入れる。ポテトチップスは砕きながら入れる。よくもんで、空気を抜きながら袋の上のほうを結ぶ
❹ 鍋底に耐熱容器を敷いてから水を張り、加熱する。沸騰したらポリ袋を入れて、ふつふつと沸き立つ程度の火加減で15分煮る
❺ 15分たったら、鍋からトングで取り出す

※ベーコン、コーンの汁、ポテトチップスの塩味があるので味つけはしなくてOK。味が薄いときはケチャップをつけて食べる

● 1人分のご飯の炊き方例

道具 耐熱ポリ袋、鍋、耐熱容器、トング

材料（1人分）

米（無洗米がよい）………100g
水………110～120ml
（かために炊きたい場合は110mlが目安）

作り方

❶ 米と水をポリ袋に入れ、15分ほど浸す。空気を抜き、袋の上のほうを結ぶ
※15分ほどつけておくとぬか臭さが取れる
❷ 鍋底に耐熱容器を敷いてから水を張り、加熱する。沸騰したらポリ袋を入れて、ふつふつと沸き立つ程度の火加減で25～30分煮る
❸ 鍋からトングで取り出し、ポリ袋のまま10分ほど蒸らす
※袋内の空気が膨張してふくらむので触らない

出典:レシピはすべてクックパッド「昭和女子大非常食」

19

災害時の家での食事③

水を節約した調理方法

洗い物を減らして水の消費をおさえる

ポリ袋調理は、水を節約した調理法にもなります。食材をゆでるための水は必要ですが、くり返し使え、それほど汚れないので生活用水にも再利用できて無駄になりません。

ほかには、洗い物をしないことで水を節約します。**調理器具を限定することや、皿やお椀にラップやポリ袋をかぶせてその上から汁物をよそったりすることで、洗い物を減らします。**

また、水をなるべく使わない料理を作ることもおすすめです。野菜の水分を利用した蒸し料理や、水の代わりにお茶や野菜ジュースでご飯を炊く、缶詰の水分で食材を煮るなどがあります。

ラップやはさみを活用する

はさみを使って食材を切れば、包丁とまな板を使わずにすみます。ポリ袋やラップは、衛生を保つ面からも役に立つアイテムです。

包丁とまな板を使わない

料理ばさみやスライサー、ピーラーなどを使って食材を切る

耐熱ポリ袋で調理し、袋に入れたまま食べる

調理する材料を混ぜたり湯せんしたりできるほか、袋に入れたまま食べることもできるので、調理器具や食器を汚さない

野菜の水分を活かす

野菜から出る水分を活かして調理すると、栄養素の流出もおさえられる

お皿にラップをかぶせて使う

あらかじめお皿にラップをかぶせ、その上に料理を盛りつける。食べたあとはラップを外して捨てる

水分の多い野菜の例

もやし、レタス、きゅうり、白菜、チンゲン菜、大根、小松菜、トマト、セロリなど

水を節約したレシピ

蒸し料理のほか、クッキングシートを使って焼いたり炒めたりすると、フライパンの汚れが最低限におさえられるので、水の節約になります。ここでは「昭和女子大学食プロジェクト」の非常食レシピを紹介します。

● 野菜ときのこの和え物

道具 紙コップ、鍋

材料（1人分）

小松菜 …… 1株（3～4本）
しめじ …… 1/3房
かつおぶし …… 2g
しょうゆ …… 小さじ1/3

作り方

❶ 小松菜は2cmほどに切り、しめじは小房に分けておく
❷ 紙コップに小松菜としめじを入れる
❸ 鍋に水を200ml入れ、❷を入れてふたをする
❹ 中火にかけ、10分後に火を止める
❺ 小松菜としめじにかつお節としょうゆを入れて混ぜる
※紙コップごと提供する

● りんご風味のホットケーキ

道具 フライパン、クッキングシート、ボウル、ポリ袋

材料（小さめ4枚分）

ホットケーキミックス …… 100g
りんごジュース …… 60ml
サラダ油 …… 大さじ2/3
サラダ油（フライパン用） …… 適量
バター（あれば） …… 少量

作り方

❶ サラダ油とりんごジュースを混ぜる。混ざったらホットケーキミックスを加えて混ぜる
※ボウルにポリ袋をかぶせ、その中で混ぜるとよい
❷ フライパンにクッキングシートを敷き、サラダ油をひいて❶を7～8cmの円形におく。丸く整える
❸ 弱火～中火で焼き、きつね色になったら返す
❹ 両面焼いたら皿に盛り、あればバターをのせる
※サラダ油が入っているので、卵や牛乳がなくてもふんわりできる

● ミックスベジタブルのおやき

道具 フライパン、クッキングシート、ボウル、ポリ袋

材料（4枚分）

小麦粉 …… 大さじ3
水 …… 大さじ3
とろけるチーズ …… 大さじ3
ミックスベジタブル …… 大さじ4（40g）
塩・こしょう …… 各適量
サラダ油 …… 適量

作り方

❶ サラダ油以外の材料すべてを混ぜ合わせる
※ボウルにポリ袋をかぶせ、その中で混ぜるとよい
❷ フライパンにクッキングシートを敷き、サラダ油をひく
❸ ❶を好きな大きさに成形してのせ、両面をしっかり焼く
※お好みでケチャップをつけて食べる

● ネギのとろとろ煮

道具 フライパン、クッキングシート

材料（2～3人分）

ネギ …… 4本
バター …… 10g
しょうゆ …… 大さじ2
みりん …… 大さじ2
酒 …… 大さじ2

作り方

❶ ネギを5cmの長さに切り揃える
❷ フライパンにクッキングシートを敷き、バターを溶かす
❸ ネギを並べ、中火で焼き色がつくまで焼く
❹ 調味料を加え、水分が半分以下になるまで絡めながら焼く
❺ 盛りつける

出典：レシピはすべてクックパッド「昭和女子大非常食」

20

災害時の家での食事④

ガスをなるべく使わない調理方法

カセットコンロと電気を活用して加熱調理する

災害時は調理する際の衛生を保ちにくいため、できるだけ火を通した食事をとりましょう。また、寒い季節でなくても、温かい食事は心身のストレスを和らげます。ガスの復旧には時間がかかるため、カセットコンロとボンベを使う機会が多くなるでしょう。

ただし、**カセットコンロでの調理はガスの消費量が多いので、ガスをなるべく使わずに調理できることが重要になります**。湯せんはまとめて行う、食材は火が通りやすく切るなど効率を考えましょう。電気が復旧したら、電気調理器などを活用しながら、調理のバリエーションを増やしていきましょう。

ガスをなるべく使わない料理のポイント

カセットコンロは意外とボンベを消費します。大量にストックしていても消費量が多ければすぐになくなってしまうため、節約しながら使いましょう。

電気が使えるなら電気調理器を活用する

- 卓上IH調理器 ➡ カセットコンロの代わりになる
- 電子レンジ・オーブントースター ➡ 食事の温めや食材の下ごしらえなどさまざまな用途で使える
- 電気ポット ➡ お湯を使った食事や調理ができる
- ホットプレート ➡ フッ素樹脂加工の物は拭くだけでも汚れが落ちやすい
- 炊飯器 ➡ お米を炊くだけでなく、プリンやケーキ、蒸しパンなども作れる。煮込み料理も可能

カセットボンベを節約しながら使う

- ポリ袋調理法で複数の料理を1つの鍋で調理する
- 火が通りやすいように食材を小さくカットしたり、調味料は事前に混ぜておいたりし、カセットボンベの使用時間を短くする
- 湯せんに使ったお湯は、ふたをして段ボールに入れ、新聞紙や布で覆い保温すると温度が下がりにくい
- カセットボンベを使ってある程度まで食材を加熱した後、スープジャーなどを活用して保温調理をする

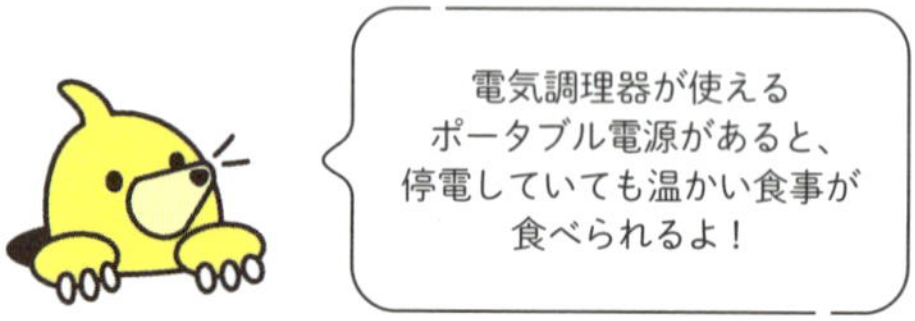
電気調理器が使える
ポータブル電源があると、
停電していても温かい食事が
食べられるよ！

ガスをなるべく使わないレシピ

ガスを使わないレシピ、加熱時間が短いレシピの一例を紹介します。火を通さない物は、食べる直前に作り、なるべく早く食べましょう。ここでは「昭和女子大学食プロジェクト」の非常食レシピを紹介します。

● わかめとコーンの和え物

道具 ポリ袋

材料（1人分）

乾燥わかめ …… 小さじ2（2g）
コーン缶（ホール） …… 大さじ3
ベビーチーズ …… 1個
砂糖 …… 少々
しょうゆ …… 小さじ1弱
こしょう …… 少々

作り方

❶ 乾燥わかめを手で細かくし、ポリ袋に約50mlの水を入れ、5分つけて戻して水気をしぼる
❷ ポリ袋に❶のわかめ、コーン、小さくちぎったチーズ、調味料、コーン缶の汁大さじ1を入れる
❸ ポリ袋の中でよく混ぜて完成

● フリーズドライみそ汁を使った豆乳スパゲッティ

道具 鍋

材料（1人分）

スパゲッティ …… 100g
豆乳 …… 200ml
フリーズドライみそ汁 …… 2個

作り方

❶ 鍋に豆乳を入れる
※鍋はスパゲッティが入るサイズの物。入らない場合はスパゲッティを半分に折る
❷ スパゲッティを入れ、20分ほど放置する
※早ゆでスパゲッティなら放置なしでOK
❸ 20分たったら、フリーズドライみそ汁を加え、火にかける。沸騰したらときどきかき混ぜながら5分加熱する
❹ 盛りつける
※鍋のまま食べて洗い物を減らしてもよい

ショートパスタでもOK
みそ汁で十分味がつくよ！

● ツナ缶の簡単スープ餃子

道具 キッチンペーパー、ポリ袋、はさみ、鍋、耐熱容器、トング

材料（2人分）

餃子の皮 …… 20枚（1袋）
ツナ缶（70g） …… 2缶
木綿豆腐 …… 100g
キャベツ …… 20g
ニラ …… 10g
料理酒 …… 大さじ2
こしょう …… 少々
塩 …… 少々
水 …… 400ml
片栗粉 …… 大さじ2
顆粒鶏がらだし …… 大さじ1

作り方

❶ ツナ缶は油をよく切る。キャベツとニラはみじん切りにする。豆腐はキッチンペーパーに包んで水を切る
❷ ポリ袋にツナ缶、豆腐、キャベツ、ニラ、料理酒、塩、こしょうを入れ、よく混ぜ合わせる
❸ ポリ袋の一方の角を少しだけはさみで切る
❹ 鍋底に耐熱容器を敷いてから水（分量外）を張り、加熱する
❺ 餃子の皮に具をしぼり出し、皮の縁に水をつけて包む
❻ ❺の餃子、分量の水、片栗粉、顆粒鶏がらだしを別のポリ袋に入れ、空気を抜いて袋の口を上のほうで結ぶ。❹が沸騰したらポリ袋を入れ、5分煮る
❼ 5分たったらトングで取り出して盛りつける

出典：レシピはすべてクックパッド「昭和女子大非常食」

災害時の避難所での食事①
炊き出しを受ける・調理にかかわる

被災のストレスをやわらげ復興の力となる食事

ストレスの多い被災生活において、食事はほっとできる時間です。特に、調理された温かい食事は、災害で傷ついた心を癒やしてくれます。

一方、避難所の継続的な炊き出しは、劣悪な環境のなかでの大量調理であることや、心身が弱った多くの被災者に提供することから、**衛生面に特に注意する必要があります。過去の災害では、実際に食中毒が発生したこともあります。**

また、避難所で生活している人が炊き出しを担当することが多く、調理や配膳、片づけなどの作業が女性や特定の人に偏りがちになります。余裕をもった役割分担を考えておくことが重要です。

炊き出しでの食中毒を予防する

災害時は、食中毒が発生しやすい状況になるため、炊き出しを提供する人、炊き出しを食べる人ともに衛生管理を徹底することが重要です。

● 炊き出しを提供する人の衛生管理

- 手洗いを徹底する
- 素手で食品に触れない
- 体調不良、下痢、手指に傷があるときは調理・配膳をしない
- メニューは加熱した物にする
- 調理器具は使用後消毒（熱湯をかける、煮沸する、薄めた塩素系漂白剤につける）する
- 生食材は冷蔵保存し、食材は直接地面に置かない

水での手洗いができないときの消毒手順

①

手指の汚れをウエットティッシュなどで拭き取る

②

手指をアルコール消毒する

③

使い捨て手袋をつける

④

手袋全体にアルコール消毒液をかける

● 炊き出しを食べる人の衛生管理

- 食事前にしっかり手洗いする（→P.145）
- 受け取ったらできるだけ早く食べる
- 食べ残したら思い切って捨てる
- 水が使えず洗えないときは食器にラップなどをかぶせ、使用後はラップを捨てる

出典：農林水産省「避難所・炊き出しでの食中毒予防について」

炊き出し、こんなときどうする？

慣れない環境で大勢の食事を作ることはなかなかありません。過去の炊き出しで実際にあった困ったことと、その対応例を紹介します。

『何食分必要なのかわからない』

↓

指定避難所では避難者の名簿を作ります。それ以外の避難所でも、運営側は名簿を作成し、人数を把握します。避難所は人の出入りが多いので、少し多めに用意するとよいでしょう。

『在宅避難者は食事をもらえないの？』

↓

避難所は被災地域の支援拠点を兼ねることが多いので、在宅や車中泊などの人も食事や物資を受け取りに来ます。場所の余裕があれば、避難所生活者と在宅避難者の配膳場所を別に設けてもよいでしょう。

『またカレーだと言われた』

↓

運営側であらかじめメニューを考えておきます。自治体によっては支援団体の炊き出しを調整して同じメニューにならないようにしたり、栄養士が提案したメニューにしています。1週間程度の献立表を掲示してもよいでしょう。

『配膳に時間がかかる』

↓

食事を受け取る人に配膳の手伝いをしてもらったり、配食する場所を複数設けたりします。食事を受け取るまでの導線をシンプルにし、誘導する人を置くのもよい方法です。

『ゴミの分別をしてもらえない』

↓

ゴミの種類ごとにゴミ箱を置き、何を捨てるゴミ箱かはっきりわかるよう、大きな文字やイラストで表示します。また、避難所内でゴミ当番を決めるなど、協力しやすい体制を作りましょう。

『特定の人や女性にばかり作業の負担がかかってしまう』

↓

特定の人に負担がかからないよう運営と話し合い、調理が得意ではない人は配膳を担当するなど、役割分担します。体調不良の人が出ることも考え、担当人数には余裕を持たせましょう。

出典：みんなの炊き出し研究所『災害時の炊き出しに関わる課題・解決事例集～災害時の避難生活の「食」にまつわる課題36事例～』

＼ 備える知識 ／

炊き出し訓練の応援隊

いつでも、どこでも
炊出訓練応援隊
埼玉県 危機管理防災部
化学保安課 液化石油ガス担当

埼玉県は、「いつでも、どこでも炊出訓練応援隊」事業を通じて、自治会などでの災害時炊き出し訓練を推奨しています。実際に被災地で活動したNPOのアドバイスを受けながら、提供された炊き出し用具や米を使って、栄養士が考案した非常食レシピを作ることができます。訓練を実施した自治会からは、LPガス器具の取り扱い方法を知ることができた、住民の防災意識が高まった、という声が寄せられています。

22

災害時の避難所での食事②

アレンジも可能！100人分のレシピ集

主食も副菜も分量通りで失敗なし

炊き出しメニューは、調理環境に制約があること、大量に作るため時間がかかること、予算や材料の調達先、栄養バランス、飽きたり食べられない物が続いたりして食欲が落ちないよう同じメニューを続けない、などをふまえて考えています。

これらを一から考えるのは大変なので、自治体や支援団体が提供しているレシピを使いましょう。本書でも**「避難所で作る約100人分の炊き出し」を想定したレシピを紹介します。食材を手に入りやすい物に置き換えてもOK**。ただし、調味料の分量は、提供数に合わせて増減するとき以外はレシピ通りのほうが、失敗が少なくなります。

米とぎナシ！ 簡単パエリア

比較的簡単な、炊き出しには珍しい洋風レシピです。生の肉類、冷凍食品の取り扱いに注意しましょう。

材料（100人分）

冷凍シーフードミックス	9袋（1袋300g）
鶏もも肉	1.7kg
たまねぎ	中9～10個
ピーマン	7袋（1袋5個入）
トマト	9～10個
ベーコン	800～900g
マッシュルーム缶詰	16缶
米（無洗米がよい）	7.5kg
水	9L
塩	70g
こしょう	適量
カレー粉	120g
オリーブオイル	200～250ml
固形ブイヨン	15個

作り方

調理時間の目安	約60分

1. 鶏肉を一口大、たまねぎはくし切りをさらに横半分に、ピーマン、トマト、ベーコンも同サイズに切る
2. 鍋にオリーブオイルを敷き、ベーコン、鶏肉を炒める。塩・こしょう（分量の半分）をふり、軽くきつね色になるまで炒める
3. シーフードミックス、たまねぎ、ピーマン、トマト、マッシュルームを入れ、残りの塩・こしょうとカレー粉をふり入れ、たまねぎが透き通るまで炒める
4. たまねぎ・シーフードミックスに火が通ったら、米を洗わずそのまま入れ、透き通るまで炒める
5. 水とブイヨンを入れて軽く混ぜ、蓋をして炊く。沸騰するまでは弱火、沸騰したら中火。水がなくなってパチパチと焦げつき始めの音がしたら火を止める。15分くらいそのまま蒸らす
6. 全体を軽く混ぜ合わせ、器に盛る

出典：赤十字奉仕団「災害時炊き出しレシピ集」

食中毒の予防のため、
食事ができてから
2時間以内に
食べ終わるようにしよう！

ポリ袋で調理！ シーチキンじゃが

1人分ずつ、袋をそのまま渡せるので皿を使わずに衛生的に食べられます。使用する調理用ポリ袋は、調理用で厚手、半透明、日本製の物を選びましょう。

材料（100人分）

じゃがいも……100個（15kg）
たまねぎ……50個（10kg）
ツナ缶……50個
合わせ調味料
　砂糖……900g
　しょうゆ……1100ml
　みりん……1500ml

作り方

調理時間の目安	ゆで時間約30分

1. じゃがいもは小さめの、食べやすい大きさに切る。たまねぎは5mmくらいの厚さのくし切りにする
2. 砂糖、しょうゆ、みりんを鍋やボウルに入れ、よく混ぜて合わせ調味料を作っておく
3. 調理用ポリ袋にツナ缶半分と1人分のじゃがいも、たまねぎ、合わせ調味料大さじ2.5杯を入れ、袋の口を縛る
4. 炊き出し釜や大きな鍋にお湯を沸かす。沸騰したら❸を入れ、浮いてこないようにしながら約30分ゆでる。途中で袋をひっくり返したり、お湯に沈んでいるか確認する

出典：静岡赤十字病院 栄養課「～災害時こそおいしく食べたい ほっと（HOT）メニュー～炊き出しレシピ」

生野菜感覚がうれしい きゅうりの浅漬け風

炊き出しで生ものの提供は出来ませんが、ポリ袋に入れてゆでることで、きゅうり表面を殺菌して作る、生野菜に近い感覚で食べられるさっぱりしたおかずです。ごまや練辛子、ごま油をめんつゆに加えてもおいしいです。

材料（100人分）

きゅうり……50本（7.5kg）
めんつゆ（3倍濃縮タイプ）……600ml
かつおぶし……200g

作り方

調理時間の目安	漬け時間約30分

1. きゅうりはへたと先端を切り落とし、4等分する。包丁がなければ手で折っても。調理用ポリ袋に入れて、味がしみやすいよう袋の上からすりこ木で軽くたたくか手でつぶす
2. 袋の中の空気をできるだけ抜き、口をしっかり縛る。沸騰したお湯の中に袋ごと入れ、再度沸騰するまでゆでる
3. 袋の口を開けて、めんつゆ、かつおぶしを加え、ポリ袋の上から軽くもむ。
4. 30分ほどおき、ポリ袋から出して器に盛る

出典：静岡赤十字病院 栄養課「～災害時こそおいしく食べたい ほっと（HOT）メニュー～炊き出しレシピ」

体が温まる 根菜の汁物

アレンジ自在でさまざまな汁物にできます。

材料（100人分）

鶏肉……3kg
大根……3本（3kg）
にんじん……10本（2kg）
里芋……60個（3kg）
ごぼう……3本（500g）
長ねぎ……7本（1kg）
水……15L
和風だしの素……75g
しょうゆ……750ml
みりん……370ml
塩……7.5g（小さじ1と1/4）

作り方

調理時間の目安	約90分

1. 鶏肉は小さめの一口大に、大根は短冊切り、にんじんは半月切り、里芋は一口大、ごぼうは斜め薄切りやささがきにする
2. 鍋に分量の水と肉、野菜、和風だしの素を入れて沸騰させ、中火でしばらく煮る
3. 野菜がやわらかくなったら調味料を加え、刻んだ長ねぎを入れて火を通す

アレンジレシピ

- 鶏肉を豚肉に変えてみそ味に ➡ 豚汁（しょうゆの代わりにみそ750g～1kg）
- 肉を木綿豆腐に変える ➡ けんちん汁
- 里芋をさつまいもに ➡ さつま汁
- 複数の種類のきのことなすで ➡ きのこ汁

ほかの献立であまった野菜類を入れてもOK。

出典：公益社団法人長野県栄養士会中信支部「炊き出し支援のための調理レシピ帳」

23

被災と睡眠①

災害時は不眠になりやすい

「そのうち眠れる」とゆったりとかまえる

災害のような強いストレスを受けたときに不眠の症状が出るのはおかしいことではなく、むしろ正常な生体反応といえます。**個人差はありますが、災害から1カ月程度は不眠が続く可能性があります**。多くの人はその間少しずつ環境に慣れ、気がつくと眠れるようになります。毎晩眠れるかを心配していると、かえって眠りをさまたげてしまいます。

　また、避難所はゆっくり眠ることに適した環境とはいえません。**避難所生活では「眠れるときに眠ればいい」と割り切りましょう**。昼寝も取り入れて昼でも夜でも「眠れた」という体験を積み重ねていくと、自然に眠れる状態になります。

そもそも不眠とは

不眠の症状は人によってさまざまですが、夜眠れず、起きたときに寝た気がしない状態を指します。「眠れない」には主に３つがあります。

① 寝つきが悪い

② 途中で何度も目が覚める

③ 二度寝ができない

→ 誰にでもある

①～③が相当期間続く

＋

日中に体の不調を感じて生活の質が下がる

↓

不眠

＼ 備える知識 ／

不眠症と間違えやすい“せん妄”に注意

災害による強いストレスや睡眠不足により、特に高齢者が発症しやすい“せん妄”は、不眠症の薬（睡眠薬や安定剤）で症状が悪化することがあるので注意が必要です。せん妄の特徴は、強い不眠に加えて、夜になると興奮したり徘徊したりする、日中はぼーっとしているなどです。睡眠リズムが整うと症状が改善されることが多いので、昼間に熟睡しないよう心がけ、できるだけ早く医療関係者に相談しましょう。

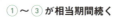

眠れないときにおすすめすること、避けたいこと

「今夜は眠れるだろうか」などと思っていると、より眠れなくなってしまいます。災害時は「そもそも眠りづらいもの」と考えましょう。

OK

- ひとまず横になる
- ゆっくり深呼吸をする
- 手袋や靴下で手先足先を暖める
- 耳栓やアイマスクを使ってみる
- 共有スペースなどで静かに過ごす
- 昼間、できる範囲で昼寝をする

NG

- 「寝ないと体力が回復しない」などと思って無理に寝ようとする
- 羊を数える（“眠れない” 状態が強まる）
- 処方されている睡眠薬を勝手に増やす
- お酒を飲んだ勢いで寝る

避難所に夜間起きていられるスペースをもうける

避難所に夜間眠れない人が静かに過ごせるスペースをもうけるのも1つの方法。使用する際は照明をひかえめにし、居住スペースに明かりがもれないよう注意する。自然な眠りを促すのが目的なので、テレビやおしゃべりのような大きな物音はひかえる。

長期の不眠は治療が必要なこともある

災害時の不眠は、時間とともに改善していくことがほとんどです。ただし、長期間不眠症状が続き、その他の症状がともなう場合は早めに医師に相談します。

不眠の対処法と治療判断の目安

8週間を超えて不眠症状が持続する場合は、慢性不眠症を疑う

- 不眠症状だけではなく、悪夢をよく見る、日中の倦怠感が強い、悲観的な考えが浮かぶなどの症状がみられる場合は治療が必要
- うつ病やその他の睡眠障害による不眠の場合もある
- 生活習慣病など持病が悪化しやすく、感染症にもかかりやすくなる

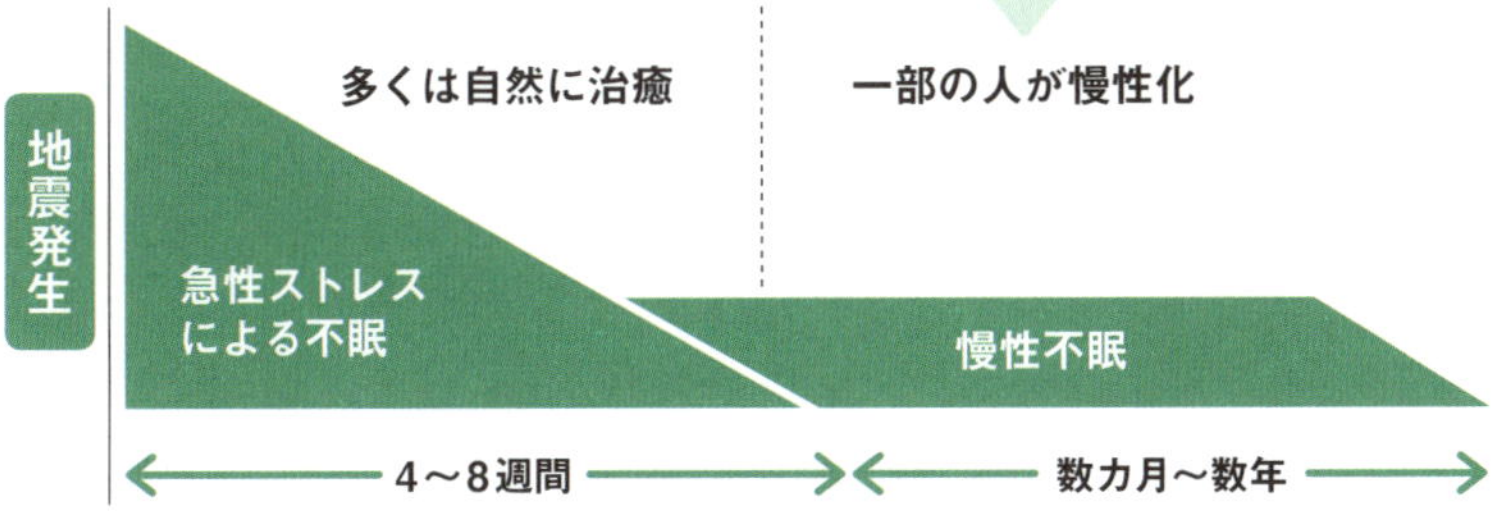

出典：ストレス・災害時こころの情報支援センター「震災に関連した不眠・睡眠問題への対処について」

24

被災と睡眠②

災害時でも快適に寝るための工夫

眠くなくても体を横たえてみる

災害時、体を休め、復興に向けて活力を養うためには、少しでもリラックスできる空間が必要です。できる範囲で寝るときの環境整備を心がけましょう。

東日本大震災をきっかけに考案され、**導入が進んでいるのが段ボールベッドです。床に直接寝るよりも温かく、チリやほこりを吸いこみにくくなるので感染症対策にもなります。**また、床面との段差によって寝起きが楽というメリットもあります。

車中泊の場合、座った姿勢で眠るのは難しいうえ、エコノミークラス症候群の危険が高まります。車中ではシートをできるだけ水平にする工夫が必要です。

ベッドで眠ることを基本にしよう

段ボールベッドや簡易ベッドを備蓄する自治体も増えてきました。避難所にない場合、段ボールを手に入れることができれば、ベッドを自作するのもおすすめです。

段ボールベッド・簡易ベッドの場合

- 平らな場所に設置する
- パーテーション付きのタイプは、シーツやポリ袋で覆いをつけると暖気が逃げにくい
- 就寝時に周囲の会話や物音などが気になる場合は、アイマスク、耳栓（イヤーマフ）が便利

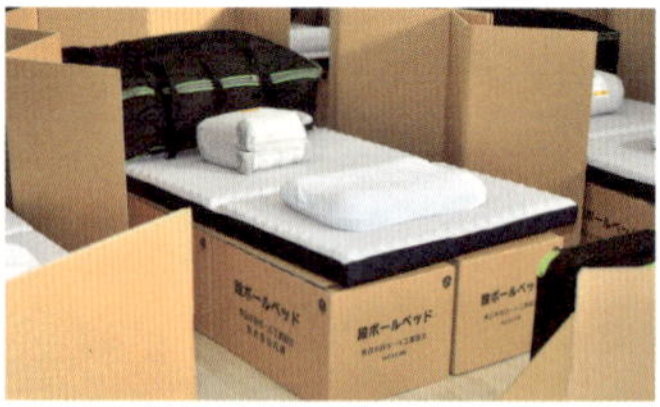

一般的な段ボールベッドの例。簡単に組み立てられる。

段ボールベッドを自作する場合

- 同じサイズの段ボールが12個以上は必要
- 段ボールの高さの目安は35センチ程度
- 箱の中に板状の段ボールを対角線状に入れると、ベッドの強度が増す
- 段ボール箱を並べた上に、天板（板状の段ボールなど）を一枚敷いてから布団やマットを敷く
- ベッドの周りをパーテーションとして板状の段ボールで囲むとプライバシーの保護に役立つ

車で寝るときは体をのばせるかがカギ

車中泊ができるかは、体をのばして眠れるかどうかで決まります。自分の車がシートをフラットにできるか、ラゲージルーム（荷室）まで使えるかなどを確認しておきましょう。

車中泊のポイント

- シートはできるだけ倒し、足元のスペースに荷物やエアクッションを詰め、足が下がらないようにする
- 床面がかたい場合は、布団やアウトドア用のマット、クッションなどを敷く
- 駐車する場所が平らか、照明が近くにあるか、マフラー周辺に障害物がないかを確認する

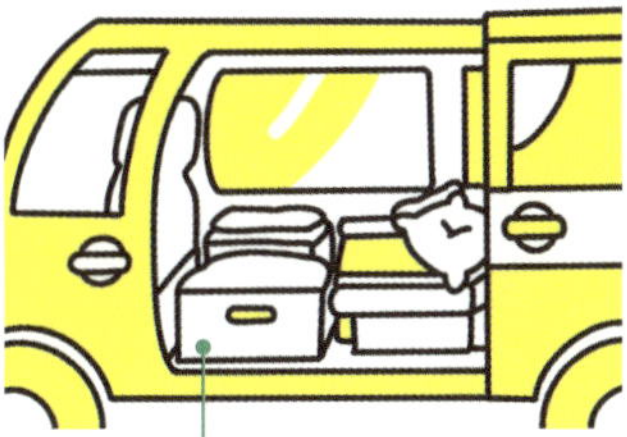
足元に生活用品を
置いて段差をなくす

テントで寝るときは冷えや湿気対策を

テントは地面に張るため、地面からの冷えや湿気が伝わります。また、かたい地面で寝起きするのは体に負担がかかるので、厚手のシートを敷くなど工夫をします。

テント泊のポイント

- 低地や水辺は雨で増水する危険があるので避ける
- 木の近くは落雷や倒木の危険があるので避ける
- がけ上、がけ下に近いところは崩れる危険があるので避ける。特に地震の避難では注意する
- テント下に厚めのシートを敷いて冷えや湿気を防ぐ。テントとシートは毎日干して乾燥させる
- ロウソクや蚊取り線香など、テント内で火を使うのはNG。ヒーター使用時は一酸化炭素中毒と火災に十分注意する

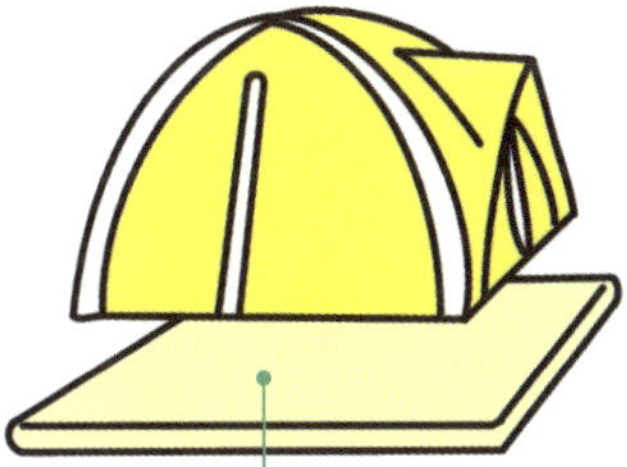
厚めのシートを敷く

＼ 備える知識 ／

エコノミークラス症候群の８つの対策

① 4～5時間ごとに外に出て散歩や運動をする
② こまめに水分を取る
③ 弾性ソックスを履く
④ 1時間ごとに3～5分、車の中でつま先とかかとの上下運動と深呼吸
⑤ ベルトや下着を緩め、ゆったりした服装をする
⑥ 血行が悪くなるので足を組まない
⑦ 不自然な姿勢で寝落ちしないよう、睡眠薬を飲まない
⑧ なるべく足を上げて寝る（座った状態で足を下げたまま寝ない）

出典：日本旅行医学会「車中泊の血栓症予防!」

25

避難生活中の運動

気分転換と体力維持のための運動レシピ

ストレッチや運動で気分転換

　被災すると、物資やトイレの不足、やることがない、気分が沈んでいるなどの理由から、できるだけ動かずにいようと思うことがあります。しかし、体を動かさない状態が続くとかえって心身に疲れがたまり、もっと動けなくなってしまいます。

　厚生労働省では、避難所での生活機能の低下を防ぐため、体を積極的に動かすことをすすめています。体を動かすことは、被災による心身へのダメージを和らげ、生活の質の低下を防ぎます。

　片づけや避難所運営に携わる人も、合間にストレッチをすると、筋肉痛やケガの防止になり、気分をリフレッシュさせる効果があります。

身体機能を維持して生活不活発病を防ぐ

生活不活発病は災害関連死のリスクになりやすいため、しっかり予防することが大切です。予防には体を動かすことが効果的です。

生活不活発病ってなに？

災害などがきっかけで動かない状態が続き、日常生活の動作や認知機能が低下する病気

どうやって予防する？

- **とにかく動く**
  日中は体を起こして過ごし、歩きにくくなっても杖を使うなど工夫する
- **避難所の体操プログラムに参加する**
- **普段使っている靴や杖を避難所に持っていく**
  避難所に車で運ばれた人が、いつも使っている杖や靴がないため体を動かすことに苦労した例も
- **動くことに目的や楽しみを持つ**
  「食堂まで歩いておしゃべりしよう」など、目的を決めるとよい

＼ 備える知識 ／

高齢者のフレイル予防運動も役に立つ

加齢により筋肉量や筋力が低下すると、心身が疲れやすく弱った状態（フレイル）になります。これを防ぐレジスタンス運動は、避難所でも有効です。

レジスタンス運動の例

かかと上げ運動

足を肩幅に開き、膝はのばしたままかかとを上げ、5 秒静止してから下ろす。立つと不安定なときは、いすの背などを持つ。

出典：公益財団法人長寿科学振興財団「レジスタンス運動の効果と方法 健康長寿ネット」

片づけの合間にストレッチ

ストレッチや運動をするときは、動かせる範囲で動作を大きく、自分のペースで動かすのがコツ。周囲の人やがれきなどに手足をぶつけないよう注意しましょう。

ストレッチ体操（3分間）

1

両手を頭上で組み、手のひらを天井に向けて背伸びをする

2

そのまま左右にゆっくり傾けて、体側をのばす

3

胸の前で組んだ両手を前方に押し出し、首を前に傾けながら肩甲骨をのばす

4

顔を上げ、顔と上半身を左右にひねる

5

後ろで両手を組んで胸をそらし、両手で腰を支えて上体をそらす

6

片足を前に出し、両手で太ももを押しながら足の裏をのばす（左右行う）

7

片足を前に出して膝を曲げ、ふくらはぎとアキレス腱をのばす（左右行う）

関節回しと屈伸体操（3分間）

1

両手を腰にあて、首をまわす。左右交互に4回行う

2

両手を組んで、手首を5回まわす。左右の足首を5回まわす

3

両足を揃え、両手を膝にあててまわす。左右交互に10回行う

4

両手を腰にあて、腰をまわす。左右交互に10回行う

5

両手を膝にあて、上下に10回以上屈伸する

6

片足は膝を軽く曲げ、反対の足を斜め前にのばして腰を落とす（左右行う）

7

直立姿勢から足を大きく開いて腰を落とし、重心をずらしながら片足を上げる（左右交互に10回行う）

8

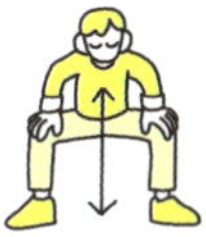

足を大きく開き、床と太ももが平行になるくらいまで腰を落とす（10回行う）

出典：東京防災・東京都防災ホームページ「体調管理と心のケア」

26

情報を集め、困りごとを適切に伝える

最新情報を確実に受け取るには

お知らせは避難所単位で周知される

国や自治体は、被災者がどこで避難生活をしていても支援を受けられるよう、計画やガイドラインを作成しています。しかし、災害直後は、まずは多くの人がいる避難所に、掲示や自治体の職員が説明する形で情報を発信することがほとんどです。そのため、**在宅避難や車中泊をしている人も、できれば毎日避難所に通い、積極的に情報を集めましょう。**

また、避難生活での困りごとを解決できる相談先を把握することも大切です。避難所にいる場合は、各種相談窓口や定例で行われる運営会議などが該当します。在宅避難であれば、近隣の避難所や役所などに相談窓口があるかを確認しましょう。

情報を積極的に取りに行く

避難所の掲示板やチラシには、行政からのお知らせのほかにも、生活道路の復旧状況や保育園の再開時期、地元商店の情報といった細かい情報が紹介されています。

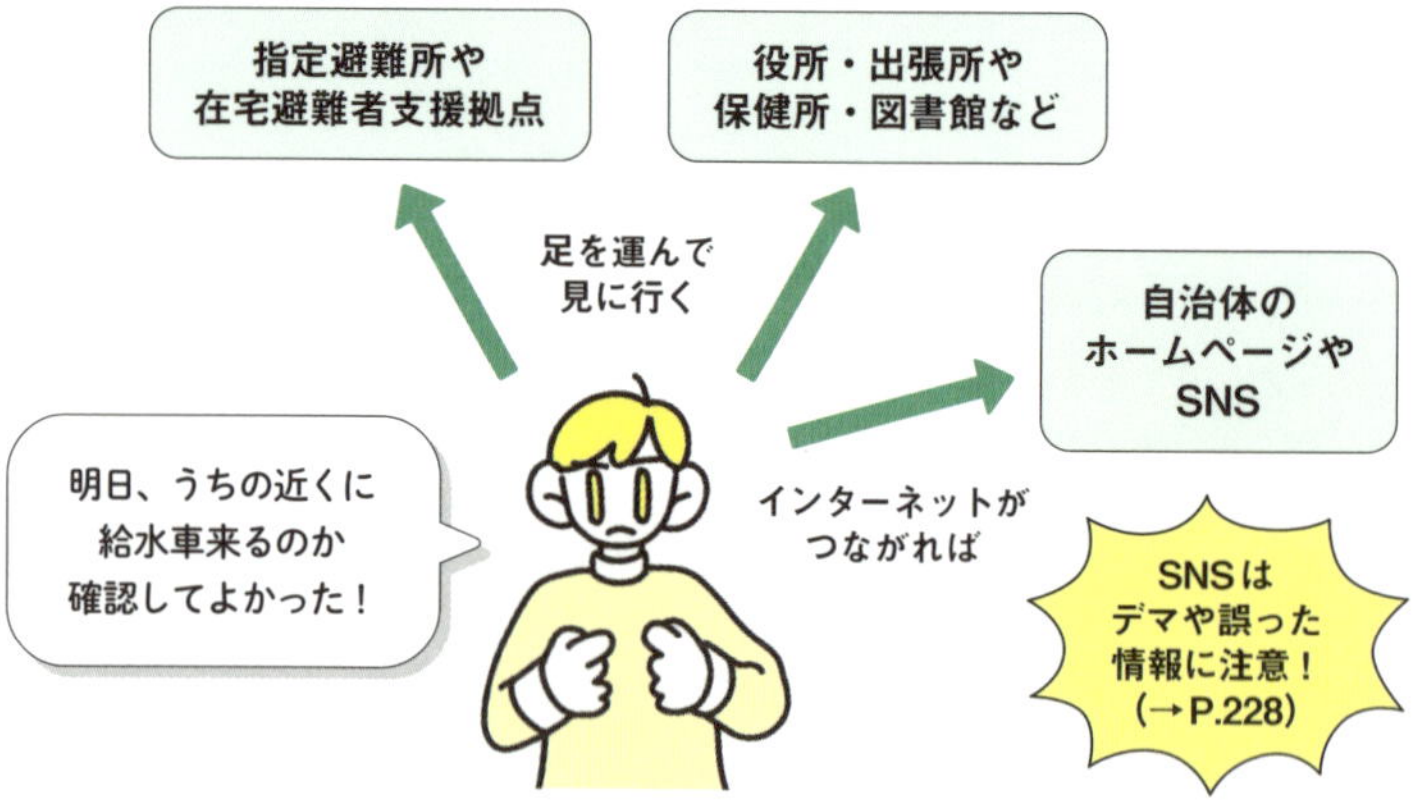

得られる情報の例

- 現在の被災状況
- 物資の配給、炊き出し、給水車の巡回
- 入浴支援
- 保健師や職員などの巡回訪問
- 1.5次・2次避難（→P.128）、福祉避難所（→P.124）の開設通知
- 罹災証明書（→P.176）などの書類手続き
- 地域の情報（お店の営業時間など）
- ボランティアに関する情報

注意！

被災直後の情報収集の注意点

被災直後は、行政も混乱しており、情報が錯《さく》綜《そう》している場合がある。複数の情報を比較する、口頭での説明はまず落ち着いて聞くなどを心がける。焦って職員に詰め寄っても、説明された以上のことは出てこないと心得て。

困りごとを伝えることでストレスを減らす

困っていること、不安に思っていることを解決できないまま避難生活を過ごすことは、健康被害につながります。避難先に応じて相談窓口を確認し、積極的に伝えていくようにしましょう。

避難所のミーティングで話し合う

- プライバシーや防犯対策について
- 避難所の清潔・衛生について
- 音や光が気になって眠れない
- 暑さや寒さ対策など

専門家に相談する

- メンタルケア
- 体調不良
- 被災後の生活再建、お金の悩みなど

在宅避難者、自主避難者の場合

- 避難所の窓口や災害ボランティアセンターなどで相談できる
- 自治体の職員のほか、保健師などによる健康やメンタル相談の訪問があることも
- マンションなどで複数の家庭が在宅避難している場合、共通の相談内容はまとめておく

例 高齢者が多く給水ステーションまで遠いので、近くまで給水車が来れないか

災害体験

在宅避難者への支援の遅れ

2019年
東日本台風

かなり昔から言われていたと思いますが、今回の災害でも、在宅避難をしている人へのサービスが行き届かないところがありました。被災した翌日、ご飯がないので避難所へ行ったら、「ここは避難所優先で配るから」と応じてもらえなかったり。

避難所に行けば、無料で入れてくれる温泉がある、旅館に泊まれるとか、何々のサービス券が配布されたなどのお知らせが手に入るのですが、在宅避難の人にはそれらの情報がなかなか来ませんでした。そこで私は、避難所にあるチラシをコンビニでコピーして、家で避難生活をしている方に配布するということもやっていました。

（70代 女性）内閣府「一日前プロジェクト」より

紙面の都合上、記載を一部編集しております。

27

防犯の心得

被災時こそ防犯を怠らない

災害時は防犯面のリスクも高まる

災害が発生したときは、自分の命を守る行動が最優先です。同時に、安全性も大きく低下していることから、犯罪にも気をつける必要があります。実際に、**避難中の家への空き巣、性犯罪やつきまとい、家族や子どもへの暴力などの犯罪が起こっており、2024年能登半島地震でも避難生活中に逮捕者が出ています。**

また、災害時は、通信の途絶・制限や道路の寸断などの状況から、110番が十分に機能しない事態が起こることも考えられます。自衛はもちろんのこと、集団で見回りをするなど被災者同士で協力し、地域を通じて犯罪対策を行い、未然に防げるようにしましょう。

災害時に起こる犯罪例

被災地で実際に起こる犯罪のほか、詐欺や悪徳商法などは被災地以外でも起こります。そのため、消費者庁などが、被災地以外の人々に向けて注意喚起を行っています。

災害時の防犯対策としてすべきこと

犯罪が起こらない環境づくりは早急に取り組まれるべきことですが、個人でもできる限りの対策をしておくことが大切です。

窃盗・空き巣・置き引きなどの対策

在宅避難時は

- ドアは施錠、窓も施錠
- 危険がない限り、2階の窓や浴室などの小窓も施錠
- 災害で壊れたドアや窓は、ビニールシートなどでふさぐ

避難所では

- 貴重品は抱いて寝る
- 荷物から離れるときは家族や信頼できる人に荷物番を頼む

避難所から自宅に帰宅したときは

- 家に入る前に、周囲に侵入の跡がないか確認
- 中に入ったらすぐ足跡や荒らされた跡がないか確認
- 帰宅はできるだけ複数人で行く。違和感があればすぐ通報

性犯罪・暴行の対策

自宅・避難所では

- 洗濯物で、忍びこみの目星をつけられるため、洗濯物を干す場所に注意する
- 露出の多い服装は避ける

外出するときは

- 人のいないところへは極力行かない
- トイレや入浴などは2人、できれば3人以上で行く
- 防犯ブザーや催涙スプレーを持ち歩く

子どもと過ごすときは

- 子どもが遊ぶときは、身内など知っている大人が見守る
- トイレも大人がついていく

詐欺・悪質商法の対策

- 「保険金で直る」は直接保険会社に確かめる
- 訪問して点検や修理を切り出す業者は、身分証などを確認し、少しでも怪しければ断る
- 義援金は、確かな団体を通して送る

注意！

被災地は犯罪が起きやすい

被災地では、どこにいても治安の維持が課題になる。支援者やボランティアのふりをして被災地に入る不審者がいたり、被災地外から窃盗団が入りこんだりすることも珍しいことではない。被災地の住民や避難所生活者同士で自警団を結成し、地域の消防団や警察の巡回と合わせて避難所や地域の見守り体制を強化することも必要。

過去の災害データ 3

令和元年東日本台風

暴風 大雨 高波 高潮 土砂災害

発生日時	2019年10月10日〜10月13日
場所	東日本太平洋側

何が起きた？

2019年10月6日に南鳥島近海で発生した台風第19号は、12日夕方に伊豆半島に上陸。関東地方を通過し、13日に日本の東で温帯低気圧に変わりました。1都12県に大雨特別警報が発表され、関東甲信地方、東北地方を中心に広い範囲で記録的な大雨となりました。多くの河川が氾濫し、広い範囲で浸水や土砂災害が起きたほか、東京都江戸川臨海で最大瞬間風速43.8mとなり観測史上1位を更新、東京都三宅島では潮位が230cm以上で過去最高となりました。この台風の影響で、停電が最大約52万戸、断水が最大約16.8万戸で発生しました。

千曲川の堤防が決壊し、浸水する周辺の住宅

自衛隊のボートで救出される住民

被害の規模

死者・行方不明者 108名　**全壊住宅** 3229棟

床上浸水 7524棟　**床下浸水** 2万1549棟

河川決壊箇所 国・県管理河川142カ所

土砂災害発生件数 952件（20都県）

※それまでの10年間で土砂災害が100件以上起きた台風8件の平均値は210件であり、令和元年東日本台風の土砂災害数は突出して多い

避難者数 最大23万7000人以上

防災キーワード

- **大雨特別警報**……「特別警報」は、警報発表の基準をはるかに超える気象現象により、重大な災害が発生するおそれが極めて高い場合に発表する。2013年8月30日から運用。令和元年東日本台風の大雨は12日15時30分から順次1都12県に発表された。
- **調整池**……大雨などで河川が氾濫しないように、雨水を一時的にためておく施設のこと。東日本台風では、各地域の治水施設が全面稼働。都心部で大規模な河川の氾濫や浸水被害は発生しなかった。
- **計画運休**……大型の台風や大雪などによる被害を未然に防ぐために、公共交通機関が事前に告知して運休すること。2014年の台風14号の接近に伴いJR西日本が行ったことで広く知られるようになり、東日本台風では鉄道・航空各社が大規模な計画運休を行った。

Chapter

4

日常を取り戻す！被災後の生活

被災後は、日常を取り戻すまでに
多くの困難が待ち受けています。
それを乗り越えるための、支援の制度や
仕組みをどのくらい知っていますか？
生活再建のために必要な知識を学びましょう。

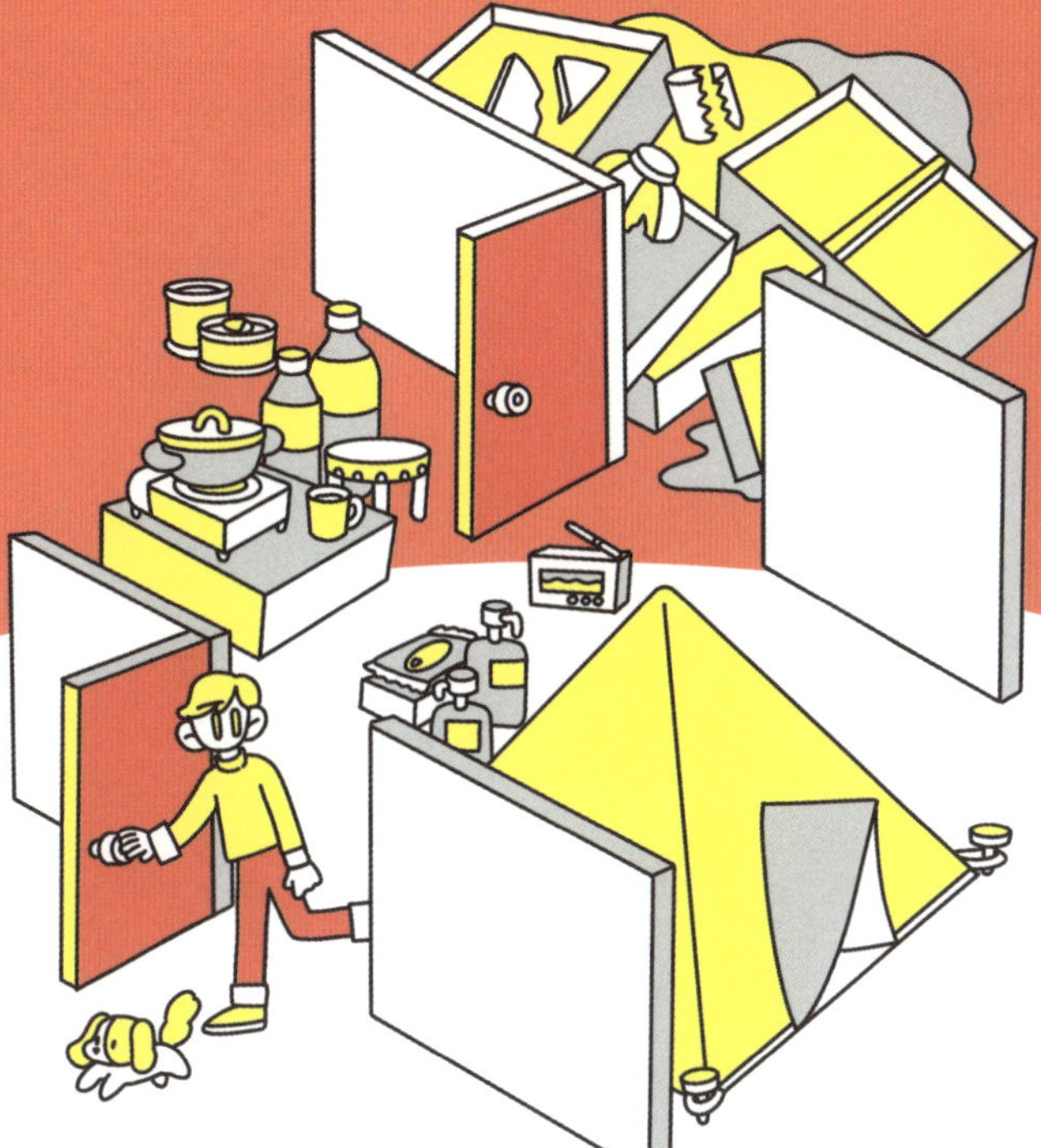

01

生活再建①

生活の基盤・自宅の再建

自宅の再建が生活を立て直す第一歩

災害で被害を受けたときは、何から手をつけたらいいかわからなくなるものです。

特に自宅に被害を受けた場合の選択肢をあらかじめ知っておくことは、実際に被災したときにいち早く再建に踏み出す手助けになります。**被災後はどこに住むのか、被害を受けた家に戻ることができるのか、それとも新たに探す必要が出てくるのかなど、被害の大きさや状況を想定し、検討しておくことが大切です。**

災害が大きくなると、自宅の再建まで10年かかるともいわれています。まずは、自宅の再建までの道のりがどのような流れになっているか、把握しましょう。

自宅の再建は何を優先するかで方向性を検討

被害の程度をはじめ、家族構成、仕事や学校、資金など、それぞれの世帯の状況によって、被災から自宅の再建まで優先すべきポイントが異なります。

● 自宅の再建で検討すべきポイント

- 家屋の被害の程度
- 家族構成
- 仕事や学業の再開
- 資金、金策
- 地域の復興との兼ね合い

左ページで自宅の再建の流れを見てみよう。

＼ 備える知識 ／

罹《り》災《さい》証明書で再建をすすめる

自宅の再建においてポイントとなるのは、「罹災証明書」の発行です。罹災証明書とは、市区町村が被災者からの申請を受けて、被災した家屋を調査し、被害認定を行い発行するものです。保険金の請求やさまざまな支援制度を受ける際に必要となります。発行までに時間がかかることもあるため、被災した場合はすみやかに申請しましょう。

被災後の自宅の再建の流れ

被災後の混乱のなか、生活の基盤である自宅の再建は大きな問題としてのしかかってきます。どのような選択肢があるのか把握しておきましょう。

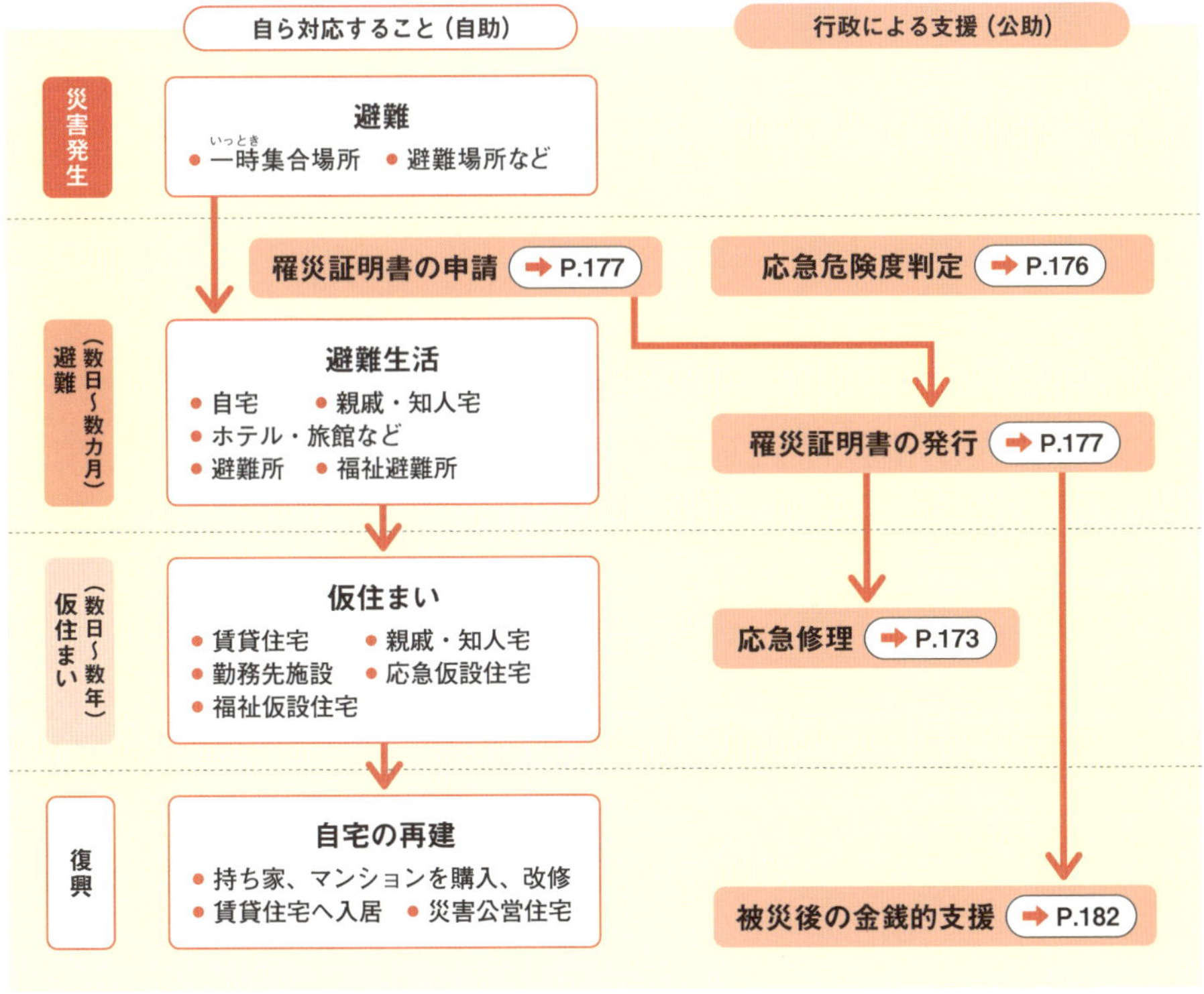

＼ 備える知識 ／

応急修理制度の活用

応急修理とは、災害により半壊、半焼の被害を受けた住居で、応急的な修理を自治体が行うことで、引き続き住むことを目的とします。

● **対象者**

(1) 以下の全ての要件を満たす者（世帯）

①原則、半壊または大規模半壊の被害を受けたこと

②修理した住宅での生活が可能と見込まれること※1

(2) 所得などの要件

半壊：前年の世帯収入が500万円以下の世帯※2

大規模半壊：所得要件はない

● **住宅の応急修理の範囲**

屋根、壁、床、トイレなど、日常生活に必要不可欠な部分

● **基準額**

1世帯あたりの限度額は54万7000円以内※2

● **応急修理の期間**

災害発生の日から1カ月以内に完了すること

※1 原則応急仮設住宅の入居者は除く（→P.178）

※2 世帯主が45歳以上の場合は700万円以下、世帯主が60歳以上の場合は800万円以下、世帯主が要援護世帯の場合は800万円以下とする。

02

生活再建②

家の補修のためにすべきこと

片づける前に被害状況を記録しておく

被災後は一刻も早く家の片づけや修復作業に取りかかりたくなるものです。しかしその前に、まずやっておきたい重要なことがあります。それは、「被害状況を写真で記録する」ことです。

写真に撮っておくことで、市区町村から罹災証明書を取得して支援を受ける際や、損害保険を請求する際などに役立ちます。行政側も調査中に写真は撮りますが、被災者が片づけ始めるタイミングで調査されるとは限りません。一度片づけてしまうと被災状況の証明が難しくなります。被害確認の点検ポイントを押さえ、小さな異常も見逃さずに写真で記録しておきましょう。

家の異常や破損状況を把握する

家の被害の状態を確認する際の点検ポイントを押さえておきましょう。異常や不具合が見つかった場合は、専門家に相談して詳しく調査をしてもらうことになります。

● 戸建て住宅の点検ポイント

- □ **建物周辺にぬかるんだ土がある**
  ➡雨が降ってもいないのに地面がぬかるんでいる場合、地中の給水管や排水管が破損して水漏れを起こしている可能性がある。
- □ **外壁の傾き、ひび割れやふくらみがある**
  ➡構造体が損傷している可能性がある。ひび割れなどから雨漏りが発生する可能性も。複数の大きなひび割れがある場合、建物が傾いてしまった可能性がある。
- □ **室内壁面に長いひび割れがある**
  ➡複数ある場合、その付近に大きな力が働いて損傷している可能性がある。
- □ **窓が動きづらくなった**
  ➡建物が変形している可能性がある。
- □ **床下が湿っぽくなっている**
  ➡給水管や排水管から水漏れしている可能性がある。

● マンション・アパートの点検ポイント

- □ **外壁に複数の大きなひび割れがある**
  ➡ひび割れのある外壁面に接した住戸は、それより下の階も含めて雨漏りに注意が必要。共用廊下の壁や天井も要チェック。
- □ **壁紙を直貼りしたコンクリート壁に長いひび割れが入った**
  ➡複数の住戸でひび割れがあった場合、棟単位で状況を調査する必要がある。
- □ **床下が湿っぽくなっている**
  ➡給水管や排水管から水漏れしている可能性がある。洗面台の下など、床下を確認できる箇所からチェックする。

※マンション・アパートの場合、共用部も含めて異常を管理組合や大家に連絡する。
出典：文部科学省「点検チェックリスト」

罹災証明・各種支援制度を使うための写真の撮り方

被害状況を写真で記録するときのポイントは、家の何割が被災したかがわかるように撮ることです。被害部分が含まれた「引き」の写真と、被害部分の「寄り」の写真を撮影します。

● 家屋外側の写真のポイント

- □ **なるべく4方向から撮る**
  - ➡カメラ・スマホなどで、建物の周囲4面を「引き」で撮影
- □ **浸水した場合は浸水の深さがわかるように「寄り・引き」で撮る**
  - ➡比較になる物を並べる、地面にメジャーをあてて計測の始点と目盛りがわかるようにして撮影
- □ **被害箇所ごとに「寄り・引き」をセットで撮る**
  - ➡家全体のどの部分なのかがわかるようにする

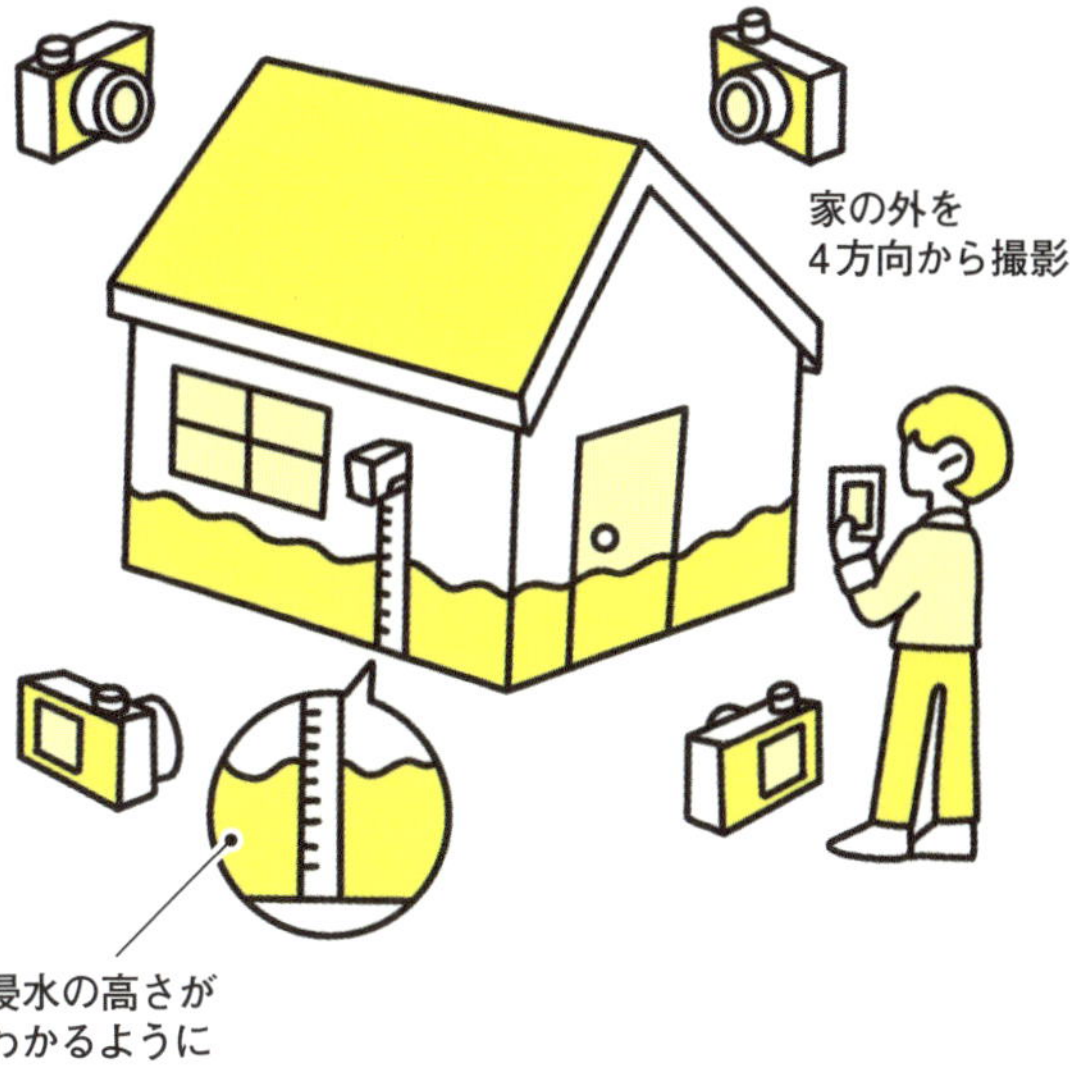

家の外を
4方向から撮影
浸水の高さが
わかるように

● 家屋内側の写真のポイント

- □ **被災した部屋ごとの全景を撮る**
- □ **被害箇所を「寄り」で撮る**
  - ➡被害箇所がわかるように指を差して撮影
- □ **その他撮影しておくとよい物**
  - ➡システムキッチンや洗面台などの住宅設備や家電など

被害を受けた箇所の
全体がわかるように
被災した
部屋ごとに
全景を撮影
被害箇所が
わかるように指を差す

自動車や物置、
農機具などの被害も
撮っておこう。

03

生活再建③

応急危険度判定と罹災証明書

住まいの被害状況を別々の角度から示す調査

住居の被害状況の指針として、応急危険度判定と罹災証明があります。

応急危険度判定は建物への「立ち入りの安全度」を判定するものです。判定結果を赤、黄、緑のステッカーで表示することで余震による倒壊の危険性などを示し、二次的災害防止のための注意喚起を目的としています。

罹災証明は「建物の被災の度合い」を証明するもので、被災者が受けられる支援や保険金金額などの判断に用いられます。

応急危険度判定は市区町村が実施しますが、罹災証明の調査は被災者の申請が必要です。調査は別々に実施されるため、判定結果は連動していないことを知っておきましょう。

応急危険度判定は在宅避難が可能かの判断に

応急危険度判定は、余震があっても建築物を引き続き使用できるかを判定するために市区町村が実施し、調査は認定を受けた建築技術者がボランティアで行います。

● 危険度のレベル

要避難	危険（赤紙）	 ※「危険」判定＝「全壊」ではない	**判定の意味** 何らかの措置・対策がないまま立ち入ることは危険。危険要因を除去すれば、立ち入り可能となる場合も。 **判定例** ● 既に倒壊している　● 倒壊の危険性がある ● 瓦や外壁の落下の危険がある ● 建物に問題はないが、隣家や塀が倒れかかっている　など
要避難	要注意（黄紙）	 ※「要注意」判定＝「半壊」ではない	**判定の意味** ただちに危険を及ぼすものではないが、強い余震などで危険性が増す可能性があり、立ち入りには注意を要する。 **判定例** ● 基礎に亀裂が生じた建物 ● 建物のたわみや土台のズレがある　など
	調査済（緑紙）		**判定の意味** 上記2種のいずれにも該当せず、建物の継続使用に問題がないもの。 **判定例** ● 外見上特に安全性に問題がない

出典：一般財団法人 日本建築防災協会「全国被災建築物応急危険度判定協議会」

罹災証明書は建物の被害の程度を認定する

罹災証明書は災害や火災で住まいが被害を受けたときに、保険金の請求やさまざまな支援制度を利用する際に必要な「建物の被害状態」を証明するものです。被災者の申請を受け、行政職員が調査を行います。

● 申請から支援までの流れ

市区町村へ申請する

役所で申請書をもらうか、ホームページからダウンロードし、居住者または所有者が申請する。申請に必要な物は自治体によって異なるが、印鑑と身分証明書など。

被災証明書とのちがい

● **罹災証明書**
対象：住居（空き家含む・自治体によっては農業用施設や設備も含む）
内容：被害の程度を詳細に記載し、支援制度の申請などに必要

● **被災証明書**
対象：店舗・工場・車・家財など（空き家含む）
内容：被災の事実を証明するもので、被害の詳細な評価は含まれない

被害状況を写真に撮っておく

➡ P.175

大規模災害では、災害の発生から被害認定調査の開始までに1週間以上、罹災証明書の発行までには1カ月以上かかることもあるため、片づけの前に被害状況の詳細を写真に撮っておくことが大切。

調査は2回まで申請できる

調査結果に不満がある場合、再調査を申請できる。ただし、市区町村によっては、2回目のほうが判定が下がる場合があるが、そちらが優先されることもあるので、申請前に確認すること。

申請期限に注意

罹災証明書の申請は、被災から1カ月以内、3カ月以内、半年以内など期限が決められている。大規模災害では期限が延長されることもあるが、早めに申請すればその後の手続きもスムーズ。

被害認定の調査

市区町村の担当者が住居の被害程度を調査（被害認定調査）。建物の外から「全壊・大規模半壊・中規模半壊・半壊」などを判断する。

罹災証明書の発行

発行されたら、各種の支援や給付に活用する。

➡ P.180

応急危険度判定の
判定結果が「危険」でも、
罹災証明書で「全壊」などに
認定されるとは限らないよ。

04

生活再建④

住む場所を確保する

最終目標は恒久的な住まいを得ること

災害が起きた都道府県では、「災害救助法」に基づいて、自らの資力では住まいを得ることができない被災者に対して無償で入居できる「応急仮設住宅」を提供しています。入居期間は原則として2年間です。

一方、応急仮設住宅は完成までに時間がかかったり、元の居住地から離れた場所に分散していたりというデメリットがあります。そのため、自力で仮住まいを確保する人も少なくありません。

応急仮設住宅に入居するにしても自力で確保するにしても、**最終的には恒久的な住まいを得て、発災前と同様の自立した生活を送ることを目指します**。

応急仮設住宅で一時的な住まいの安定を図る

被災者に対し、都道府県が一時的な住まいを提供します。応急仮設住宅には「建設型応急住宅・賃貸型応急住宅・既存公営住宅」があります。

● 応急仮設住宅の供与基準

	建設型応急住宅	賃貸型応急住宅	
対象者	住家が全壊、全焼または流出し、居住する住家がない者で、自らの資力では住宅を得ることができない者[※1※2]	住家が全壊、全焼または流出し、居住する住家がない者で、自らの資力では住宅を得ることができない者[※1※2]	応急修理をする被災者のうち、修理期間が1カ月を超えると見込まれ、自宅が半壊以上の被害を受け、他の住まいの確保が困難な者
費用の限度額	1戸当たり平均677万5,000円以内	地域の実情に応じた額（実費）	地域の実情に応じた額（実費）
着工時期	災害発生の日から20日以内	災害発生の日から速やかに提供	—
救助期間	完成の日から最長2年[※3]（建築基準法85条）	最長2年[※3]（建設型応急住宅と同様）	災害発生日から原則6カ月（修理完了後は速やかに退去。6カ月経過後は応急修理制度は利用不可となる）

※1　「半壊」でも、水害により流入した土砂などで住宅として利用できない場合は、内閣府と特別協議を図る
※2　二次災害で被害を受ける恐れがある、ライフラインが途絶している、避難指示を受けているなどで長期にわたり自らの住居に居住できない場合は、内閣府と特別協議を図る
※3　著しく異常かつ激甚な災害が発生した場合は、必要に応じて1年を超えない期間ごとの延長が可能

出典：内閣府防災情報「2応急仮設住宅の供与」

被害状況と再建の意向から支援制度を選ぶ

恒久的な住まいを再建するために、さまざまな支援制度があります。持ち家の建て替え・取得でも賃貸住宅へ入居する場合でも、支援があることを知っておきましょう。

● 住まいの被災状況と再建の意向から活用できる主な支援制度

住まいの被害状況・再建の意向	活用できる支援制度
住まいを建て替えたい・取得したい	被災者（個人・個人事業主）の債務整理支援 ― 独立行政法人住宅金融支援機構の融資（災害復興住宅融資） ― 被災者生活再建支援制度
住まいを補修したい	災害援護支援金等の貸付 ― 独立行政法人住宅金融支援機構の融資（災害復興住宅融資） ― 被災者生活再建支援制度
宅地を直したい	被災者生活再建支援制度
民間賃貸住宅に移転したい	セーフティネット登録住宅への入居 ― 被災者生活再建支援制度
公共賃貸住宅に移転したい	公営住宅への入居 ― 特定優良賃貸住宅等への入居 ― 地域優良賃貸住宅への入居
応急的に住宅を修理したい	住まいの被害の拡大を防止するための緊急の修正（ブルーシートの展張） ― 日常生活に必要な最小限度の部分の修理（住宅の応急修理）

出典：内閣府「被災者支援に関する各種制度の概要」

※全壊、大規模半壊、中規模半壊、半壊等被害程度を証明するものとして「罹災証明書」があります。

注意！

支援制度は複雑でわかりにくい

自宅の再建はさまざまな法律・制度が関係していて複雑です。自分だけで全て解決しようとせず、ボランティアや、自治体と連携している専門家の団体等が設置する相談窓口を積極的に利用しましょう。

＼ 備える知識 ／

応急仮設住宅への引っ越し費用

引っ越し費用や、入居中の光熱水費・共益費・自治会費は自己負担となります。「令和6年（2024年）能登半島地震被災者生活再建支援制度（石川県）」による給付金は使いみちが限定されないため、引っ越しや新規購入物品の費用にあてることができました。なお、避難先から地元へ帰還する際の引っ越し費用については、補助金を交付する自治体もあります。

出典：内閣府「被災者の住まいに関する相談・情報提供マニュアル」

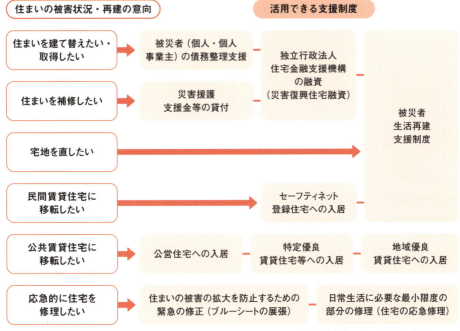

05

経済的な支援①

生活再建の金銭的な支援制度

被災後に必要なお金と平時から向き合う

生活再建には、壊れた家の建て直しや修理、家財の買い替え、仮住まいの費用など、まとまったお金が必要になります。「被災後は国から援助が出るし、何とかしてくれる」という考えでいると、思わぬ苦労をするかもしれません。支援は一人ひとりのすべての被害額を賄なえるものではなく、あくまでも生活再建の補助と考えましょう。

平時から、住まいを持つ際には被災時に給付や減免の特約のある保険・住宅ローンを選んだり、地域の防災事情を調べたりといった備えが必要です。災害時に支援を最大限活用できるよう、制度の基本を知っておきましょう。

被災後に活用できる主な生活再建支援制度

国は被災者の生活再建を支援するため、「経済（生活）」「住まい」「中小企業・自営業」などに対し、さまざまな支援制度を策定しています。

● 主な生活再建支援制度

状況	受けられる可能性がある制度	申請方法
家族が死亡した	• **災害弔慰金**（経済：給付）（→P.182）	災証明書・必要書類を持って市区町村窓口へ
負傷や疾病による障害が出た	• **災害障害見舞金**（経済：給付）（→P.182）	罹災証明書・必要書類を持って市区町村窓口へ
当面の生活資金や生活再建の資金が必要	• **被災者生活再建支援金**（経済：給付）（→P.182） • **災害援護資金**（経済：貸付）（→P.179）	罹災証明書・必要書類を持って市区町村窓口へ
税金の減免を受けたい	• **所得税の雑損控除**（経済：控除） • **所得税の災害減免**（経済：減免）（→P.183）	➡確定申告時に雑損控除と比べて有利なほうを選べる
住居を再建したい	• **災害復興住宅融資**（住まい：貸付）	罹災証明書・必要書類を独立行政法人住宅金融支援機構へ
仕事を再開したい	• **公共職業訓練** • **求職者支援訓練** • **職業訓練の受講**（経済：給付・還付、サービス）	雇用保険が受けられない人 ➡全国のハローワークに相談
学校に復学したい	• **日本学生支援機構の緊急・応急の奨学金**（経済：貸付） • **国の教育ローン災害特例措置**（経済：金利引き下げ等）（→P.187）	必要書類を持って学校に相談・申請 株式会社日本政策金融公庫（沖縄振興開発金融公庫）に相談
事業を再開したい	• **災害復旧貸付**（中小：貸付） • **中小企業・農林漁業者への融資制度**（中小：貸付）（→P.183）	株式会社日本政策金融公庫（沖縄振興開発金融公庫）に相談

※経済は「経済・生活の支援」を、住まいは「住まいの確保・再建の支援」を、中小は「中小企業・自営業の事業再建の支援」を指します。

公的支援だけでは生活再建は難しい

公的支援は応急処置的なものが多く、受給にも条件があることがほとんどです。事前にできる限りの対策をしておく必要があります。

● 住宅「全壊」被害からの再建にかかる費用と不足分を補う対策の例

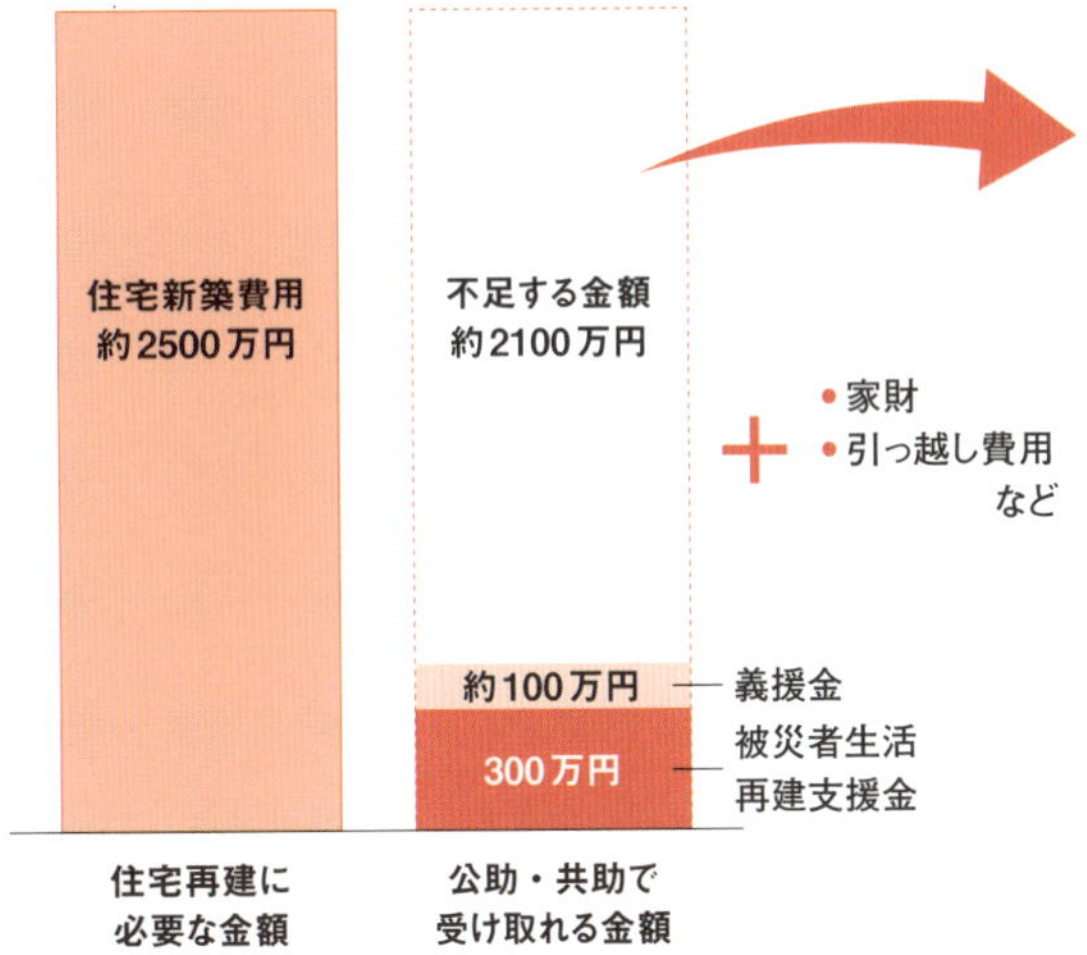

※東日本大震災の一例

事前の対策で不足分に備える

地震保険に入る

地震や噴火、地震による津波・火災などを原因とした損害を補償するもので、建物と家財を対象とし、全損で地震保険金額の100％が支払われる（→P.184）

住宅ローンを選ぶ

自宅が全壊・半壊したとき、一定期間返済が免除される特約のついたもの

被災ローン減免制度

被災により住宅ローンが返済できない場合、減免制度が利用できる

災害リスクの低い土地

家を建てるときに災害リスクを調べ、リスクの低い土地を検討する（→P.76）

地震保険は火災保険と
セットで加入。
単独では加入できないよ。

出典：内閣府「防災情報のページ」

＼ 備える知識 ／

被災ローン減免制度って？

被災ローン減免制度は、被災者のための住宅ローンなどの減免制度です。最大500万円の現預金、被災者生活再建支援金、義援金など、一定の財産を手元に残して債務整理をすることができます。法律上の破産手続きとは異なり、個人信用情報（ブラックリスト）に登録されないため、新たな借り入れに影響しない、原則として保証人への支払請求がないことが特徴です。

● 債務免除・減額の例

Aさん（男性）：自宅が半壊、応急仮設住宅に入居。
収入が減少し、返済が困難になる恐れがある。

制度成立前の負債残高

住宅ローン　負債残高：800万円

預貯金300万円　義援金100万円　被災者生活再建支援金100万円
土地（300万円）

↓ **制度後**

制度成立後の債務免除結果

住宅ローン　負債残高：300万円　免除額：500万円

預貯金300万円　義援金100万円　被災者生活再建支援金100万円
土地（300万円）

住宅ローン500万円分の免除を受け、生活再建に必要なお金と土地を残し、土地の価格相当額300万円分を分割返済することにした。

※利用には一定の要件があるため、ローンを組んでいる金融機関に問い合わせてみましょう。

06

経済的な支援②

被災後には金銭的支援がある場合も

金銭的支援の方法は給付と貸付

被災した人への公的な支援金は、主として人的被害に対する物と、生活再建に対する物があります。また、税金や公共料金などの減免、貸付金利の引き下げといったかたちの支援もあります。

人的被害への支援である「災害弔《ちょう》慰《い》金」「災害障害見舞金」、そして生活再建支援の「被災者生活再建支援金」は、給付型の支援金です。そのほかの生活再建支援は、「貸付（融資）」になります。貸付には一定の要件がありますが、通常のローンなどよりも低金利だったり、償還期間が長く取られていたりと、被災者が無理なく返済することができる仕組みになっています。

人的被害と生活再建に対する給付型支援金

災害によって亡くなったり、障害を負ったりした人が家族にいる場合、「災害弔慰金」「災害障害見舞金」が支給されます。

	金額	対象者
災害弔慰金 1市区町村で住居が5世帯以上滅失した自然災害が対象	●生計維持者が死亡 500万円 ●その他の者が死亡 250万円	●災害で亡くなった人の配偶者、子、父母、孫、祖父母 ●いずれもいない場合は死亡した人と同居、または生計を同じくしていた兄弟姉妹
災害障害見舞金 1市区町村で住居が5世帯以上滅失した自然災害が対象	●生計維持者が重度の障害を受けた 250万円 ●その他の者が重度の障害を受けた 125万円	●重度の障害（両眼失明、要常時介護、両上肢ひじ関節以上切断、両下肢膝関節以上切断等）を受けた人
被災者生活再建支援金 10世帯以上の住宅全壊被害が発生した市区町村がある等の自然災害が対象	〈基礎支援金〉 ●自宅全壊など 100万円 ●大規模半壊 50万円 〈住宅再建方法に応じた加算支援金〉 ●建設・購入 200万円 ●補修 100万円 ●賃借（公営住宅以外） 50万円	●災害により居住する住宅が全壊するなど、生活基盤に著しい被害を受けた世帯 ●被災地に住んでおらず、所有する空き家、別荘、他人に貸している物件などだけが被害を受けた場合は対象外 ●中規模半壊の場合、基礎支援金はないが、加算支援金は半額程度支給される ●1人世帯は金額が4分の3になる

＼ **備える知識** ／

情報は逃さず注意を払う

さまざまな支援を受ける際に必須の罹災証明書をはじめ、公的支援制度の利用には、被災者からの申請が必要なことが大半です。申請受付の開始は、避難所や役所への掲示、自治体のサイトへの掲載、自治体職員からの説明などで知らされるため、逃さないようにしましょう。

税金の減免制度で生活にかかるお金を抑える

住宅や家財に損害を受けた場合、災害減免法によって被害を受けた年の所得税の軽減や免除※1、国民健康保険料や介護保険料、国民年金、各種生活インフラの料金の減免や控除※2があります。

● 所得税の減免

	その年分の世帯合計所得金額	所得税の軽減額
損害の程度が住宅または家財の価格の2分の1以上の場合	500万円以下	全額免除
	500万円超750万円以下	2分の1軽減
	750万円以上1000万円以下	4分の1軽減
	1000万円以上	減免なし

※1　所得税、確定申告の際に災害減免法による所得税の減免か、雑損控除かどちらか有利な方法を選べます。
※2　国民健康保険料や介護保険料の減免については市区町村に、各種生活インフラ料金の減免については各機関の窓口に相談しましょう。国民年金保険料の減免については日本年金機構のホームページより申請書がダウンロードできます。

自営業者は事業再開のための融資を受けられる

被災した中小企業、自営業、農林漁業者に対する資金貸付の制度があります。被災者の事業再開は、生活再建を支えると同時に、地域の復興にもつながります。

● 中小企業・自営業への支援

対象	支援制度	支援内容
中小企業者	● 災害復旧貸付	指定災害により被害を受けた中小企業や小規模事業者に対して、事業復旧のための運転資金および設備資金を融資する制度。一般の融資より返済期間や元金の据置期間が長い。
農林漁業者	● 株式会社日本政策金融公庫による資金貸付 ● 天災融資制度	災害により被害を受けた農林漁業者等に対する各種の資金貸付。農林漁業経営の再建資金、施設（農地、林道、漁港など）の復旧資金、その他さまざまな資金の貸付を行っている。

＼ 備える知識 ／

事業再開のためにはまずは相談を！

被災して融資を受けたいとなったら、まずは日本政策金融公庫や商工組合中央金庫などの窓口に相談しましょう。また、融資を受けるための信用保証も、通常の保証限度枠とは別枠で申請できるので、住所地の都道府県等の信用保証協会に相談してみましょう。

通常よりも低金利で
事業資金を
融資してもらえるよ。

経済的な支援③

生活再建を助ける地震保険

官民協同で地震による損害を補償

地震保険は、「地震・噴火・津波を原因とする、火災・損壊・埋没・流失による損害を補償する保険」です。大地震発生時は多額の保険金の支払いが発生するため、民間の損害保険会社の負担を政府が分担して引き受ける「官民共同の保険」として、地震保険制度がつくられました。

地震保険で補償される対象は建物と家財です。賃貸物件の場合、入居者は建物に対しては保険をかける必要はありませんが、所有する家財に関しては保険契約をする必要があります。家財のうち補償対象は、家電製品や家具類です。30万円を超える貴金属や絵画、宝石、骨董品などは対象外のため注意が必要です。

地震保険の加入率は徐々に増えている

地震保険の付帯率と世帯加入率を見ると、付帯率・世帯加入率とも毎年着実に増加しています。

地震保険の付帯率

地震保険の世帯加入率

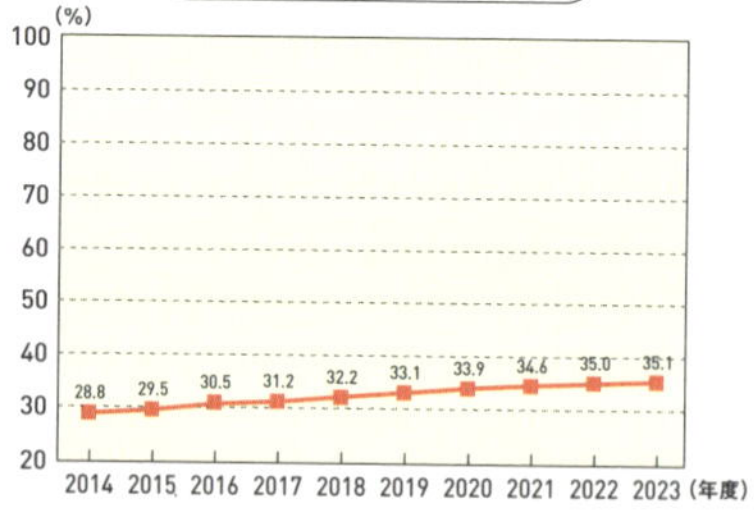

出典：損害保険料率算出機構「2023年度　地震保険付帯率・世帯加入率」

2023年度の段階で、火災保険契約者のうち約7割が、地震保険を契約しているね。

付帯率とは

当該年度に契約された火災保険契約件数のうち、地震保険を一緒に契約した件数の割合のこと。地震保険は、火災保険でカバーできない損害を補償する保険のため、必ず火災保険とセットで加入することになっている。

世帯加入率とは

全世帯に対してどの程度の世帯が地震保険を契約しているか計算したもの。地震保険の普及度合いを示す指標。

建物や家財の損害程度で補償金額が決まる

保険金をできるだけ早く、公正に支払うため、建物や損害の状況は「全損・大半損・小半損・一部損」4つの区分で判定するようになっています（2017年1月以降の契約より）。損害の程度は各保険会社が判断します。

● 地震が起きたときに支払われる保険金

	被害の状況		支払われる保険金
	建物	家財	
全損	基礎・柱・壁などの損害額が建物の時価の **50%以上**	家財の被害額が家財の時価の **80%以上**	契約金額の **100%**
	焼失・流出した部分の床面積が建物の延床面積の **70%以上**		
大半損	基礎・柱・壁などの損害額が建物の時価の **40～50%未満**	家財の被害額が家財の時価の **60～80%未満**	契約金額の **60%**
	焼失・流出した部分の床面積が建物の延床面積の **50～70%未満**		
小半損	基礎・柱・壁などの損害額が建物の時価の **20～40%未満**	家財の被害額が家財の時価の **30～60%未満**	契約金額の **30%**
	焼失・流出した部分の床面積が建物の延床面積の **20～50%未満**		
一部損	基礎・柱・壁などの損害額が建物の時価の **3～20%未満**	家財の被害額が家財の時価の **10～30%未満**	契約金額の **5%**
	全損・大半損・小半損に至らない建物が **床上浸水**		

＼ 備える知識 ／

火災保険にしか入っていない場合

これまで火災保険にしか入っていない場合も、地震保険は火災保険を解約せずに追加で加入することができます。政府が一定の制約を設けているため、地震保険の保険料や補償内容はどの保険会社で加入しても同じです。

注意！

保険と罹災証明は判定が異なることも

保険会社の調査は、罹災証明の被害認定調査と同じ時期に行われることが多いが、保険会社は独自の判定基準で判断するので、罹災証明書とは必ずしも一致するわけではない。

保険証書が手元になくても
本人確認ができれば
保険金受け取りの
手続きができるよ。

08

経済的な支援④

子どもの就学が困難になったら

災害時に受けられる教育関連の支援

被災による家計の急変で学業が続けられなくなった場合や、学校が被災した場合の就学や転校のための費用など、緊急・応急の奨学金の貸与や給付制度があります。また金銭的な理由で小・中学校の就学が困難な児童・生徒の保護者を対象として、必要な学用品費や通学費、学校給食費などを援助する「小・中学生の就学援助措置」もあります。授業料の減免や学用品の現物給与なども行われます。これらの支援は、通学している学校も相談や申請の窓口になることを知っておきましょう。

また、ひとり親家庭向けの児童扶養手当等には災害時の特別措置があります。

予期せぬ収入の減少は家計急変世帯として申請

これまでは一定の収入があり、市区町村民税（均等割）を払っている世帯でも、災害で直近の収入が減少したりなくなったりしたら、支援の申請をすることができます。

● 就学・復学のための主な支援

	制度名	内容	対象・窓口
特別支援学校	特別支援学校等への就学奨励事業	就学に必要な費用の援助（給付・還付／現物支給・現物貸与）	対象：経済的な理由で就学が困難となった幼児、児童、生徒の保護者等 窓口：都道府県、市区町村、学校
小・中学校	小・中学生の就学援助措置		対象：経済的な理由で就学が困難となった児童、生徒の保護者 窓口：都道府県、市区町村、学校
高等学校	高等学校授業料等減免措置	授業料等の徴収猶予、または減額、免除	対象：経済的な理由で授業料等の支払いが困難となった生徒 窓口：都道府県、市区町村、学校
	高等学校等就学支援金（家計急変支援）	授業料給付	対象：家計が急変した世帯の生徒 窓口：都道府県、学校
	高校等で学び直す者に対する修学支援		
	高校等専攻科の生徒への修学支援		
	高等教育の修学支援新制度（家計急変支援）	授業料等の減額、免除、または奨学金の給付	対象：家計が急変した世帯の生徒 窓口：授業料等減免：学校 給付型奨学金：学校、日本学生支援機構奨学金相談センター
	高校生等奨学給付金	授業料以外の教育負担を軽減、給付	対象：家計が急変した世帯の生徒 窓口：都道府県、学校
大学	大学等授業料等減免措置	大学、短期大学、大学院、高等専門学校の授業料等の減額、免除	対象：家計が急変した世帯の学生 窓口：学校

奨学金をはじめ災害時には特別措置がある

日本学生支援機構の貸与型奨学金（緊急採用・応急採用）は、災害による家計の急変に限らず、広く家計が急変した場合に申請できます。

● 復学の支援

制度名	内容	対象・窓口
日本学生支援機構の貸与型奨学金（緊急採用・応急採用）	新規貸与のみ	**貸与条件：** 災害救助法適用地域に居住している世帯 家計急変が「進学前」：進学後３カ月以内に申し込む 家計急変が「進学後」：家計急変が発生してから１年以内に申し込む **窓口：**学校
JASSO災害支援金	10万円給付	**貸与条件：**住宅が被災した学生 **窓口：**学校
児童扶養手当等の特別措置	所得制限を解除し、全部支給	**貸与条件：**障害者・障害児のいる世帯、児童扶養手当受給者世帯 **窓口：**市区町村
国の教育ローン災害特例措置	新規貸与 貸付利率の引き下げ、所得制限の一部緩和、返済期間の延長等	**貸与条件：**罹災証明書の提出 **窓口：**株式会社日本政策金融公庫

＼ 備える知識 ／

収入額の確認に必要な書類

家計急変世帯に相当するかどうかは、年収見込額（その年の1月以降9月までの任意の1カ月収入×12倍）が、住民税均等割非課税相当に減少したかどうかで判定されます。判定基準は市区町村によります。収入額が確認できる書類（給与明細、帳簿の写し等）、身分証明書、振込先確認書類などが必要です。

被災学生・受験生に対して、独自の支援を行っている大学もあるので、ぜひ確認を！

令和6年能登半島地震での支援の一例。
・入学検定料免除（受験生向け）
・心の相談窓口開設（在学生向け）
・就職活動支援（在学生向け）

災害実例

2024年能登半島地震の学用品給与の例

● **学用品の給与について（災害救助法）**

今回の災害で学用品の喪失または損傷により就学上支障のある児童生徒を対象に学用品を支給します。

給与の対象　以下のいずれにも該当する方。
・災害救助法の適用を受けた市町で、住家が全壊、全焼、流出、半壊、半焼または床上浸水した方（罹災証明の写しの提出が必要）
・実際に学用品がなく、就学に支障を生じている方

給与の内容　以下を現物で支給します。
・教科書及び正規の教材　・文房具
・通学用品（運動靴、体育着、傘、長靴など）

出典：石川県教育委員会「県立学校における学用品の給与について」

09

復興対策

被災後の地域復興

防災性の高い安全安心な地域へ

発災後、行政は住民の生命や財産を守るための「応急・復旧対策」に力を入れると同時に、地域を再建するための「復興対策」にも取り組みます。多くの場合、**ただ元通りにするのではなく、経験した災害を踏まえて「被災を繰り返さず、活力のある地域」にすることを目指します。**

地域復興は被災直後から始まりますが、大規模な災害であるほど、本格的な復興の着手までは時間がかかります。被害の大きい地域では、個々の無計画な再建築によって防災対策のない地域に戻ってしまうことがないよう、建築制限を課すこともあります。したがって、復興には住民の全面的な協力が重要になります。

円滑な復興には地域の協働が不可欠

復興計画は行政が立てても、実際に地域を復興させるためには個人をはじめとするさまざまな関係者が、互いに連携して力を発揮することが不可欠です。

● 住民主体の復興と公助による支援

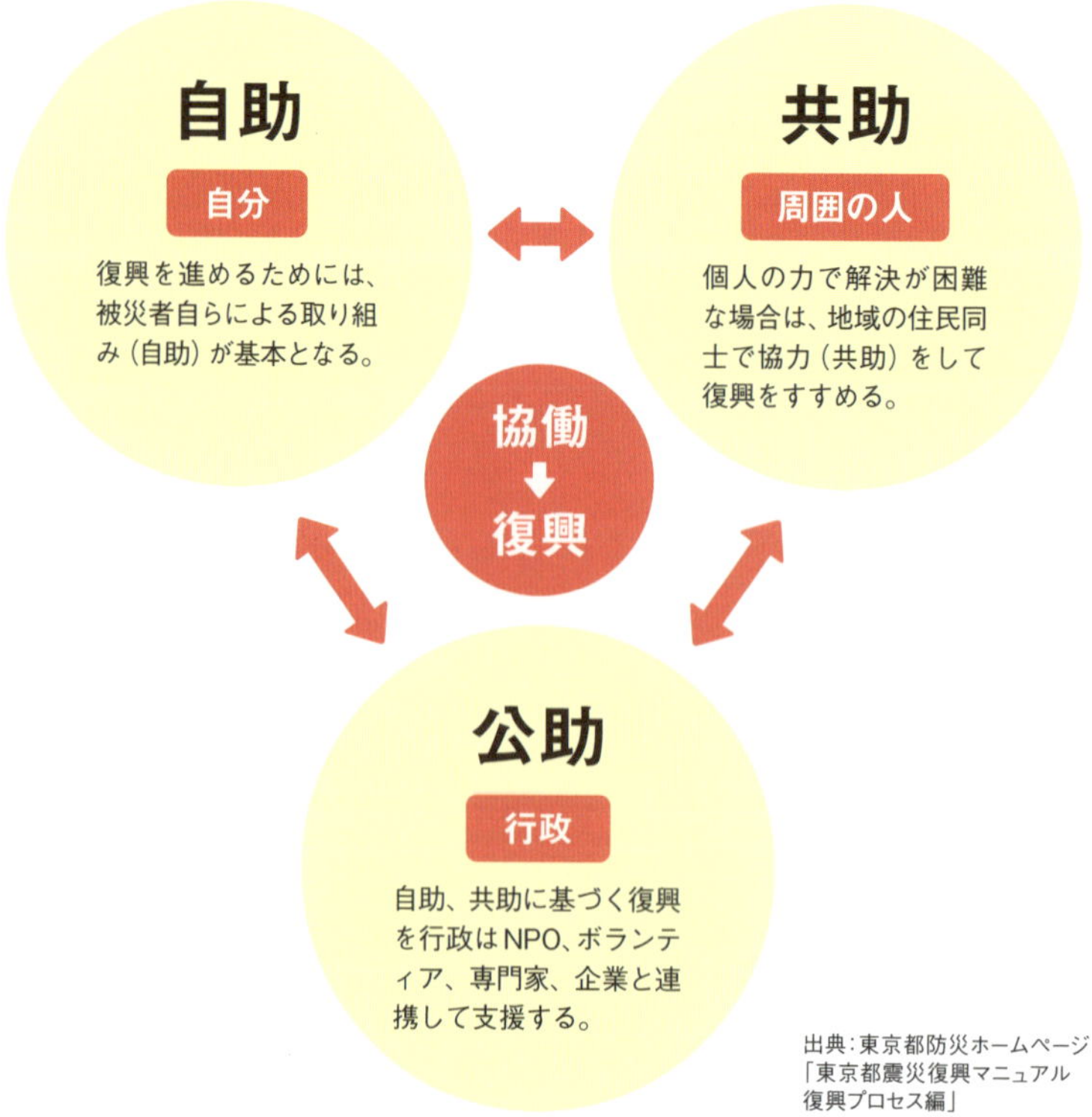
自助
自分
復興を進めるためには、被災者自らによる取り組み（自助）が基本となる。
共助
周囲の人
個人の力で解決が困難な場合は、地域の住民同士で協力（共助）をして復興をすすめる。
協働
復興
公助
行政
自助、共助に基づく復興を行政はNPO、ボランティア、専門家、企業と連携して支援する。

出典：東京都防災ホームページ「東京都震災復興マニュアル復興プロセス編」

まちの復興は2年以上続くことも

被災直後から行政は被害概況調査を行うなどして復興基本方針を立てていきます。そして住民と合意形成を図りながら、復興事業を進めていくことになります。

● 地域復興の流れ（東京都大田区のプラン例）

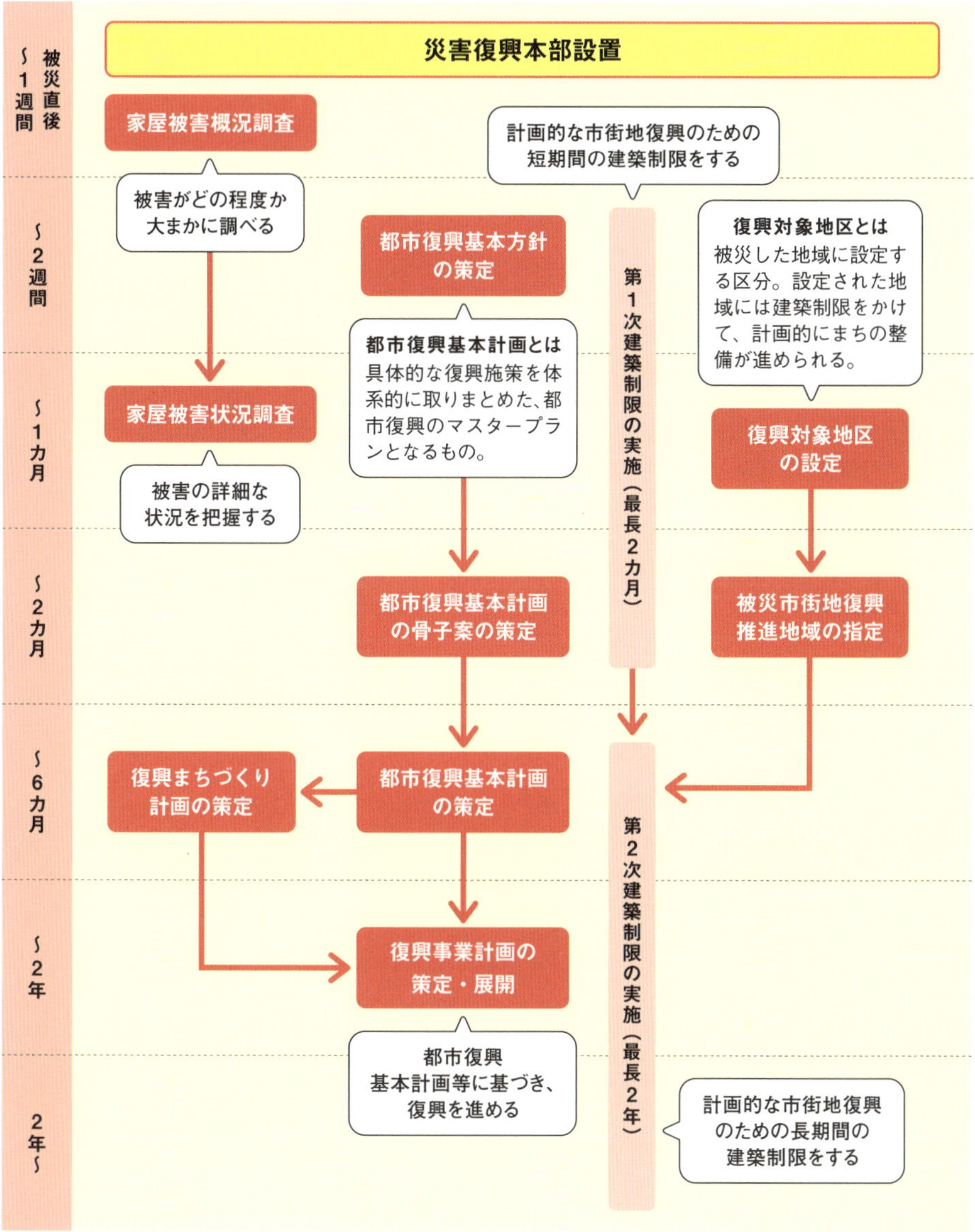

出典：大田区「大災害を乗り越えるまちづくり〜一日も早い復興のために知っていただきたいこと〜」

過去の災害データ 4

伊《い》豆《ず》山《さん》土砂災害

土砂災害

発生日時	2021年7月3日　10時30分頃
場所	静岡県熱海市 伊豆山地区

何が起きた？

2021年6月末から日本付近に停滞した梅雨前線の影響により、静岡県熱海市では降り始めからの総雨量が7月3日までの4日間で432.5mmに達し、平年の7月の降水量をすでに上回っていました。気象庁は2日6時29分に大雨警報、12時30分に土砂災害警戒情報を発表。翌日10時30分頃、逢初《あいぞめ》川上流部（海岸から約2km、標高約390m地点）で発生した盛《も》り土《ど》などの崩壊が土石流となり、下流の伊豆山地区の住宅地に流下しました。災害後の調査で、盛《も》り土《ど》には産業廃棄物なども含まれており、届出とは異なる状況であったことが確認され、行政の対応も含めて問題となりました。

熱海の伊豆山で土砂崩れ

土砂とがれきに覆われた道路

被害の規模

死者	28名
全壊住宅	53棟
半壊・一部破損住宅	45棟
土石流の被災範囲	延長約1km　最大幅約120m

防災キーワード

- **土砂災害警戒区域** …… 急傾斜地の崩壊等が発生した場合に、土砂災害のおそれがあり、生命または体に危険が生じるおそれがある地域。さらに、建築物に損壊が生じ、生命または体に著しい危害が生じるおそれがある区域は土砂災害特別警戒区域に指定される。伊豆山地区は、以前から「土砂災害警戒区域」に該当していた。
- **土石流** …… 水と土砂が混ざり、河川や渓流などに流下する現象。時速数十kmの速さに達することもある。熱海市伊豆山の山間上流部は雨が集まりやすい地形で、勾配が急な土地に住宅が建っており、土石流が住宅を巻きこみながら流下した。
- **盛り土** …… 傾斜のある土地に土砂を盛ってなだらかにすること。熱海市伊豆山は、基準を超えた大規模な盛り土が行われており、盛り土が起点となって土石流が発生し、被害を拡大させた。この災害を受けて、2023年に「盛土規制法」が施行された。

Chapter

5

知って
おきたい！
さまざまな災害

災害にはどのような種類があるのでしょうか。
地震、火災、津波、台風、
近年被害が増えている水害、猛暑……。
危険のレベルを知る注意報・警報などの基準を
理解し、命を守る行動をとりましょう。

01

災害を学ぶ①

日本で起きる地震の仕組み

日本は大地震が起きやすい場所にある

関東大震災（1923年）以降、日本は地震に対する備えを強化してきました。しかし、大地震は各地で起こり、大きな被害が出ています。

日本が地震大国であるのには、位置が関係しています。地球の表面はいくつかに分かれたかたい岩盤（プレート）に覆われています。**日本列島は4つのプレートがぶつかる境界にあります**。プレートは常に移動しており、ぶつかったりもぐりこんだりするたびに境界付近に大きな力が働きます。その力がプレート境界や内部の岩盤を破壊すると、地震が起きます。**多くのプレートがぶつかる日本は、地震を引き起こす力が足元にたまりやすい状態といえます。**

M6以上の大地震の約20%は日本で起きている

日本列島は、地震の原因となるプレートが4つも集まった場所にあり、世界で発生するマグニチュード6以上の約20%は日本で起きています（2011～2022年）。

● 日本は4つのプレートに囲まれた「がけっぷち」

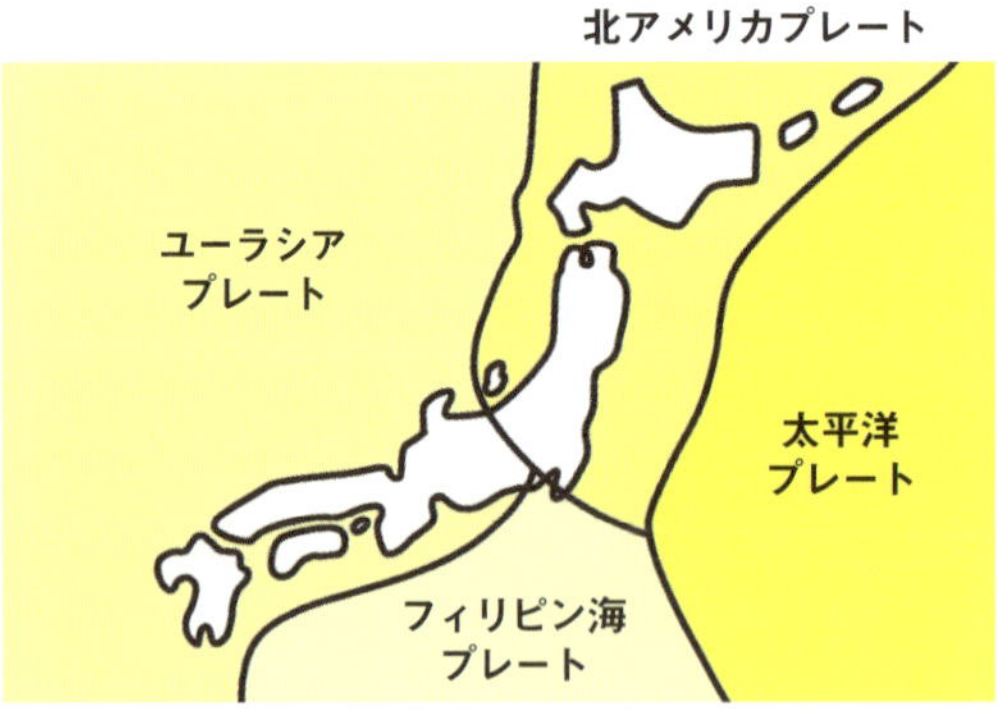

日本列島は、海側のプレートが陸側のプレートの下に沈みこむ深い海底の溝（海溝）に囲まれている。そのため「がけっぷちにある」と表現される。

＼ 備える知識 ／

地震と震災は何がちがう？

気象庁は、①地震の規模が大きい、②顕著な被害が発生した、③被害の大きい群発地震の場合に、「元号年＋地震情報に用いる地域名＋地震」の形式で地震に名前をつけます。それとは別に、地震が引き起こした大規模な災害に対して、政府が「大震災」という呼称をつけることがあります。つまり「平成23年東北地方太平洋沖地震」は気象庁が命名した地震現象のこと、「東日本大震災」は東北地方太平洋沖地震が引き起こした災害のことを示します。ちなみに、現在まで「大震災」と命名された地震災害は、「関東大震災」「阪神・淡路大震災」「東日本大震災」の3つです。

海溝型地震と内陸型地震の発生の仕組み

プレート同士が作用し、海底のプレートの境界が跳ね上がると「海溝型地震」が、プレート内部に力が働いてひずみがたまり、割れると「内陸型地震」が起こります。

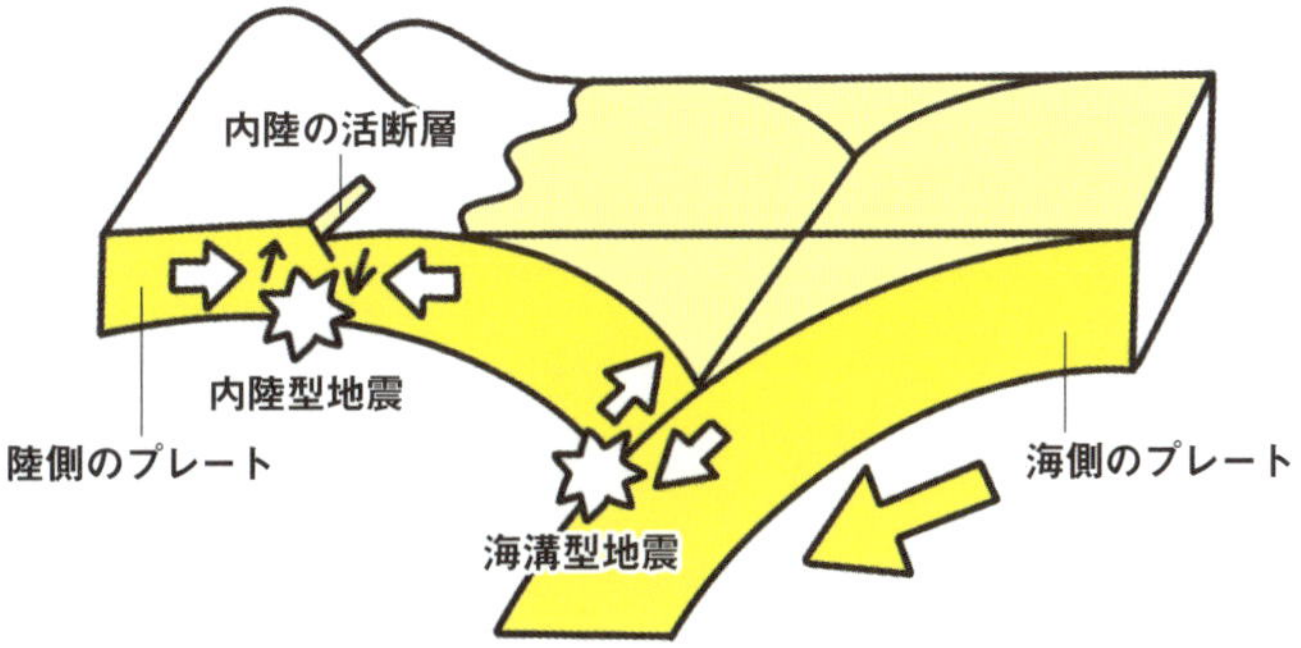

内陸型地震（直下型地震）

海側のプレートが陸側のプレートにもぐりこむ力によって、陸側のプレート内部にひずみがたまり､割れることで起きる地震。震源が人の活動区域の直下にあることも多いため、直下型地震とも呼ばれる。

内陸型地震の特徴

- 陸地の浅い部分で発生するため、人の活動区域に近い部分で起こると被害が大きくなる
- 緊急地震速報発表前に揺れが到達することがある
- 前触れのない大きな揺れがくることがある

海溝型地震（プレート境界型地震）

陸側のプレートが海側のプレートの沈みこむ方向に引きずりこまれていくうちに､その力に耐えられなくなって破壊され、跳ね上がることで起こる地震。

海溝型地震の特徴

- 巨大なプレートの広い範囲が動くため､発生する地震の規模が大きくなりがち
- 長い横揺れになりやすい
- 津波が発生しやすい

内陸型地震は規模が
そこまで大きくなくても、
人の活動区域直下で起こることで
甚大な被害が起こるよ。

＼ 備える知識 ／

内陸型地震の原因となる活断層とは

活断層とは、地震が起こりうる可能性がある断層のことを指します。内陸型地震の原因とされている活断層は、日本に2000以上存在しており、日本国内で起きる地震の多くは活断層が関係しています。活断層の上、もしくは近くに住むと、地震被害のリスクが大きくなります。新しく家を建てたり、購入したりするときは国土地理院の「活断層図」などで近くに活断層がないかどうかチェックしましょう。

国土地理院「活断層図」
https://www.gsi.go.jp/bousaichiri/active_fault.html

30年以内に大地震が起こる確率は70%以上

過去の例を見ても、プレートの境界で大きな地震が発生しています。しかし、まだ見つかっていない活断層もあるといわれており、いつ、どこで大きな地震が起きても不思議ではないのです。

● 日本で起こる可能性がある大きな地震

南海トラフ地震・首都直下地震の被害想定

	死者・行方不明者数	住宅全壊戸数
南海トラフ地震※1	約32.3万人※2	約238.6万棟※4（東日本大震災の約20倍）
首都直下地震※3	約2.3万人※4	約61万棟※4（東日本大震災の約5倍）
（参考）東日本大震災	2万2118人※5	12万1768棟※5

※1　南海トラフ巨大地震は平成25年3月時点のもの
※2　想定条件は「冬・深夜、風速8m／秒」
※3　首都直下地震は平成25年12月時点のもの
※4　想定条件は「冬・夕方、風速8m／秒」
※5　平成29年3月1日現在

南海トラフ地震の被害想定区域

【南海トラフ地震防災対策推進地域を含む都府県】
茨城、千葉、東京、神奈川、山梨、長野、岐阜、静岡、愛知、三重、滋賀、京都、大阪、兵庫、奈良、和歌山、岡山、広島、山口、徳島、香川、愛媛、高知、福岡、熊本、大分、宮崎、鹿児島、沖縄

首都直下地震の被害想定区域

【首都直下地震緊急対策区域を含む都県】
茨城、栃木、群馬、埼玉、千葉、東京、神奈川、山梨、長野、静岡

出典：内閣府「南海トラフ巨大地震・首都直下地震の被害想定」

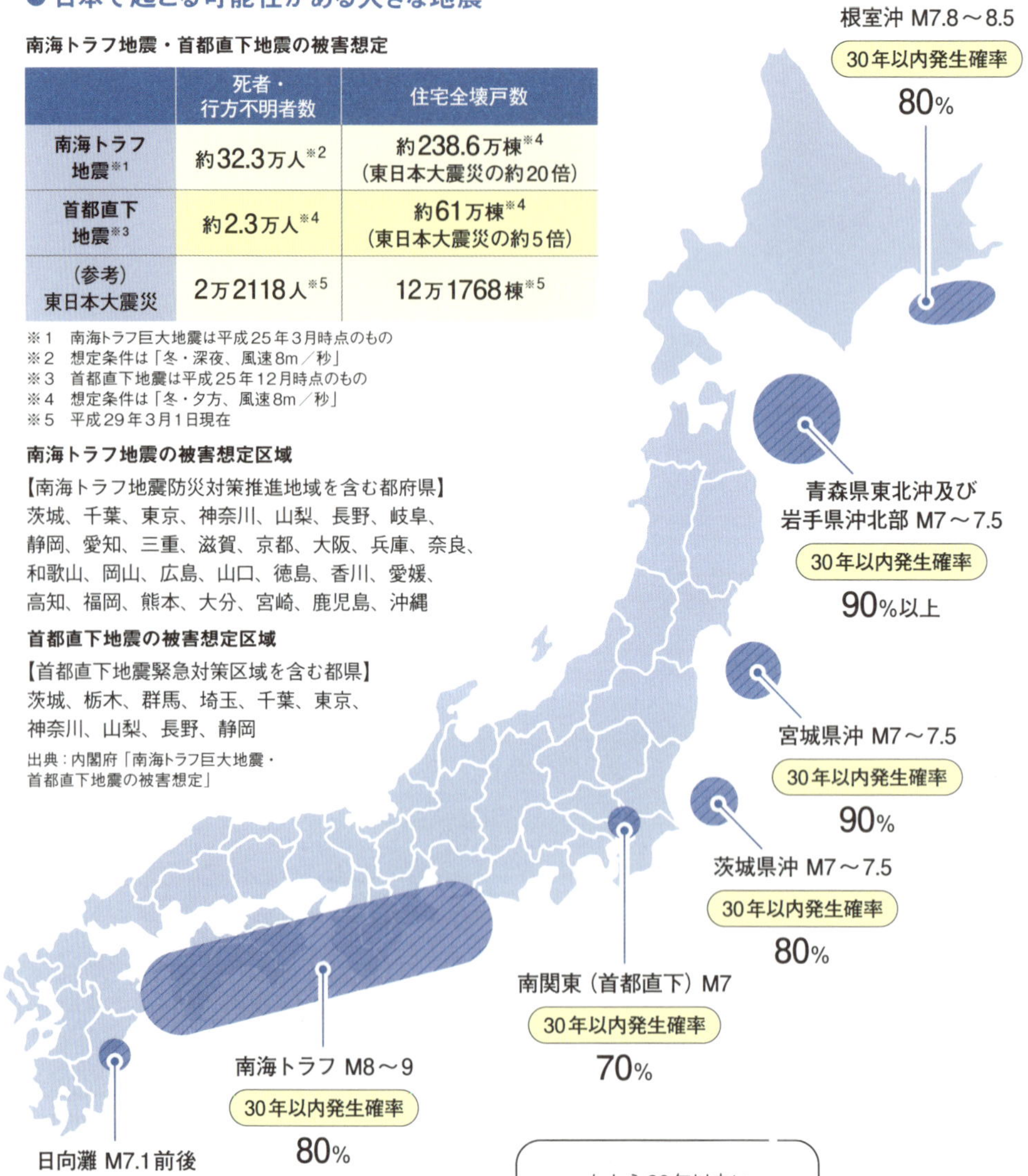

出典：地震調査研究推進本部事務局「活断層及び海溝型地震の長期評価結果一覧（2020年1月1日算定）」

たとえ30年以内に
起こらなかったとしても、
地震のリスクは消えないよ。
むしろ、時間がたつほど
発生確率は高まるんだ。

地震によって引き起こされる災害

単独でも大きな被害を出す災害が、地震によって発生することがあります。どのような災害が起こるかは土地の性質によるため、ハザードマップ（→P.74）の確認が欠かせません。

土砂災害

➡ P.206

山地や造成地の斜面が、地震の強い揺れや断層のずれによって崩壊し、がけ崩れ、地すべり、土石流が起こる。

津波

➡ P.198

海底にある陸のプレートと海のプレートがずれることで、海面も一気に上下し、波となって周囲に広がる。震源が遠くても強い力を保ったまま到達することがある。

液状化

ゆるく堆積した砂地盤が強い揺れに襲われたとき、砂の粒子がばらばらになり、一時的に水に浮いた状態になることで、地盤が液体のようにやわらかくなる現象。地盤沈下を引き起こし、家屋が傾いたり道路が陥没したりする。

火災

➡ P.196

地震の二次災害として起こると、消防機能がうまく働かず大規模な火災になりやすい。

02

災害を学ぶ②

いつでも身近に起こりうる火災

発生原因になる身近な物を放置しないようにする

　2023年までの5年間の出火原因は1位たばこ、2位たき火、3位コンロです。**たばこが原因の火災では、「不適当な場所への放置」が突出しています。つまり「たばこのポイ捨て」が主な原因ということです。**たき火は、火のついた枯れ草が風にあおられて周囲にまき散らされるなどで火災になります。また、コンロは、消し忘れからの火災が多くなっています。

　このように、非常に身近な物によって火災が引き起こされています。火を扱うときに目を離さないことはもちろんですが、燃えやすい物を周囲に置かない、放置しないことが必須の対策になります。

14分に1回発生している火災

10年前に比べて減少していますが、2023年の出火件数は3万8659件。1日あたり約106件の火災が発生したことになります。ここ数年でゆるやかに上昇しています。

原因	出火の経過	対策
たばこ	・ポイ捨て ・消えたことを確認せずゴミ箱に捨てる ・くわえたばこで部屋を歩き回り、火種が落ちる	・吸いながら歩き回らない ・水をかけて消し、消えたことを確認 ・寝たばこをしない ・灰皿に吸い殻をためない
たき火	・火のついた草が風に飛ばされ周囲に着火 ・消えたことを確認せず離れる	・たき火台で燃やす ・火種が周囲に飛ばないよう監視 ・バケツに水を汲み、そばに用意
コンロ	・消し忘れ	・火を使っている間はコンロから離れない（電話や来客時は一度火を消す） ・袖口に火がつかないようにまくる
放火	・物置やガレージ内、家の周囲に置きっぱなしの可燃物に火をつけられる	・建物周囲に燃えやすい物を置かない ・物置などはしっかり施錠 ・死角になりそうなところにセンサーライトをつける
電気火災	・コンセントのプラグにたまったほこりが発火 ・束ねた電気コード・タコ足配線で発熱 ・水槽の水がかかったコードが漏電	・プラグ周囲を定期的に掃除 ・電気コードを束ねない ・水槽近くの電源やコードに防水カバーをつける

火災でもっとも危険なのは煙

火災による死因で多いのはやけど、次いで一酸化炭素中毒・窒息です。煙にまかれると中毒や窒息を起こし、動けないまま吸い続けてしまうことになります。

● 煙はあっという間に広がる

垂直方向に広がる早さ	毎秒3〜5m（駆け足程度） 1分間に180〜300m上昇
水平方向に広がる早さ	毎秒0.5〜1m（歩く速さ） 1分間に30〜60m拡散

● いつの間にか充満している一酸化炭素

- 物が不完全燃焼すると発生
- 火災に限らず、ストーブなどの暖房機器や給湯器でも発生する
- 無色無臭で気づきにくい

一酸化炭素中毒の症状

空気中における一酸化炭素濃度	一酸化炭素の吸引時間と中毒症状
0.02%	2〜3時間以内に軽い頭痛
0.04%	1〜2時間で前頭痛、2.5〜3.5時間で後頭痛
0.08%	45分で頭痛・めまい・吐き気、2時間で失神
0.16%	20分で頭痛・めまい・吐き気、2時間で失神
0.32%	5〜10分で頭痛・めまい、30分で死亡
0.64%	1〜2分で頭痛・めまい、10〜15分で死亡
1.28%	1〜3分で死亡

出典：厚生労働省 広島労働局 健康安全課「一酸化炭素（CO）中毒を予防しましょう！」

2階以上にいるときは煙の様子で避難行動を判断する

建物の構造や出火の状況により、取るべき行動が異なります。2階以上にいる場合、まずは階段からの避難を試みます。階段に煙がまわっている場合は避難はしごなどの避難器具を使います。

	危険度	状況	避難行動の例
ここで避難が最善!!	レベル1	階段に煙がない	階段が複数ある場合は、煙の流入していない階段を使い、地上や下階へ避難
逃げ遅れに備えて避難想定・訓練を	レベル2	階段に煙が流入して使用できない	• 窓、ベランダから避難器具を使って避難 • 窓、ベランダなどの外気にふれる場所へ避難し救助を求める
	レベル3	煙がフロア全体〜階段に流入し、避難者自身も煙に覆われた危険な状態	• 光や壁を頼りに窓、ベランダに避難 • 煙を吸わないように身を低くして最小限の呼吸で避難 • 窓、ベランダなどから避難器具を使って避難 • 2階までなら窓、ベランダなどからぶら下がり避難 （→P.47）

出典：京都市消防局「火災から命を守る避難の指針」

03

災害を学ぶ③

津波の威力の恐ろしさ

海底の変形が海水を大きく動かす

津波の主な発生原因は、海底が大きく動く自然現象です。最も一般的なものは海溝型地震で、地震によって膨大な量の海水が持ち上がったり下がったりすることで大きな波が発生し、津波となります。

通常の波は、海面だけが波打っていますが、**津波は海底から海面までの海水が塊となって移動してくるため、その威力は絶大です**。また、何度も津波が押し寄せるため、被害が拡大します。

波は、かなり遠くまで伝播する性質があるので、小さな地震や遠く離れた地域の地震で発生した津波でも到達する可能性があります。油断せずに安全を確認しましょう。

津波注意報・警報の見方

気象庁は、地震発生後約３分を目安に大津波警報（特別警報）、津波警報、または津波注意報を発表します。

	予想される津波の高さ		取るべき行動
	数値での発表（発表基準）	巨大地震の場合の津波の表現	
大津波警報	10m超（10m＜高さ）	巨大	沿岸部や川沿いにいる人は、ただちに高台や津波避難ビルなど安全な場所へ避難
	10m（5m＜高さ≦10ｍ）		
	5m（3m＜高さ≦5ｍ）		「ここなら安心」と思わず、より高い場所を目指して避難する
津波警報	3m（1m＜高さ≦3ｍ）	高い	
津波注意報	1m（20cm＜高さ≦1ｍ）	－	海の中にいると速い流れに巻きこまれる。ただちに海から上がり、海岸から離れる

出典：気象庁「津波警報・注意報、津波情報、津波予報について」

震源域からの距離や
地形などによっては、
警報が間に合わないこともあるから、
強い揺れや、弱くても長い揺れを
感じたときは、迷わず避難しよう。

通常の波浪と津波は大きさ・長さ・破壊力がちがう

通常海面に立っている波は、風が原因で起こり、海水の表面が動いています。一方津波は海底の変動が原因で起こり、海底から海面までの海水全体が動きます。

波浪

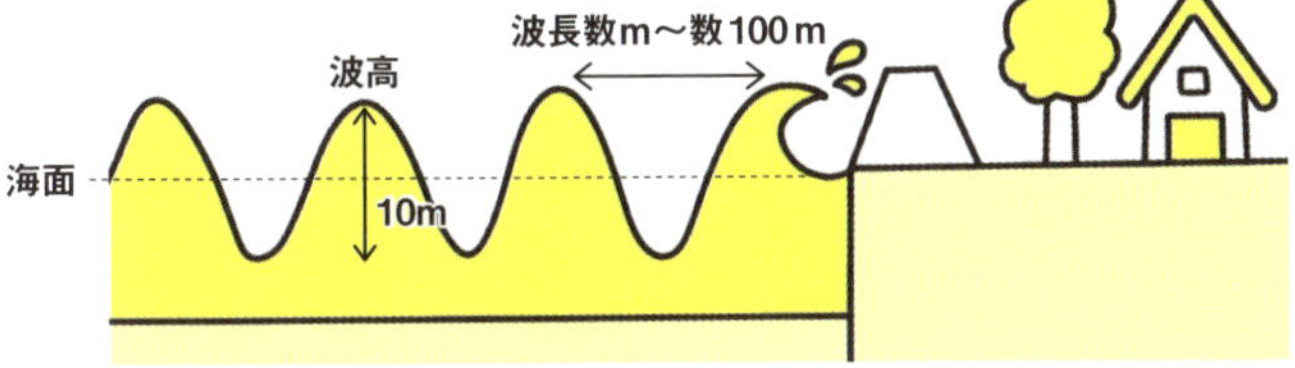

風により、
海水の表面が動く

＋ 波高

波の一番高いところと
低いところを測った
高さ10mの波の場合、
海面より高い部分は5m

➡

津波と高さが同じでも、
波長が短いため、
波に加わる力は
比較的小さい。

津波

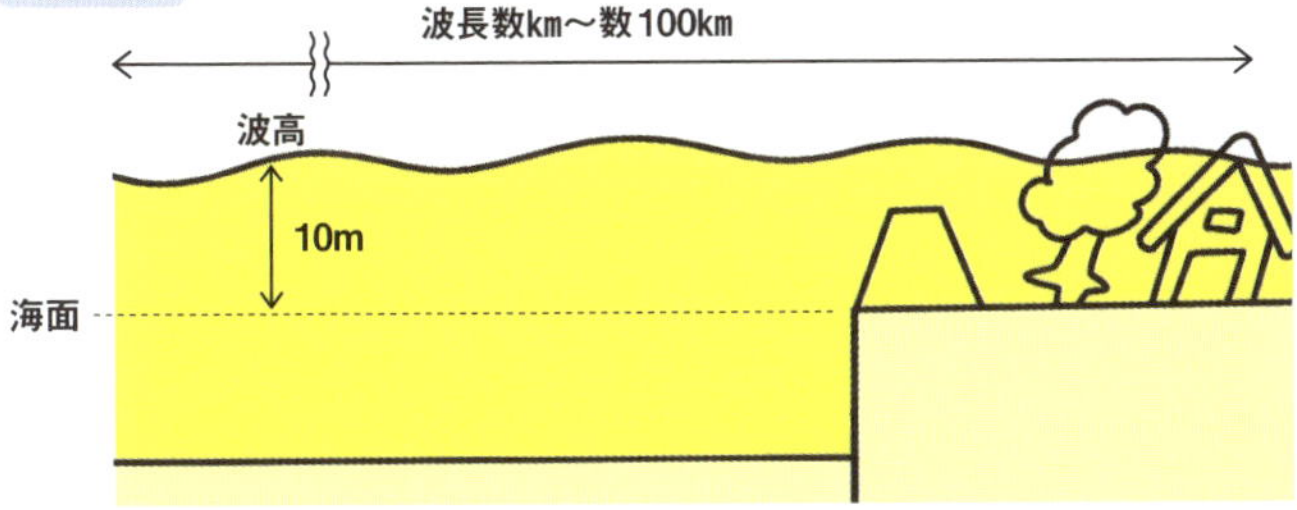

海底の変動により、
海底から海面までの
海水全体が動く

＋ 波高

平均海面から測った
高さ10mの波の場合、
海面より高い部分は10m

➡

海面自体が高く盛り上がり、
膨大なエネルギーを
持ったまま
何度も流れこんでくる。

出典：気象庁「津波の基礎知識」

＼ 備える知識 ／

小さくても遠くても油断しない

波には遠くでも伝播する性質があり、南米のように遠く離れた地域の小さい地震でも、時間をかけて津波となって日本に到達する可能性があります。「遠いから大丈夫」と思わず、まずはニュースなどで今いる場所が安全かどうかを確認しましょう。

津波の大きさが被害の程度に影響する

津波の波高によって、予想される被害の程度が変わってきます。波高1mの津波でも家屋が破壊される可能性があり、2mを越えると全壊する家屋が出てきます。

● 津波波高と被害程度

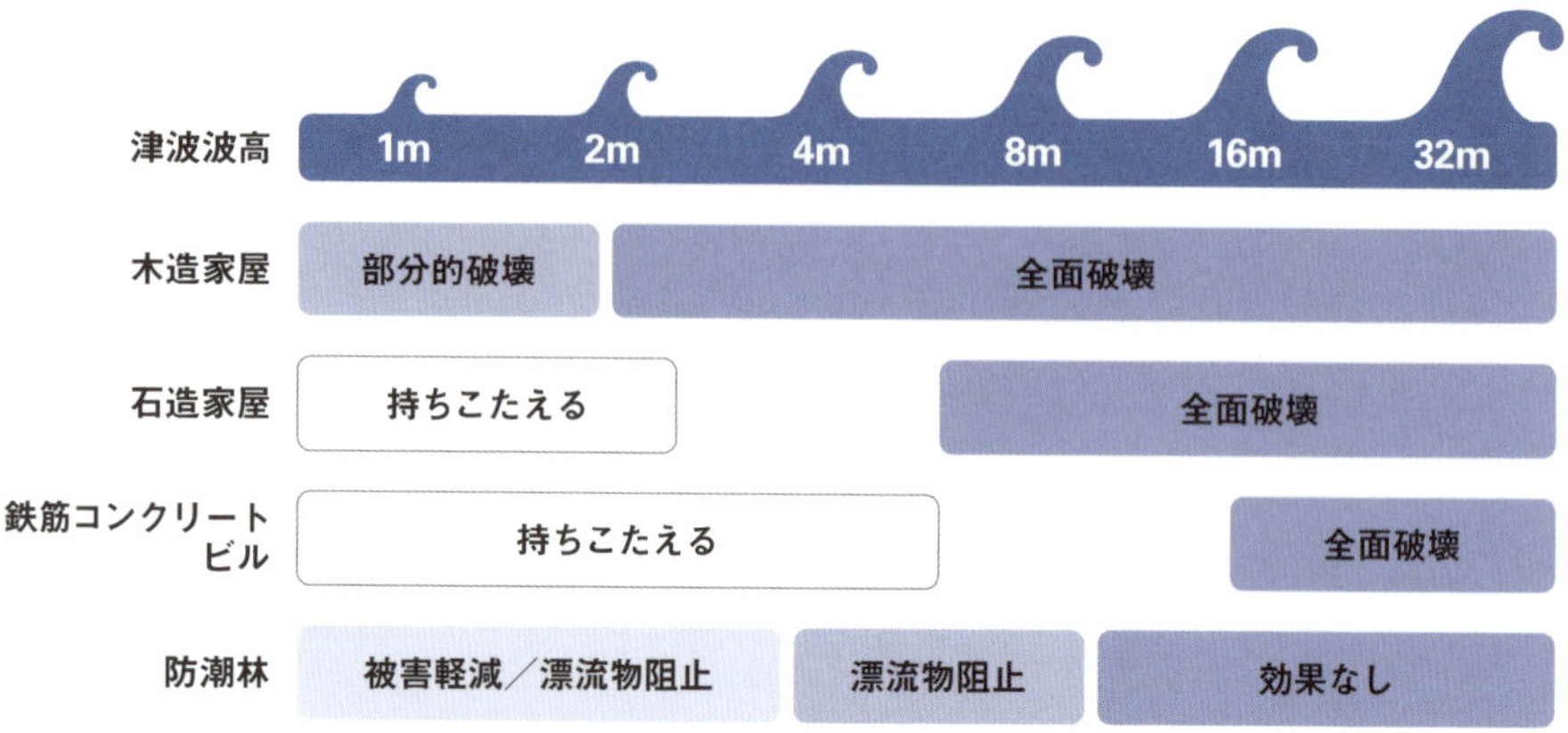

※津波波高（m）は、船舶など海上にあるものに対してはおおむね海岸線における津波の高さ、家屋や防潮林など陸上にあるものに関しては地面から測った浸水深を示す。
※沿岸の状況によっては、同じ津波の高さでも被害の状況が上図と大きく異なることがある。

出典：気象庁「津波について」

災害実例

**2024年
能登半島地震の津波**

気象庁の現地調査によると、能登半島地震の津波の高さは、石川県能登町白丸で4.7m、珠洲市飯田港で4.3m、能登町松波漁港で3.1mなどでした。これらは、津波が引いた後に建物などに残された痕跡の高さから算出されています。

また、震源に近い珠洲市には約1分以内に津波が到達したほか、七尾市には約2分以内、富山市には約5分以内で沿岸に到達していました。

この報告からも、大地震後は一刻も早く高いところへ逃げる必要があることがわかります。

津波被害から身を守るための備え

津波の危険がある地域では、自宅や職場の安全度を調べることと、実際に地域でどこが危険かを知っておくことが大前提です。

● 調べてみよう

ハザードマップを確認する

地域が持つリスクは、各自治体が作成したハザードマップ（→P.76）で確認する。津波のリスク情報も、エリアごとに記載されている。

土地の歴史を知る

文献や石碑、インターネットなどから過去の津波被害を把握しておくのもおすすめ。

過去の津波を伝える石碑

昭和三陸地震（1933年）の津波の教訓を記した石碑。「ここより下に家を建てるな」と警告を伝える。

● 探してみよう

津波標識を見つける

津波の危険がある場所には、「津波標識」が設置されている。避難経路を記した地図と一緒に表示されていたり、津波避難場所または津波避難ビルまでの道沿いなどに途切れることなく設置してあることも。

津波に関する標識

津波注意

津波来襲の危険がある場所に設置

津波避難場所

津波に対して安全な避難場所・高台の情報を表示

津波避難ビル

津波に対して安全な避難ビルの情報を表示

津波避難誘導標識の記載例

津波避難場所、または津波避難ビルまでの誘導を表示する。

＼ **備える知識** ／

川沿いでも津波を意識する

津波は川をさかのぼり（遡《そ》上《じょう》）して、陸地の奥まで到達することがあります。東日本大震災では、宮城県と岩手県を流れる北上川で河口から49km上流まで津波が達し、河口から約12kmの地域でも被害がありました。

04

災害を学ぶ④

豪雨と台風は徐々に増えている

阪神・淡路大震災以降 最も多い災害は豪雨と台風

近年、大雨の頻度が増すとともに、河川の氾濫や浸水被害が毎年のように報告されるなど、水害は確実に増えています。また、**より長時間にわたり雨が降ることで総降水量が多くなっており、災害規模も大きくなる傾向にあります**。今まで以上に入念な避難準備が求められます。

台風自体は、近年の発生数や日本への接近数、上陸数などが増えているわけではありません。しかし、大規模な災害をもたらす豪雨の要因に、台風が絡んでいる例は少なくありません。梅雨期など前線が停滞している時期の台風には、特に気をつける必要があります。

大雨の年間発生回数は、確実に増加している

大雨の頻度は、観測開始以来確実に増えており、より強い雨ほど増加率が大きくなっています。

● 1時間降水量80㎜以上の年間発生回数

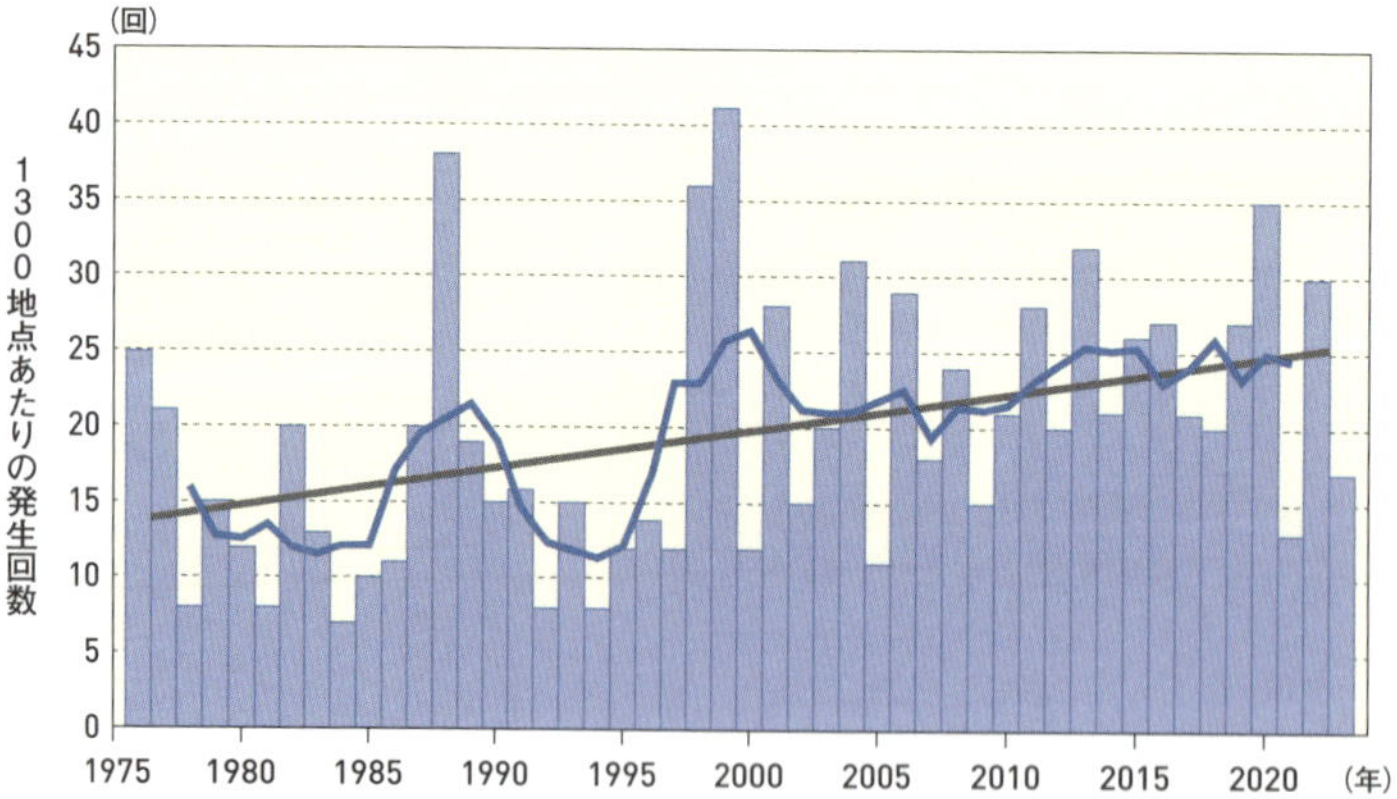

※折れ線は5年移動平均値、直線は長期変化傾向（この期間の平均的な変化傾向）を示します。

出典：気象庁「気候変動監視レポート2023」

1時間に80㎜以上の雨は、天気予報では「猛烈な雨」と表現され、息苦しくなるような圧迫感がある。

＼ 備える知識 ／

豪雨の数値の比較

全国1300地点のアメダス（地域気象観測システム）で観測された1時間降水量80㎜以上の年間発生回数を比較すると、2014～2023年の平均年間発生回数（約24回）は、1976～1985年の平均年間発生回数（約14回）と比べて約1.7倍に増加していることがわかります。

避難のタイミングを見極める防災気象情報

台風や豪雨が発生すると、市区町村から避難情報が発表されます。情報に合わせて適切なタイミングで速やかに避難しましょう。

警戒レベル	気象庁などの情報	自治体の対応	住民が取るべき行動	気象状況
1	早期注意情報	・心構えを一段高める ・職員の連絡体制を確認	災害への心構えを高める	大雨の数日～約1日前
2	氾濫注意情報 大雨・洪水注意報 など	**第1次防災体制** （連絡要員を配置） **第2次防災体制** （高齢者等避難の発令を判断できる体制）	**自らの避難行動を確認** ハザードマップ等により、自宅等の災害リスクを再確認するとともに、避難情報の把握手段を再確認する。	↓ 大雨の半日～数時間前
3	氾濫警戒情報 洪水警報 大雨警報 など	**高齢者等避難** **第3次防災体制** （避難指示の発令を判断できる体制）	危険な場所から高齢者、子ども、障害者等は避難	↓ 大雨の数時間～2時間程度前
4	氾濫危険情報 土砂災害警戒情報 など	**避難指示** **第4次防災体制** （災害対策本部設置）	**危険な場所から全員避難** 台風などにより、暴風が予想される場合は、暴風が吹き始める前に避難を完了しておく。	↓
5	氾濫発生情報 大雨特別警報	緊急安全確保	**命の危険、直ちに安全確保** すでに安全な避難ができず、命が危険な状況。今いる場所よりも安全な場所へ直ちに移動等する。	数十年に一度の大雨

出典：気象庁「防災気象情報と警戒レベルとの対応について」

近くの河川をライブ配信で確認する

自治体によっては、河川やダムの様子を画像配信していることがあります。リアルタイムで安全を確認しましょう。

国土交通省　川の防災情報ホームページ
https://www.river.go.jp/kawabou/pc/

河川カメラ配置マップ

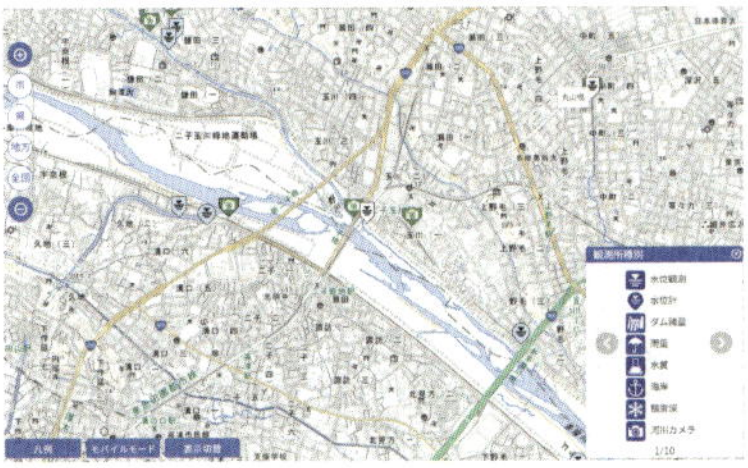

河川カメラ画面

台風の接近～通過時は強風にも備える

台風の風は、それ自体が被害の要因になります。台風情報などで表示される風速の具体的な目安を知っておき、対策に役立てましょう。

● 風速の目安

やや強い風	秒速10～15m未満	傘をさせず、風に向かって歩くことが困難。街路樹や電線が揺れ始める。
強い風	秒速15～20m未満	風に向かって歩けず、転倒することも。看板やトタン板が外れ始める。
非常に強い風	秒速20～25m未満	何かにつかまっていないと立っていられない。飛来物による負傷の恐れがある。自動車は通常の速度で運転することが困難。
	秒速25～30m未満	
猛烈な風	秒速30～35m未満	屋外の行動はきわめて危険。固定が不十分な仮設足場が崩壊する。電柱や街灯が倒れることがある。
	秒速35～40m未満	走行中のトラックが横転する。多くの木々が倒れ、ブロック塀が倒れることもある。
	秒速40m以上	住宅が倒壊することがある。鉄骨構造物が変形することもある。

出典：気象庁「雨と風」

● 大きさの階級分け

階級	強風域（風速15m／秒以上）の半径
大型（大きい）	500～800km未満
超大型（非常に大きい）	800km以上

出典：気象庁「台風の大きさと強さ」

突如降り始める集中豪雨（ゲリラ豪雨）

局地的に短時間で降る豪雨のことを集中豪雨（ゲリラ豪雨）といいます。突発的に降り始めるため、事前に予測することが難しいとされています。

● 特徴

河川などがすぐに危険な水位に

激しい雨が降ることや周囲の雨が流れこむことで河川や用水路などが数分で危険な状態になる。

離れた場所の雨の影響を受ける

自分のいる場所で雨が降っていなくても、上流で降った雨が流れてきて危険な状態になる場合もある。

注意報が出ていないのに危険な降水量に

突発的な発生のため、注意報が出ていなくても災害になることも。

排水能力を超える降水量

雨水の排水能力を超える豪雨により、浸水する。

● 前兆現象

- 黒い雲が近づいてくる
- 雷の音が聞こえる
- 急に冷たい風が吹いてくる

● 危険な場所

河川・用水路

大雨により、一瞬で水かさが増す。流されたり、おぼれたりする危険があるので速やかに離れる。

地下・半地下

地上の排水能力が追い付かなくなると、地下に水が流れ込み、水圧でドアが開かなくなる。

豪雨で排水溝（マンホール）からも水があふれ、冠水した様子。

＼ 備える知識 ／

線状降水帯とは

次々と発生した雨雲が列になっている、線状の長い降水域を線状降水帯といいます。発達した雨雲が列となっているため、同じ場所で数時間にわたって激しい雨が降り続けることもあり、甚大な被害が生じています。発生の原因を解明できておらず、線状降水帯の発生を予想することは難しいとされています。

05

災害を学ぶ⑤

土砂災害が起こりやすい環境

豪雨や地震が土砂災害の引き金になる

日本では、傾斜が急な山が多く、台風や豪雨、地震などの災害も多いため、土砂災害が発生しやすい環境となっています。直近10年では、平均して１年間に約１５００件、ほとんどの都道府県で土砂災害が起こっています。

主な土砂災害は、豪雨や地震などでゆるんだ地盤が崩れ落ちる「がけ崩れ」、地下水の影響で斜面がすべり落ちる「地すべり」、渓流などにたまった土砂や石が、豪雨などのため一気に押し流される「土石流」の３種類です。**いずれも雨が関係することが多いため、長時間大量の雨が降り続いている最中はもちろん、雨がやんだ後も警戒が必要です。**

住んでいる地域が災害警戒区域か確認する

全国で土砂災害の危険がある場所は、2023年時点で約69万区域にのぼります。住まいや職場のある地域が土砂災害のリスクがあるかをハザードマップ（→P.76）で確認しましょう。

● 土砂災害の危険がある地区

土砂災害危険箇所	土石流、地すべり、急傾斜地の崩壊（がけ崩れ）が発生するおそれのある箇所。法的な位置づけはない
土砂災害警戒区域	土砂災害のおそれがあり、生命または体に危険が生じるおそれがある地域（通称：イエローゾーン）
土砂災害特別警戒区域	土砂災害警戒区域の中で、建築物に損壊が生じ、人体に著しい危害が生じるおそれがある区域（通称：レッドゾーン）

ただし、付近に「がけ地」や
「小さな沢」などがある場合、
土砂災害警戒区域でなくても
土砂災害が発生するおそれがあるよ。

土砂災害の種類と前兆

土砂災害は、すさまじい破壊力を持つ土砂が一瞬にして押し寄せます。発生してから逃げても間に合わないため、前兆がないか平時から観察することが大切です。

がけ崩れ

斜面が突然崩れ落ちる。地盤に水がしみこみ、ゆるむことで発生。地震の後の雨は二次災害のがけ崩れを引き起こす可能性がある。

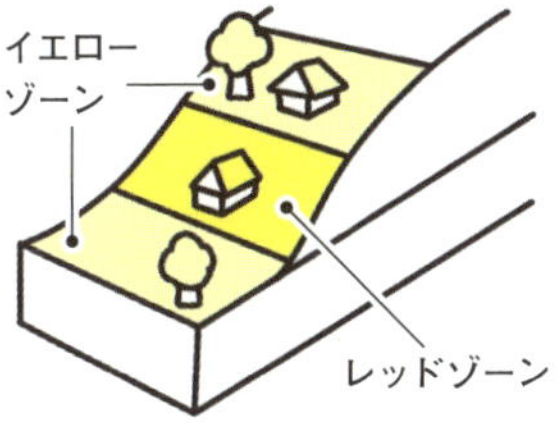

前兆

- がけから小石がパラパラと落ちてくる
- 地鳴りや異様な音がする
- がけや斜面にひび割れができる
- がけの湧き水が濁ってきた

地すべり

粘土などを含むすべりやすい地盤が、雨や地下水などの影響で下方にすべり落ちる。広範囲で起こり、家屋だけでなく田畑に影響が出ることも。

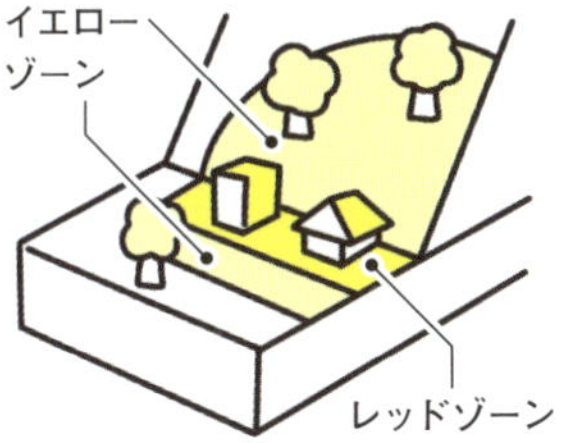

前兆

- がけや斜面から水が吹き出る
- 沢や井戸水が濁る
- 木々が傾く
- 地面に亀裂が入ったり、陥没したりする

土石流

渓流などにたまった土砂や石が、集中豪雨などによって一気に下流に押し流される。速さは時速20〜40kmに達する。

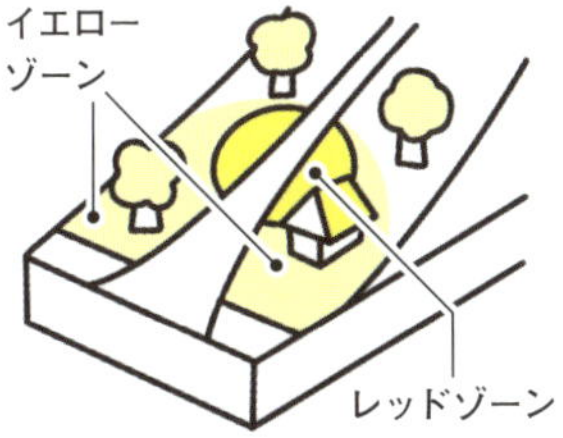

前兆

- 雨が降っているのに川の水位が下がる
- 山鳴り（うなるような音）がする
- 川の水が濁り、流木が流れてくる
- 土臭いにおいがする

いつもとちがう、と思ったら速やかに避難する

土砂災害から確実に避難するためには、前兆となる現象に注目するほかにも「いつもとちがう」感覚を持ったら早めに避難する、という行動が不可欠です。

違和感がある 前兆がある

- 速やかに避難する
- 雨がやんでも油断しない

避難が間に合わない 逃げ遅れた！

- 無理に外に出ず、斜面と反対側の2階以上の部屋に移動

避難時の服装は？

- 動きやすい長袖・長ズボン
- 履き慣れた厚底靴。長靴はNG
- 水抜き用穴があるヘルメット
- 非常時持ち出し品を詰めたリュック

06

災害を学ぶ⑥

噴火の可能性がある日本の山

日本は世界有数の火山大国でもある

日本には現在、111の活火山があります。**活火山とは、おおむね過去1万年以内に噴火した火山と、現在火口からガスや水蒸気をゆるやかに出している火山のことです。**

火山が噴火すると、噴石、溶岩流、火山灰、火山ガスなどによって大きな災害を引き起こします。また、噴出した岩石や火山灰が堆積しているところに大雨が降ると、土石流や泥流が発生しやすくなります。

特に、噴火に伴って発生する大きな噴石、火砕流、融雪型火山泥流は、避難に費やせる時間がほとんどありません。火山噴火のリスクを把握し、噴火警戒レベルに応じた「取るべき対応」を把握しておきましょう。

噴火警戒レベル5段階の区分

噴火警戒レベルは、火山活動の状況に応じて、「警戒が必要な範囲」と周辺の住民が「取るべき防災対応」を5段階に区分して発表する指標です。

● 噴火警戒レベル

種別	名称	対象警報	レベルと対応	火山の状態と取るべき行動
予報	噴火予報	火口内など	レベル1 活火山であることを留意	火山活動は静穏。活動の状態によって、火口内で火山灰の噴出などが見られる。住民などは通常の生活。登山者・入山者への規制は特になし（状況に応じて火口内への立ち入り規制などを行う）。
警報	噴火警報（火口周辺）または火口周辺警報	火口周辺	レベル2 火口周辺規制	火口周辺に影響を及ぼす噴火が発生、あるいは発生すると予想される。住民などは通常の生活をする。登山者・入山者は火口周辺への立ち入り規制など。
		火口から居住地域近くまで	レベル3 入山規制	居住地域の近くまで重大な影響を及ぼす噴火が発生、あるいは発生すると予想される。住民などは通常の生活をしながら、状況に応じて高齢者などの要配慮者の避難準備などをする。登山は禁止。
特別警報	噴火警報（居住地域）または噴火警報	居住地域及びそれより火口側	レベル4 高齢者等避難	居住地域に重大な被害を及ぼす噴火が発生すると予想される（可能性が高まってきている）。警戒が必要な居住地域での高齢者などの要配慮者の避難、住民の避難の準備などが必要。
			レベル5 避難	居住地域に重大な被害を及ぼす噴火が発生、あるいは切迫している状態。住民などは危険な居住地域からの避難などが必要（状況に応じて対象地域や方法などを判断）。

出典：気象庁「噴火警戒レベルの説明」

登山中の噴火に対応するには

火山は前触れなく突然噴火することがあります。できるだけ噴火場所の風下を避け、シェルターが近くにないときは大きな岩陰などに避難します。

準備と注意点

- □ 火山活動の情報を集め、噴火警戒レベルと火山防災マップを確認する
- □ 登山届制度が導入されている山には登山届（登山計画書）を提出する
- □ 火山防災マップ、スマートフォン、モバイルバッテリー、ゴーグル、非常食などを装備する

登山中の心得

- □ スマートフォンの電源は切らない
- □ 火口付近の様子に注意を払う
- □ 危険な場所には絶対に立ち入らない

異常現象を発見したら

- 火口付近に噴気などを発見したら、安全な場所まで避難するか、すみやかに下山する
- 安全な場所で、警察や地元自治体、気象台などに火口付近の様子を報告する

噴火が起き始めたら

- 火口からできるだけ離れ、山小屋やシェルターに避難する
- 山小屋やシェルターが見当たらないときは、大きな岩陰に避難する
- 移動時は噴火場所の風下を避ける
- 噴石から頭を守るためにヘルメットをかぶる。ないときはリュックサックを頭にのせる
- 火山ガスや粉じんを吸わないようタオルやマスクで口元を覆い、ゴーグルをつける

活火山については
気象庁がホームページで
情報提供しているよ。

＼ 備える知識 ／

富士山が噴火したらどうなるの？

富士山は過去何回か噴火している活火山であり、また必ず大噴火するといわれています。噴火した場合、周辺で1m以上、首都圏でも数cm～10cmほど火山灰が積もるという予想が公表されました。この降灰により、富士山周辺の建物倒壊などのほか、首都圏の交通機関やライフラインに甚大な被害をもたらすと予想されています。

07

災害を学ぶ⑦

雪害は移動を困難にする

大雪のときは視界がひどく悪くなる

日本は、北海道、東北、北陸地方を中心に、国土の半分以上が豪雪地帯に指定されています。雪害には、雪崩や除雪中の転落事故などの豪雪地帯特有の災害のほか、路面凍結による交通事故や歩行中の転倒事故など、豪雪地帯以外でも発生する災害も含まれます。地吹雪で視界が真っ白になり、**極度に視界が悪くなる「ホワイトアウト」や、大雪のため雪に埋もれるなどの事態が生じると、雪道で自動車が立ち往生し、閉じこめられる危険もあります。**

雪害にあわないためには、雪に対する正しい知識を深め、雪道を歩いたり運転したりするときの注意点を守ることが大切です。

除雪中は転落、落雪に注意

屋根の雪下ろしや雪かき中に事故が起こることが多いため、注意が必要です。特に高齢者の被害が目立ちます。

● 除雪中の危険

- 屋根の雪下ろし中の転落
- 軒下の除雪中に落雪に埋まる、落雪の直撃
- 除雪機の雪詰まりを取ろうとして機械に巻きこまれる
- 除雪の重労働による心肺停止

準備と注意点

- ☐ スコップなどの除雪道具、除雪機などは雪に埋もれない場所に出しておく
- ☐ すべりにくい靴を履く
- ☐ 停電に備えた非常用照明、バッテリーなどの準備
- ☐ 作業は2人以上で行う

普段通りに
油断して行動すると
思わぬ事故が起こるよ。

大雪のときは除雪の準備をして外出を控える

大雪の対策は、雪が降り始める前に行い、不要な外出や車の運転は控えましょう。積雪により電線が切れて停電が起こることがあるため、停電対策も必要です。やむをえず外出する場合は、以下のことに注意しましょう。

歩行中の危険箇所・条件

転倒

- 横断歩道の白線の上（薄い氷膜ができていることがある）
- 車の出入り口（車庫・ガソリンスタンドなど）
- 踏み固められているところ（バス・タクシー乗り場）
- 坂道
- ロードヒーティング（道路の融雪・凍結防止装置）の切れ目
  ➡雪や氷が溶けずに段差になっている

視界不良

- ホワイトアウト（道がわからなくなり遭難する）

外出する必要があるとき

- □ 転倒防止のため歩道は走らない
- □ 普段よりも時間に余裕を持って行動する
- □ 落雪を避けるため軒下に近づかない
- □ 用水路、側溝などへの転落に注意する
- □ 歩幅を狭く、靴裏全体を地面につけるように歩く
- □ すべり止めのついた靴を履く
- □ 手袋をして、常に両手が使えるようにする
- □ 近場に短時間出かける場合でも必ず防寒する

運転中の危険箇所・条件

スリップ

- アイスバーン（信号交差点、橋の上、トンネル出入り口）
- 約24時間以内に1cm以上の降雪
- 冷え込む夜間や朝方、日陰（凍結しているように見えなくても凍っている場合がある）

視界不良

- 視程障害（降雪により目に届く光の量が減ることで周囲が見えづらくなる）
- ホワイトアウト

立ち往生

- スタック（新雪やくぼみにはまりタイヤが空転する）
- 渋滞により降雪に埋もれる

外出する必要があるとき

- □ ガソリンは満タンにしておく
- □ 吹雪のときはライトをつけ、スピードを落として車間距離を十分取る
- □ 普段より手前から、ソフトにじんわりとブレーキをかける
- □ ライトやワイパーに雪がついたら、安全な所に止まって落とす
- □ タイヤチェーン・牽引用ロープ・除雪スコップ、防寒具、非常食、モバイルバッテリーなどを必ず装備しておく
- □ 雪で排気口が埋もれて車内で一酸化炭素中毒を起こす可能性があるため、こまめに換気する

08

災害を学ぶ⑧

竜巻や落雷のときに安全な場所

積乱雲が発達しやすい夏場は竜巻や落雷の危険がある

積乱雲は、強い上昇気流により上空に向かって著しく発達した雲です。発達した積乱雲は、ときに雷や竜巻などの激しい気象現象を引き起こし、これらによって毎年のように死傷事故が起こっています。1つの積乱雲が起こす現象は、30分～1時間程度で、局地的な範囲に限られるのが特徴です。

雷や竜巻は年間を通して発生しますが、**積乱雲が発達しやすい夏場に多くなる傾向があります。日本海側では冬に雷が多くなります。1つの雷雲は比較的短時間で消滅するため、発生したときに慌てないことがポイントです。**迅速に、安全な場所を見極めて避難しましょう。

竜巻が発生したときは、頑丈な建物などに避難

突発的に発生し、激しい突風をともなう強風の被害をもたらします。天候や雲などに前兆現象が現れるため、周辺環境に注意を払います。

● 竜巻の危険箇所

背の高い物

- 樹木、電柱
  - ➡ 太い木や電柱でも倒れることがあるので近寄らない。

簡易的な空間

- 自動車の車内、プレハブなど仮設建築物、古い木造建築物
  - ➡ 建築物ごと飛ばされたり、倒壊したりする。頑丈な建物に移動。

竜巻の前兆

- ☐ 突然暗くなる
- ☐ ひょうが降る
- ☐ 冷たい風
- ☐ むわっとした独特のにおいがする
- ☐ アーチ状の雲
- ☐ 乳房雲（でこぼこした乳房状の雲）
- ☐ 雷鳴・雷光
- ☐ 耳鳴りがする

注意！

竜巻は短時間で甚大な被害に

非常に発達した積乱雲は、強い上昇気流によって渦巻きを発生させることがあります。これが竜巻です。短時間で、長さ数km、幅数十～数百mといった狭い範囲に集中して甚大な被害をもたらします。

＼ 備える知識 ／

竜巻の前兆に気づいたら

屋外で竜巻の前兆に気付いたら、すぐに家や頑丈な建物内に避難します。テントや建築現場の足場、古い木造建築物などは大変危険です。建物に入れないときは、ビルのすき間などの物陰で身をかがめます。屋内でも窓のそばは、ガラスが割れる危険があるため近寄らないようにします。

落雷は起こりやすい場所を把握する

積乱雲の位置次第で、雷はいろいろな場所に落ちますが、特に周囲より高い場所に落ちる特徴があります。

● 落雷の種類と被害

- **直撃雷**…雷雲から直接人や建物などに落ちる。大量の電流が体に流れるため死亡する確率が高い。
- **側撃雷**…落雷を受けた物や人から別の人に電流が飛び移る。直撃雷の次に多く死亡率も高い。
- **誘導雷**…落雷の大きな電圧・電流が、周辺の電線などを伝って建物内に入る。電化製品などを損傷。
- **落雷による火事**…建物に入った電流がコンセントを通り、ほこりへの引火や電化製品のショートを引き起こす。

● 落雷の危険箇所

背の高い物

- 樹木
  ➡ 2m以上離れる。
- 電柱、鉄塔、煙突
  ➡ 4m以上離れる。
- 傘を差す、釣り竿を振り上げる
  ➡ 頭より高く掲げない。

開けた場所

- ゴルフ場、広場、グラウンド、砂浜、海上
  ➡ 人に落雷する可能性がある。すみやかに安全な空間へ避難。

高い場所

- 山頂、尾根

※鉄筋コンクリートの建物、自動車、電車、バスの内部は比較的安全

屋内にいる時は

- □ 雷がおさまるまで家電のコンセントを抜いておく
- □ 冷蔵庫などの電源を切れない家電は避雷器（落雷による高圧電流を遮断する装置）をつける
- □ 雷が鳴っている間は感電の恐れがあるので、水道管や窓などの金属部には触れない、照明器具や水まわりから離れる

＼ 備える知識 ／

雷や竜巻の発生情報を調べる

気象庁が配信するレーダー・ナウキャストでは、10分ごとに60分先までの雷情報を提供しています。地域や時間を指定して調べることもできます。

気象庁
「レーダー・ナウキャスト」
https://www.jma.go.jp/bosai/nowc/

09

災害を学ぶ⑨

「猛暑」はもはや災害だ

猛暑日は徐々に増えている

猛暑日とは、日中の最高気温が35℃以上の日のことです。2024年、福岡県太宰府市では7月19日から8月27日まで、実に40日連続で猛暑日が続きました。

気温は自然現象のため、年ごとに高かったり低かったりするものの、**全国平均の猛暑日日数は、観測開始以来徐々に増加しています。特に1990年代半ばを境に、その傾向が顕著になっています。**

猛暑日が増えるなか、熱中症で救急搬送される人数も増えており、「猛暑は災害」という人も。季節によっては地震や水害など他の災害と重なることもあるため、災害対策に熱中症対策を加える必要もあります。

熱中症警戒アラートが出たら外出を控える

熱中症警戒アラートは、環境省が発表している暑さ指数（WBGT）をもとに発表されます。熱中症警戒アラートが発表された場合、不要不急の外出は避けましょう。

暑さ指数（WBGT）が33を超える

暑さ指数は環境省によって計測される。暑さ指数は、湿度や太陽からの日射、気温など、人体が感じる暑さに着目した指標。

→

熱中症警戒アラートの発表

日本全国で58に区分けされ、環境省から発表される。発表は、前日の夕方17時と当日の朝5時に行われる。

● 日常生活に関する指針

気温（目安）	暑さ指数（WBGT）	注意事項
35℃以上	31以上 危険	不要不急の外出は避け、涼しい室内に移動する。高齢者は、安静な状態でも危険。
31～35℃	28～31未満 厳重警戒	外出する場合は、炎天下を避ける。室内でも、室温の上昇を警戒する。
28～31℃	25～28未満 警戒	運動や激しい作業をする場合、適宜休憩する。
24～28℃	25未満 注意	危険性は少ない。激しい運動や重労働時には警戒する。

出典：環境省「熱中症予防情報サイト」

熱中症について知りたい

外気温や湿度が高いと、汗による体温調節がうまくいかず、体内に熱がこもって熱中症を引き起こします。暑いなか不調を感じたら熱中症を疑い、対処することが大切です。

こんなときは危険

- □ めまい・ほてり
- □ だるさ・吐き気
- □ 体温が高い
- □ けいれん・足がつる・覚えのない筋肉痛
- □ 汗がまったくでない／異常な大汗
- □ 皮膚が乾燥して熱い、赤い
- □ まっすぐ歩けない・足がガクガクしている
- □ 声をかけても反応しない・返答がおかしい
- □ 自力で水分がとれない

本人が熱中症に
気づかないときもある。
お互いに観察しよう。

涼しい場所へ移動

- 衣服をゆるめて体を冷やす
- 氷のうなどで太い血管のある場所を冷やす（首、脇の下、大腿のつけ根）
- 屋外での仕事中は、上着を脱がせ、水道につないだホースで全身に水をかける

冷やす場所

→ 反応が薄い、呼びかけに応えないときは救急車を呼ぶ

水分と塩分を補給

- スポーツ飲料
- 経口補水液
- 食塩水

〈経口補水液の作り方〉

- 水1L
- 砂糖40g（大さじ4と1/2）
- 塩3g（小さじ1/2）

水に砂糖、塩を溶かし、好みでレモンなどを少量加える

安静にして回復したら帰宅

症状が治まらなければ医療機関を受診

高齢者や乳幼児は熱中症を特に警戒する

高齢者は体内水分量が少ないうえ、暑さやのどの渇きを感じにくいこと、子どもは汗腺が未発達なため体温調節がうまくできないことから、熱中症に注意が必要です。

気をつけるポイント

- □ 乳幼児、高齢者
- □ 肥満傾向や糖尿病などの持病がある
- □ 暑さに慣れていない
- □ 寝不足、下痢、二日酔い
- □ 普段運動していない
- □ 低栄養状態（高齢者も多い）

水分と塩分

水分をこまめにとる。水だけよりも少し塩分（ナトリウム）が入った飲料が◎。市販飲料の糖分量に注意。

体づくり

3食バランスのよい食事。十分な睡眠。過度な飲酒は避ける。軽い運動や入浴で体を暑さに慣らす。

天気予報

気温が高いときは外出を控える。熱中症警戒アラートに従う。エアコンを適切に使用。

冷却グッズ

ファン付きの上着や保冷剤を利用する冷却ウェアを着用。ファンが周囲の熱気を取りこむこともあるので、保冷剤と併用を。

過去の災害データ 5

令和6年奥能登豪雨

大雨　浸水　土砂災害

発生日時	2024年9月21日
場所	石川県能登北部

何が起きた？

2024年9月20日頃から、前線が日本海から東北地方付近に停滞し、東北地方から西日本にかけての広い範囲で大雨となりました。石川県では21日午前中に線状降水帯が発生。輪島市で、9時22分までの1時間に観測史上1位となる121.0mmの猛烈な雨を観測するなど奥能登地方を中心に記録的な豪雨となり、河川の氾濫などが相次ぎました。10時50分、気象庁は石川県に大雨特別警報を発表、警戒レベル5として最大級の警戒を呼びかけました。

土砂崩れのため倒壊した家屋

浸水した仮設住宅

被害の規模

死者・行方不明者	15名（2024年10月18日現在）
全壊住宅	19棟（2024年10月18日現在）
半壊・一部破損住宅	95棟（2024年10月18日現在）
床上浸水	318棟（2024年10月18日現在）
床下浸水	1055棟（2024年10月18日現在）
避難者数	最大1453人

防災キーワード

- **線状降水帯**……次々と発生する発達した雨雲が、列を作って数時間以上ほぼ同じ場所を通過・停滞することで発生する、線状に伸びた強い降水域。発生メカニズムには不明な点も多く、現時点では発生予測が難しい。
- **二重被災**……石川県では2024年1月の能登半島地震と同年9月の豪雨の両方で被害を受けた地域も多く、二重被災への支援が課題となっている。国や自治体では、地震と豪雨を一体的に扱って罹災証明の判定を行ったり、地震で補助金を受け取っていても改めて申請できるようにするなど支援策を強化している。
- **警戒レベル5**……すでに災害が起きている可能性が高く、切迫した状態にあるときに発表される。安全な避難は難しいため、避難所に向かえないと判断したら自宅での垂直避難やがけから離れた部屋への移動などで身を守る。

Chapter 6

未来へつながる！これからの防災

災害のニュースを目にして
何か自分にできることはないか
と思ったことはありますか？
自然災害に負けない未来をつくっていくために
今、自分にできることを考えてみませんか。

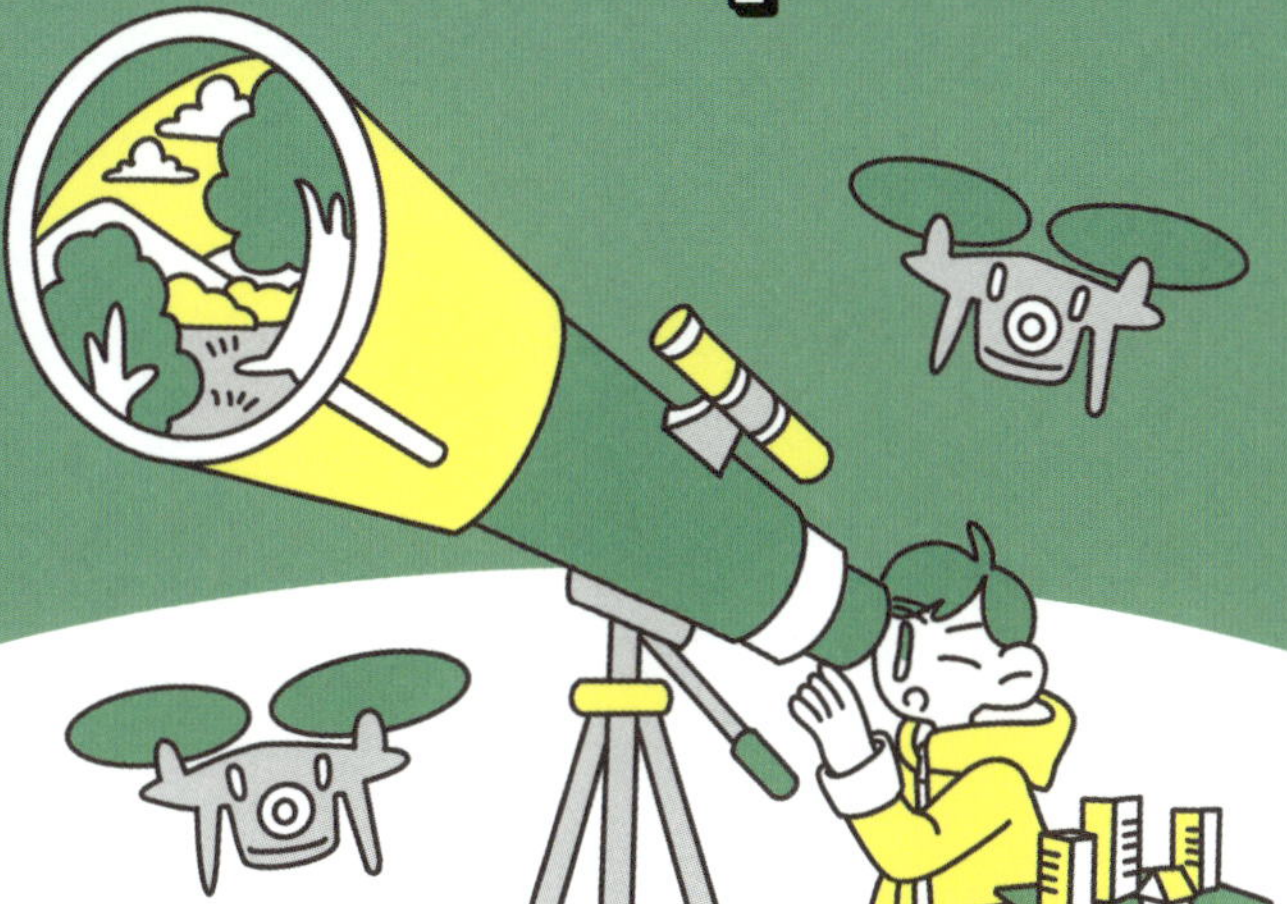

01

被災地支援①

被災していない人ができる支援

寄付かボランティアで被災地を支援し続ける

被災地の状況は時間の経過で大きく変化し、現場のニーズも変わります。そのため、被災地の力になりたいと思ったときは、正確な情報を集めて、ニーズに応じた支援を実践する必要があります。

専門家ではない一般の人ができる支援は、大きく分けて2つ。**「寄付」と「ボランティア」です**。どちらも被災地が復興するためになくてはならない支援です。被害の規模によっては長期間の支援が必要になる場合があり、物資の支援や、被災地の特産品を購入することでも被災地に貢献できます。**支援する側は各自に合った方法で、無理なく、長く続けることが求められています**。

求められる支援は時期によって変わる

発災直後から、被災地では人命救助をはじめとするさまざまな専門家が動いています。それらの活動で判明するニーズに応えていくことが、大きな支援となります。

4週間〜6カ月

個人に寄り添ったケア

避難生活が1カ月以上続く場合、高齢者や子どもなど、被災者個人によって必要な支援も異なり、臨機応変な対応が求められます。ボランティアは多様化し、ヨガやアロマ、手芸などの趣味や特技をいかして、さまざまな人が癒され、楽しめるイベントを行ったりサークルを主宰することもある。

- 体力仕事、炊き出しボランティア
- 個人に寄り添ったケア
- 義援金や支援金などの寄付
- 事務ボランティア
- 物資の支援

6カ月以降

持続的な支援

仮設住宅での生活が本格化すると、被災者のニーズは復興へと向かう。また、被災から時間がたつにつれて寄付で集まるお金も少なくなるので、被災地への旅行やお取り寄せ、チャリティー商品の購入などで、直接的なお金の寄付以外の支援も検討する。

- 義援金や支援金などへの寄付
- 物資の支援
- 事務ボランティア
- チャリティーバザー・イベント

義援金は公平だけど遅く、支援金は好みの活動に速く

義援金は被災者個人に分配されるお金。寄付すると自治体の配分委員会に集められます。支援金は、被災地で復興や被災者のために活動する団体に送る寄付金です。

義援金　時間はかかっても被災者個人に届けたい

NPO、自治体、内閣府などが窓口となり、寄付金を被災した都道府県の義援金配分委員会に全額送付。被災者数などの情報が集まり次第、被災者一人ひとりに均等・平等に分配される。

メリット

- 寄付した全額が被災者に届く
- 公平性が高い
- 公的機関が責任を持って分配する

デメリット

- 被災者に届くまで時間がかかる
- 被災地で活動する人の支援にはならない
- 配布作業を行う被災自治体の負担が大きい

支援金　現地の支援活動をスピーディーに支えたい

被災地で活動するNPOや民間ボランティア団体などに届けられる。使い道は各団体の判断と責任において決められる。被災者のニーズに合わせて、すぐに活用される。

メリット

- 支援したい団体の活動に使われる
- すぐに役立ててもらえる

デメリット

- 寄付金の使途を指定できない
- 被災者個人に直接渡らない
- 収支報告などを、寄付する側がしっかり確認する必要がある

発災から～72時間

被災地の状況

プロによる人命救助

人命救助において「72時間の壁」といわれるように、72時間を過ぎると生存者の救出は非常に難しくなる。被災後の3日間は自衛隊や救助隊による人命救助と被災者の命をつなぐ物資輸送が最優先。一般の支援者は義援金や支援金などのお金の支援が中心になる。

個人レベルの支援

- 義援金や支援金などの寄付
- 事務ボランティア
- 通訳ボランティア※1
- チャリティーバザー※2

4日～3週間

被災地の状況

災害ボランティアセンター発足

災害ボランティアセンターの発足により、一般のボランティア参加が可能となる。がれき撤去や物資の仕分けなどの体力仕事や炊き出しのほか、医療や建築、法律などの専門知識をもつボランティアが活躍する。

個人レベルの支援

- 体力仕事、炊き出しボランティア
- 義援金や支援金などの寄付
- 事務ボランティア
- 通訳ボランティア※1
- チャリティーバザー※2

※1　通訳ボランティアとは、災害発生時に日本語が話せない外国人被災者に対して行う支援。
※2　チャリティバザーとは、被災地の物産品などを被災地外で売り、収益を被災地に届ける支援。

被災者に生活再建のために配られる義援金

集められた義援金の配分は、死亡・行方不明者の数、全・半壊の戸数などの被害状況をもとに義援金配分委員会によって決定されます。

● 義援金配分の流れ

❶ 義援金の集約

➡NPOや公的機関などに集まった義援金を被災自治体の配分委員会に集める。配分委員会は自治体職員や町内会長、財政や法律の専門家などによって構成される

❷ 義援金の配分

➡配分委員会が被害状況や被災者数をもとに市区町村の自治体に義援金を配分する

❸ 被災者へ送金

➡義援金が申請者の口座に送金される。被災者は自由に使うことができる

注意！

信頼できる窓口か確認

- 配分まで時間がかかることを理解する
- 義援金の使い道は被災者の自由。使い道を指定して送ることはできない
- 詐欺やニセの募金に注意し、信頼できる窓口から寄付する。ゆうちょ銀行の「義援金送金用振替口座一覧」などで確認する
- 配分の対象者は自治体に申請する必要がある

● 東日本大震災に係わる宮城県の義援金の配分基準

	被害区分	翌月（第1回）	半年後（第2・3回）	3年後（第4～7回）
人的被害	死亡・行方不明者（人）	35万円	65万円	18万円
	災害障害見舞金対象者（人）	10万円	なし	13万円
住宅被害（浸水被害含む）	全壊世帯（世帯）	35万円	65万円	9万円
	大規模半壊世帯（世帯）	18万円	32万円	4万円

出典：宮城県公式Webサイト「東日本大震災に係る義援金の受付状況及び配分について」

災害実例

災害によって異なる義援金額

義援金は広く人々から集める寄付金のため、人々がその災害をどれだけ知っているかに左右される面があります。また、災害の規模が大きくなるほど、義援金を受け取る被災者も多くなるため、大災害の被災者がほかの災害より多くの義援金を受け取るとは限りません。

義援金の配分は寄付金の
集まり具合などを見ながら
何度も行われるよ。

被災地で活動している団体の活動費用になる支援金

被災地の復興や被災者支援などに従事する団体を、寄付することで応援します。収支報告や活動状況を定期的に公表しているなど、信頼できる団体を選ぶのがコツです。

NPOの活動目的

政府が定める20分野で、不特定多数の利益になる活動をすること。定款に「災害時支援」がなくても、被災地で活動目的に合致した活動を行うのはOK

災害活動事例

- 支援物資の配布
- 炊き出し
- 医療・福祉支援
- 子どものケア・教育
- がれきの撤去・重機操作
- 被災者間のコミュニケーション支援
- 復興のための人材育成
- 被災者のペット飼育場設営管理

支援先の探し方

- **応援する団体はどこでもOK**

日本赤十字社、赤い羽根共同募金（中央共同募金会）、被災自治体などに寄付する。

㊥ 赤い羽根共同募金「災害ボランティア・NPO活動サポート募金」で寄付
➡赤い羽根共同募金が支援金としてボランティア団体やNPOに送付する

- **応援する団体を決めている、または自分で選ぶ**

災害支援のポータルサイトなどで、好みの活動の団体を選ぶ。応援したい団体のサイトや寄付金受付ホームページを見て、説明されている方法で寄付する。

㊥ Yahoo！ネット募金で各団体の活動を調べる
➡イイ！と思った活動の団体に寄付

寄付以外の活動で支援する

被災地のおいしい物を取り寄せてお店の売り上げに貢献したい、好きな芸能人のチャリティーコンサートに行くなど、生活のなかに支援を取り入れる方法もあります。

チャリティーイベントで買う

フリーマーケット、チャリティオークション、被災地支援コンサートなどのイベントに参加する。被災地の特産品の物販イベントと併催されることも。主催者やイベントでの売り上げのどのくらいを寄付するのかなどを、見極めて参加する。

通販サイトや特産品を買う

被災地のお店の通販サイト、大手通販サイトの被災地支援特集などのネット通販や、被災地の特産品物販イベントなどで物品を購入する。ふるさと納税でも支援できる。信頼できる通販サイトを選び、決済方法が安全かを確認して購入する。

被災地が落ち着いたら観光に行くのも支援になるよ。

災害実例

支援は細くても長くが◎

災害からの復興には長い時間がかかる一方で日がたつにつれ募金額は減っていきます。初動の募金も大切ですが、長い目で復興を支援することも必要です。特産品の定期購入や、毎月無理のない額を口座引き落としで募金するなど、自分に合った方法で支援を続けましょう。また、災害に関する募金は寄附金控除として税制上の優遇措置を受けることができます。

02

被災地支援②

ボランティアを始めるためにすべきこと

ボランティアは念入りに調べて準備をする

被災地が復興するためには、多くの人手が必要です。ボランティアも、がれきの撤去や清掃など被災後すぐ必要なものから、被災者とのコミュニケーション、人間関係づくり、新しいまちづくりなどの長期的なものまで、いろいろな分野で活躍します。

ボランティアは被災地の復興ニーズに沿って活動します。**被災者の意向をすくい上げ、地域が復興する過程をお手伝いするのがボランティアであり、個人的な思いを表明するために行うものではないことを常に意識しましょう**。

現地のニーズは時間の経過で変化していくため、最新の情報を入手して準備することが大切です。

ボランティアは自分ですべての準備をする

ボランティア活動に参加する際は、たとえ友人や身内と一緒に参加する場合であっても、自分自身と自分の活動に責任を持つことが重要です。

災害ボランティアセンター

災害発生時に全国から駆けつけるボランティアの受け入れと調整のため、現地の社会福祉協議会が災害ボランティアセンターを立ち上げる。受付状況を確認してからボランティアに行くかを検討しても遅くない。

全国社会福祉協議会
「被災地支援・災害ボランティア情報」
https://www.saigaivc.com

宿泊と交通手段

基本的に自分で手配する。事前に十分な情報収集を行うこと。自治体や社会福祉協議会、NPOなどが「災害ボランティアバス」で一括送迎を行う場合もある。

注意！

- 電話での問い合わせはNG
- 体調不良時は参加を見合わせる
- フェイクニュースに気をつける

＼ 備える知識 ／

ボランティア活動保険って何？

災害ボランティアセンターなどを通じて活動する場合に加入可能です。本人の活動中の事故（往復中も含む）、感染症罹患、熱中症、他人に損害を与えた場合などを補償します。個人的なお手伝いなどでは入れないので、民間の保険会社のボランティア保険を探しましょう。

復興の主役はボランティアではなく被災者

ボランティアは、自分が主体の活動ではありません。あくまでも、心身ともに気を張っている被災者に寄り添う「人手」であることを忘れないようにします。

災害ボランティアの心がまえ

- ボランティアは「してあげる」ではなく「させてもらう」
- どんな危険があるか最大限に予測する
- 笑顔を忘れない
- 食事・寝床・交通手段を用意する
- 被災者の気持ちを想像しながら活動する

被災地の状況に
圧倒されないよう
冷静に。

自己完結ができる食事や装備を持っていく

基本的に、自分で使用する物は自分で用意して現地入りします。被災地に負担をかけないことが、ボランティアの鉄則です。

持ち物一覧

- □ 帽子／ヘルメット（貸出しがあることも）
- □ ゴーグル
- □ 防じんマスク
- □ 長袖、長ズボン
- □ 厚手で長めの軍手／ゴム手袋／革手袋
- □ 安全靴／長靴
- □ タオル・手ぬぐい
- □ 名札
- □ スマートフォン・モバイルバッテリー
- □ 着替え
- □ 雨具（上下別）
- □ 非常食
- □ 水筒（飲む以外に目や手も洗える水）
- □ 塩アメ、梅干し（熱中症対策）
- □ 救急セット
- □ 除菌シート、消毒液
- □ 自分用の石けん
- □ 健康保険証、目薬、痛み止め
- □ 虫よけスプレー、日焼け止め
- □ リュック・ウエストポーチ

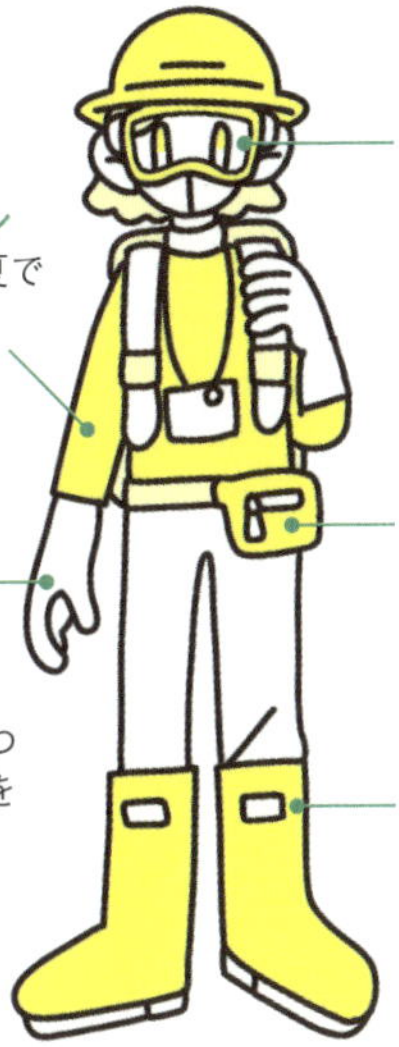
長袖・長ズボン
ケガの防止。夏でも着用
ゴーグル
コンタクトレンズを使用している人は必須
ウエストポーチ
貴重品や出し入れが多い小物を入れておく
軍手
すべり止めがついた厚手の物を用意する
安全靴／長靴
基本は安全靴。水害時は長靴を用意する

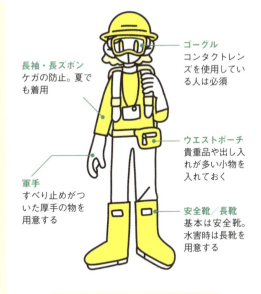

注意！ 食事も自分で用意する

冷蔵不要の携行食を持っていく。火を自前で用意できない場合は、カップ麺やカップスープなども避ける。

03

被災地支援③

ボランティア活動の現地での流れと作業内容

災害ボランティアセンターに仕事を割り振ってもらう

個人で災害ボランティア活動をする場合、まずは災害ボランティアセンターに登録するのが最適です。

災害ボランティアセンターは、現地の被害状況が確認でき次第、ボランティアの募集を開始します。2024年能登半島地震では発災から3日後に募集を開始した地域もあります。

どこで何が必要かという情報が集約されるため、適切な場所と仕事をボランティアにお願いできます。災害ボランティアが初めてでも、安心して作業に着手できます。

災害ボランティアは被災地で必要とするところに配置されるので、募集要項に記載がない限り、希望の活動に携われるとは限りません。

必要なところにボランティアが向かう仕組み

災害ボランティアセンターを通して、被災者のニーズがボランティアに伝わりやすくなり、ボランティア自身もセンターに身元を保証してもらうことで活動しやすくなります。

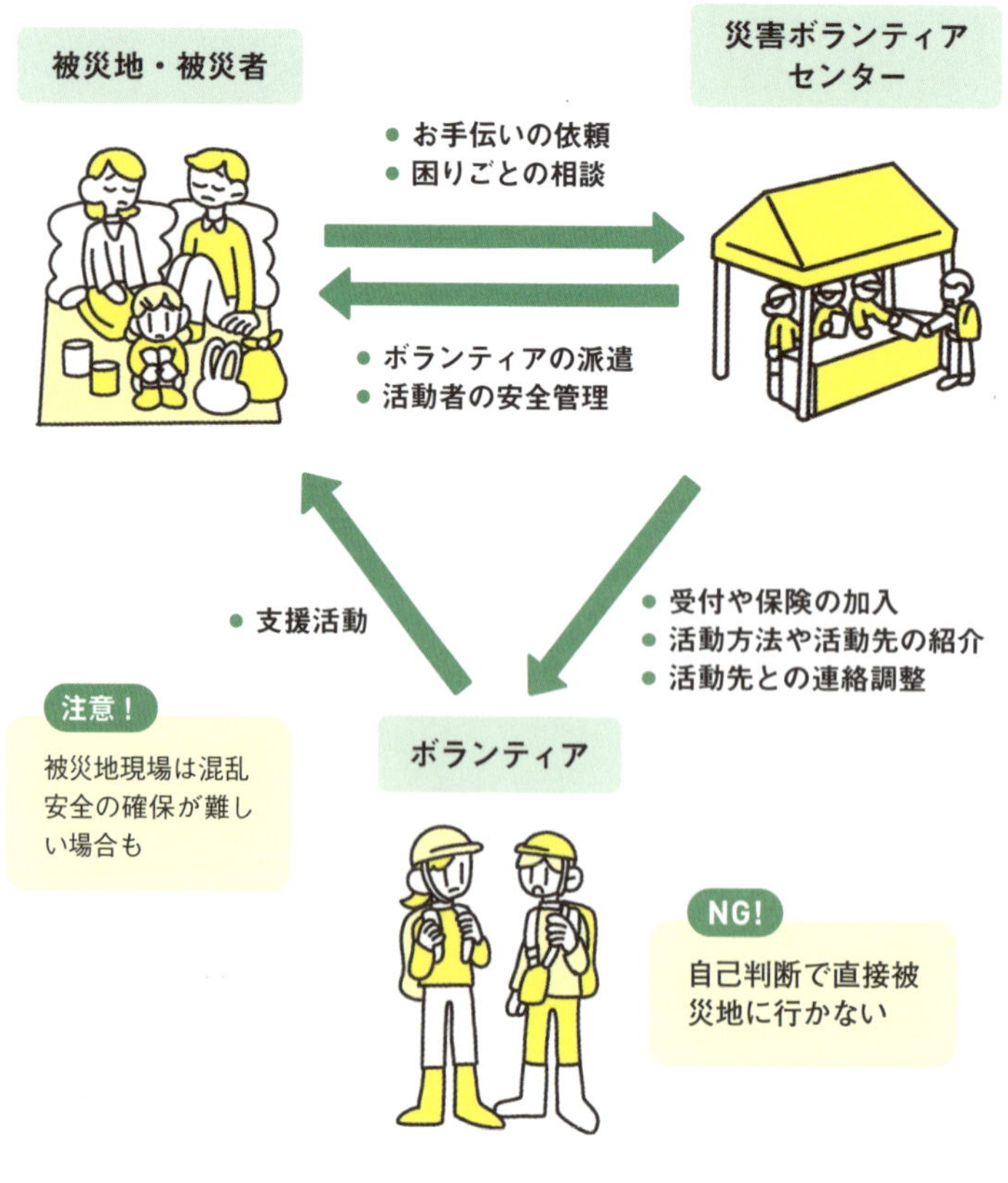

災害ボランティアセンターの指示で活動に向かう

被災地のニーズや復興の状況は、日々変わっていきます。災害ボランティアセンターはその変化に対応し、ボランティアとのマッチングを行います。

● ボランティア活動の流れ

1 災害ボランティアセンターで受付
災害ボランティアとして登録し、被災者のニーズに合わせて派遣

↓

2 出発前の説明を受ける
活動場所や内容、注意事項が説明される。道具や地図の貸し出しがあることも

↓

3 現地で活動する
被災者のサポートとして被災者中心の支援を心がける。自分の体の変調には常に注意を

→

4 活動終了時は報告・記録
活動の進捗や活動中に気づいたことなどを、災害ボランティアセンターのスタッフに報告

↓

5 帰ったら体のケアをする
食事・睡眠をしっかりとり、疲れを癒す。健康を維持するのもボランティアの重要な役目

● 主な活動内容

- がれきの撤去
- 泥だし（浸水で流れ込んだ泥を取り除く）
- 災害廃棄物運搬車両の運転（軽トラック）
- 室内清掃
- 解体しない家の養生作業
- ブロック塀の解体
- 物資の仕分け
- 炊き出し
- 引っ越しの手伝い
- 災害ボランティアセンター運営の手伝い
- 心のケアの手伝い
- イベントやサロン活動の支援

＼ 備える知識 ／

被災者への接し方

災害に直面した被災者に対し、どのように接していくか戸惑う場合もあります。「ボランティアは被災者のサポート役」を忘れずに、笑顔で真剣に向き合うことを意識しましょう。

- 被災者が今必要としていることは？を考える
- あいさつと自己紹介、ボランティアであることをはっきりと伝える
- 被災者がしてほしいこと、してほしくないことを確認しながら進める
- 被災者に対し、尊重と思いやりを持って接する
- 要配慮者（→P.66）を意識する
- 不用意な言葉（家財をがれきと呼ぶ、被災者にがんばってと言うなど）を避ける

体力に自信のない人ができるボランティアもたくさんある。

04

自分の住んでいる地域を守る

消防団は地域の防災活動にかかわる

災害時に活躍する消防団の団員不足

消防団とは、普段は別の仕事をしている地域の住民が、火災の消火活動や地震、風水害での救助活動など、地域防災を担う組織です。発災直後から、地元の応急対応や生活維持のためにさまざまな活動を行います。

近年、団員の数が減り、地域密着型の消防団も統廃合を余儀なくされています。平時にも訓練や防災の広報など多くの仕事があるため、本業との調整が難しいと敬遠する人もいます。消防庁では、消防団として活動した学生の実績認証制度の普及を促進したり、消防団の仕事の一部のみを担当する機能別消防団員を増やしたりして、消防団の裾野を広げようとしています。

地域の住民が入団できる

消防団の入団資格は、市区町村の条例で決められています。一般的には、18歳以上でその市区町村に住んでいるか、通勤・通学している人が入団できます。

消防団員

非常勤の特別地方公務員

普段は別の仕事を持ちつつ、「自分の地域は自分たちが守る」精神に基づいて、火災や災害発生時、訓練時に自宅や職場等から出動して消火活動や救助活動を行う。

消防職員

常勤の一般地方公務員

専業の消防職員。消防署に常駐し24時間体制で勤務。消火活動、救急活動、救助活動（レスキュー隊）、火災予防活動などでプロフェッショナルとして活動する。

年末の特別警戒パトロールで「火の用心」と注意喚起しているのも消防団だよ。

＼ 備える知識 ／

消防団の組織概要例

※令和5年4月1日現在

東京都23区内の消防団数：58団

- 中野区の例

消防団数：2団
分団数：16団
団員数：398人

石川県内の消防団数：22団

- 輪島市の例

消防団数：1団
分団数：16団
団員数：383人

出典：総務省消防庁「あなたの街の消防団」

平時にも活動する消防団

災害発生時以外にも、応急手当の普及指導、住宅の防火指導、特別警戒、広報活動などを行います。また、機器の取り扱いや放水訓練など研修や教育を受けています。

平常時の活動

- 防火指導
- 防火設備普及の啓発活動
- 災害時に援護が必要な人の把握（訪問活動）
- 応急手当の普及活動
- 地域の防災意識を高める広報活動

消防団に入るには

- 市区町村ごとに、入団手続きを定めている
- 自分の住んでいる市区町村の役所、最寄りの消防署などに問い合わせる

消防団員の報酬

- 「団員」階級の標準額：3万6500円／年
  ※年5万円までの部分は非課税
- 出動報酬
  災害時の出動の標準額：8000円／日
  ※災害以外の出動でも状況により報酬あり
  ※災害出動：8,000円／日まで非課税
  災害以外の出動：4000円／日まで非課税

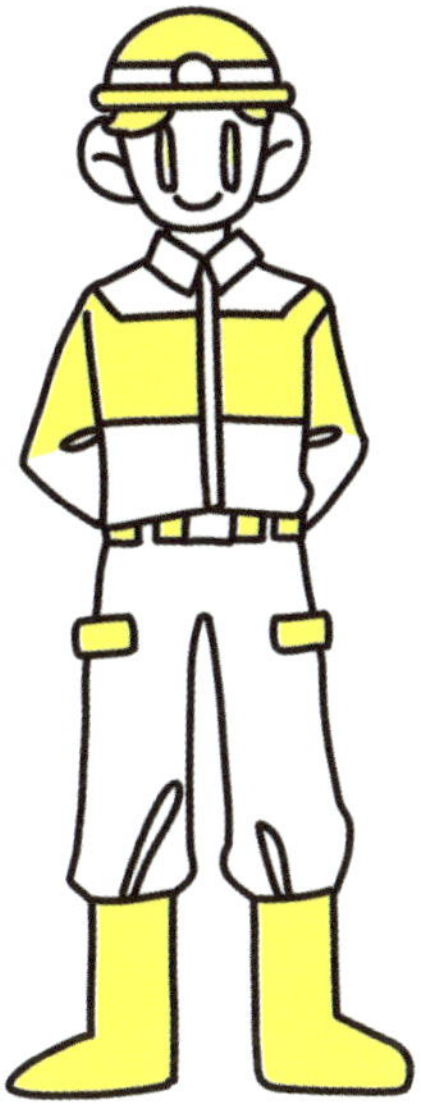

災害時の活動

- 消火活動
- 救助、救出活動
- 避難誘導
- 地域の警戒巡視
- 道路、河川の決壊箇所などの応急対応

団員数

- 消防団員数は年々減少
- 退団者数は増加
- 学生消防団員、機能別消防団員は増加傾向

女性の消防団員

- 女性の消防団員は微増傾向
- 幅広い住民の参加が求められるなか、女性も地域防災の担い手として活躍の場が広がっている

災害実例

消防団の統廃合

消防団員数の減少に伴い、発災時に十分な人数が集められなかったり、出動に時間がかかったりする場合が出てきます。そこで、隣り合う分団を統合し、地区ごとにある消防団の拠点を1カ所にまとめることで、必要な団員を確保する動きが出ています。ただし、消防団の担当範囲が広がることで地域密着の利点が薄れてしまう点が懸念されています。拠点がなくなる地域の住民にとっても、災害時にすぐ駆けつけてくれるのか、不安に思う人も少なくありません。

05

デマ情報を発信・拡散しないために

誤情報に惑わされないためのリテラシー

混乱のなか、デマの拡散を止めることは難しい

大規模な災害が起こると、それまで存在していた社会規範がなくなってしまうのではないかと恐怖や不安を覚えます。そのような状況で、**人々は目の前の状況の解決策を見出そうとしますが、必要な情報やコミュニケーション不足により解決策があいまいになり、真偽を判別することが難しい情報（デマ）が発生しやすくなります**。このようなデマは、ほぼ自然発生的に発生するため、完全に防ぐことは難しいです。

したがって、災害時は特に慎重な情報の精査が求められます。とりわけ被災地以外の人は、信頼できる第三者機関の発表を確認するなどの姿勢が重要になります。

過去の災害で広まった誤情報の例

1923年関東大震災のときにも、さまざまなデマがありました。地震発生から約1～2時間後には、デマの発生が確認されています。

1923年関東大震災

「朝鮮人が井戸に毒を入れた」などのデマが広がり、多数の朝鮮人が殺傷された

内閣府の「災害教訓の継承に関する専門調査会」の報告書によると、デマのピークは発災から2日目の午後から3日目の明け方であり、朝鮮人と誤認された被害者の殺害・傷害事件が2日目の夕方に発生した記録がある。

2011年東日本大震災

製油所が爆発したあと「雨に有害物質が含まれているので外出の際は雨に接触しないように」というデマが拡散された

主にSNS上やメールで見られたデマ。該当石油会社や厚生労働省など、信頼できる機関が訂正情報を発信したことでデマが収束した。

2016年熊本地震

動物園からライオンが脱走したというデマが画像付きで拡散された

ライオンが道路を歩く写真がSNSに投稿されたが、海外の写真でありデマだった。熊本市動植物園には100件を超える電話が殺到、点検などの作業に支障が出た。投稿者は偽計業務妨害の疑いで逮捕された。

災害時のデマは善意によって拡散されやすい

被災地や被災者を「助けたい」「力になりたい」という思いから、被災地のためになると思った情報を、精査することなく拡散してしまう例が多くあります。

● 尾ひれがついてしまうデマ情報

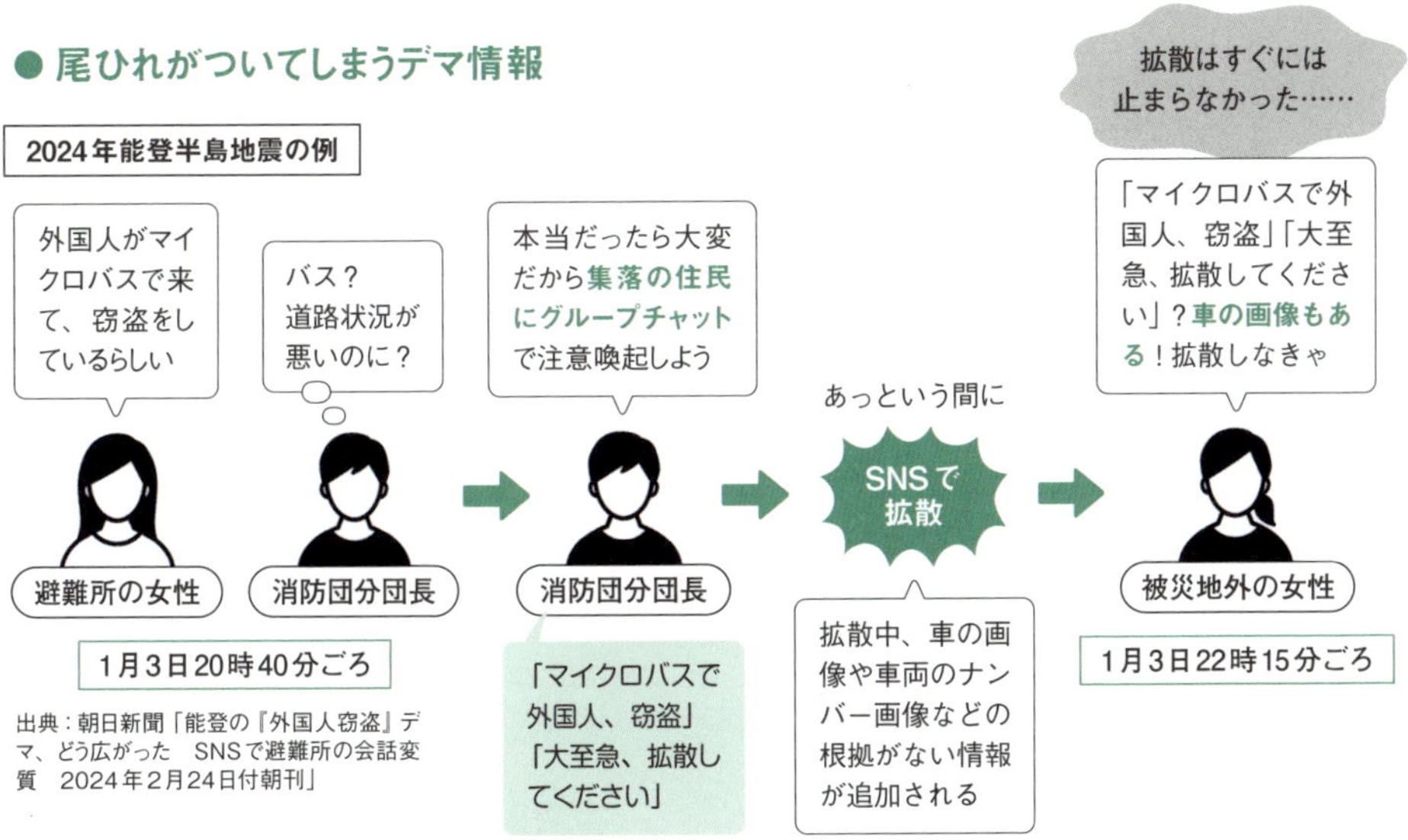

出典：朝日新聞「能登の『外国人窃盗』デマ、どう広がった　SNSで避難所の会話変質　2024年2月24日付朝刊」

● 災害時におけるデマの拡散と影響

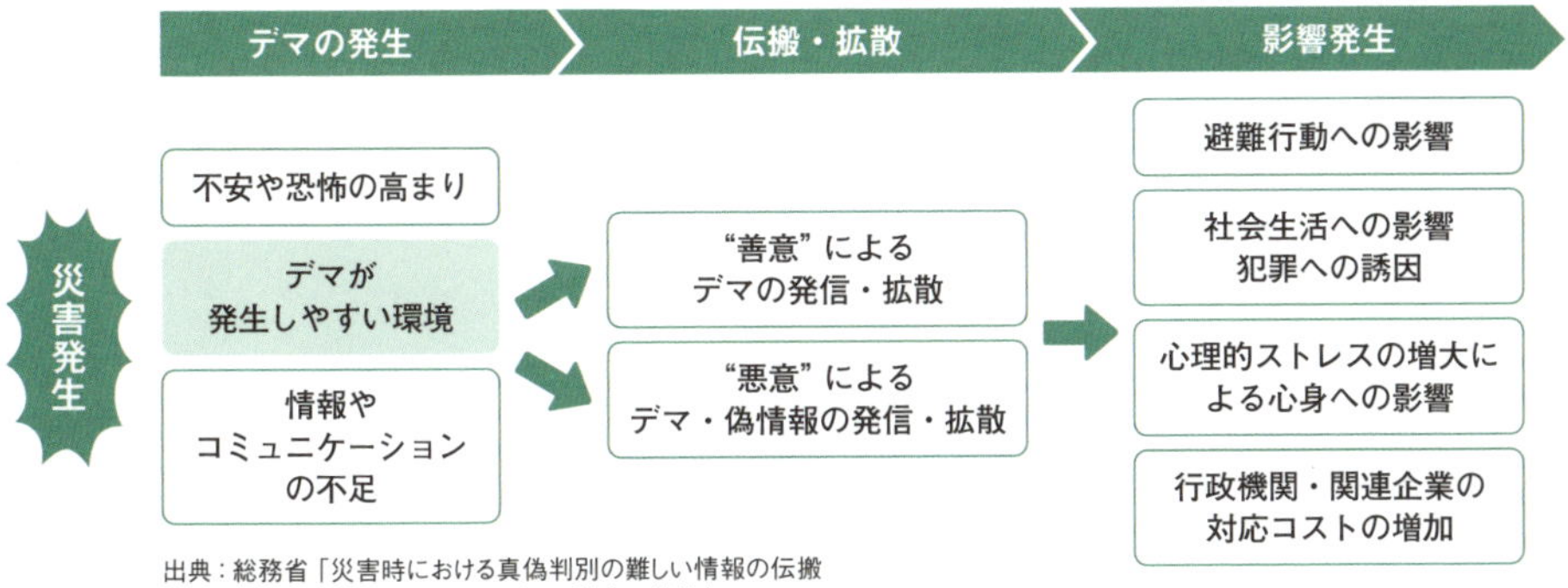

出典：総務省「災害時における真偽判別の難しい情報の伝搬傾向と期待される各ステークホルダーの対応・対策」

● 情報の取り扱い方

情報の発信元を確認

- 政府や自治体、専門職の学会など、信頼できる機関・団体、第三者の情報を確認する
- 伝聞の発信時は、URLや引用などで、情報の出典を明らかにする

むやみに拡散しない

- よかれと思って拡散したことがデマの場合、被災地や被災者に迷惑をかける
- 正しい情報であっても、最新情報ではなくなっている可能性がある。古い情報の拡散により混乱を招くおそれがある

06

防災の新技術①

新たな技術で命を守る防災DX

防災DXはどんどん進化している

災害のあらゆる事態に備え、デジタル技術を駆使して命を守る取り組みを防災ＤＸ《ディーエックス》と呼びます。データのデジタル化、通信機器や物のネットワーク化（ＩｏＴ）による災害対応の効率化だけでなく、**人工知能（ＡＩ）などを用いて、被災者や被災自治体にいち早く、ニーズに合った災害情報や復興技術を提供できます**。また、デジタル技術でもっと気軽に「防災」に触れ、防災力や防災意識を高め、災害に強い地域づくり、人づくりを目指すことができます。

防災ＤＸは平時にも、発災時にも力を発揮します。特に、発災初期の安全を確保する技術が注目を浴びています。

防災DXは情報の整理や伝達をスムーズにする

被災時は自治体も混乱しています。デジタル技術を駆使することで、情報を整理して、適切な場所に必要な情報を伝達することができます。

● 防災DXのメリット

被害状況の把握が速くなる

- 道路が崩壊し被害状況が把握できない
- 通報の電話が多すぎて情報をまとめきれない

↓

- ドローンで上空から広範囲の情報を集め、AIによる分析で被害状況をまとめる

適した情報を迅速に伝える

- 被災時にどこに行ったらいいかわからない

↓

- AIによる分析で、その人に適した避難先や避難方法を提案する

災害支援の手続きが効率化される

- 自治体の窓口が混乱していて、給付金や支援を受けるまで時間がかかる

↓

- 発行手続きや問い合わせをデジタル化することで効率よくサービスを提供できる

防災DXの事例

防災DX推進に向けて、さまざまな防災サービスが開発・提供されています。ここでは発災時に役立つサービスを2つ紹介します。

● 防災チャットボット SOCDA《ソクダ》

公的機関の発表する災害情報や気象情報、被害状況、避難情報などを持つAI ロボットが、より災害に近い地域の人々とSNS上で対話（チャット）しながら情報の収集、解析、提供を行うシステム。対話によって、一人ひとりの状況に合わせた情報を提供してくれる。

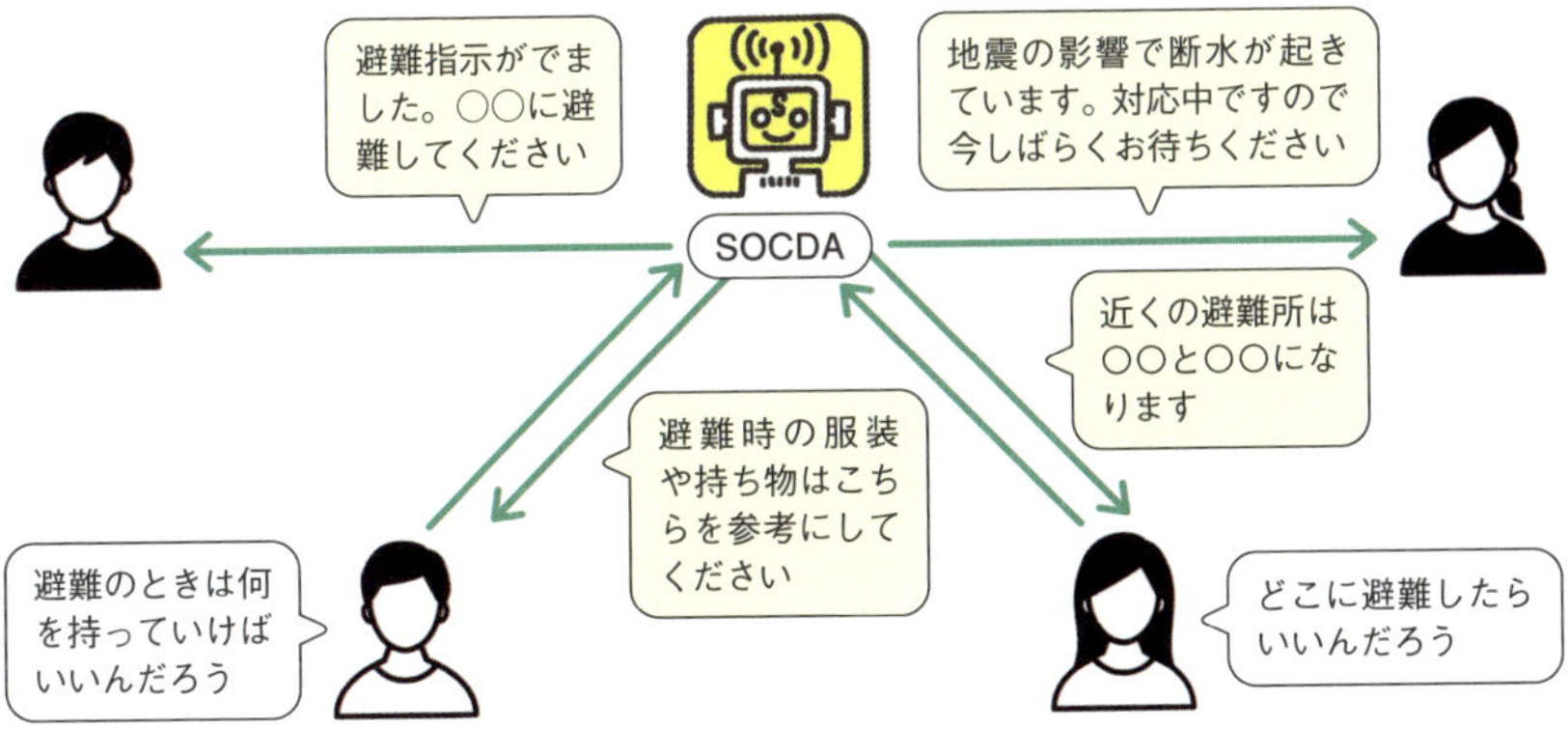

出典：総務省「『防災チャットボット（SOCDA）』が実現する 災害情報の把握と提供　株式会社ウェザーニューズ　防災情報通信セミナー2021」

● 安否確認サービス　Q-ANPI

災害時に、準天頂衛星で地上の物の位置を正確に測るシステム「みちびき」を使い、救難活動に不可欠な情報を提供するサービス。避難所の位置や開設情報、避難者数、避難所の状況を把握する。これらの情報から近親者の検索もできる。安否を知りたい相手が情報登録をしていれば、パソコンやスマートフォンなどで内閣府の個人安否情報ホームページにアクセスし、相手の電話番号を入力して安否確認可能。

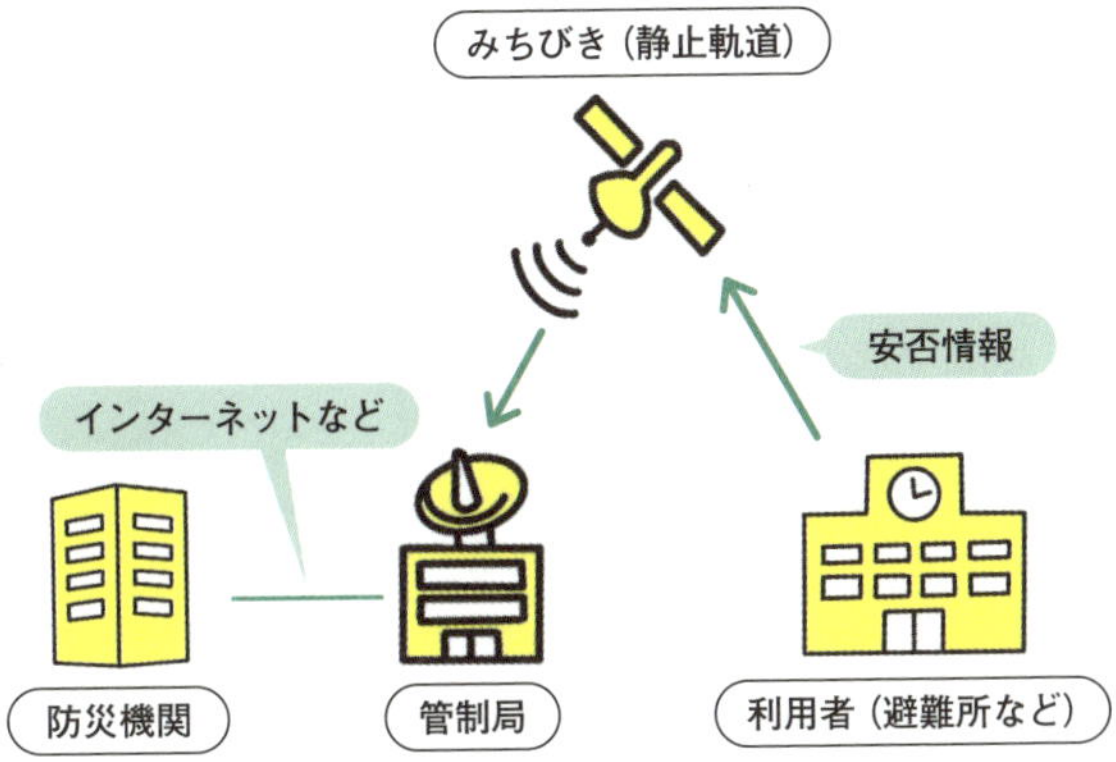

出典：内閣府「衛星安否確認サービス『Q-ANPI』　みちびき（準天頂衛星システム）」

DXはDigital Transformation
（デジタルトランスフォーメーション）の略。
デジタル技術で生活や
ビジネスを劇的に変容させること。

07

防災の新技術②

自然の力で地盤を強めるグリーンインフラ

自然を増やすことによって問題を解決する

近年、グリーンインフラの考え方は豪雨対策とセットで考えられるようになってきています。

グリーンインフラ（グリーンインフラストラクチャー）とは、自然環境の保全や再生だけでなく、自然の持つ多彩な機能を防災など国土が抱える課題解決に積極的に活かすという考え方です。近年では、土の保水能力を活かし、大量の雨水をそのまま河川や下水道に流さず、地中に浸透させることで流水の増加を緩やかにして氾濫を抑えようというものが注目されています。地中に水が浸透しやすい環境を取り入れ、水害に強いまちづくりを目指しています。

日常に溶け込みながら存在している

水害対策以外にも、グリーンインフラは活かされています。緑豊かな景観や多様な生態系は、まちの価値を高め、住みやすさを向上させる効果ももたらします。

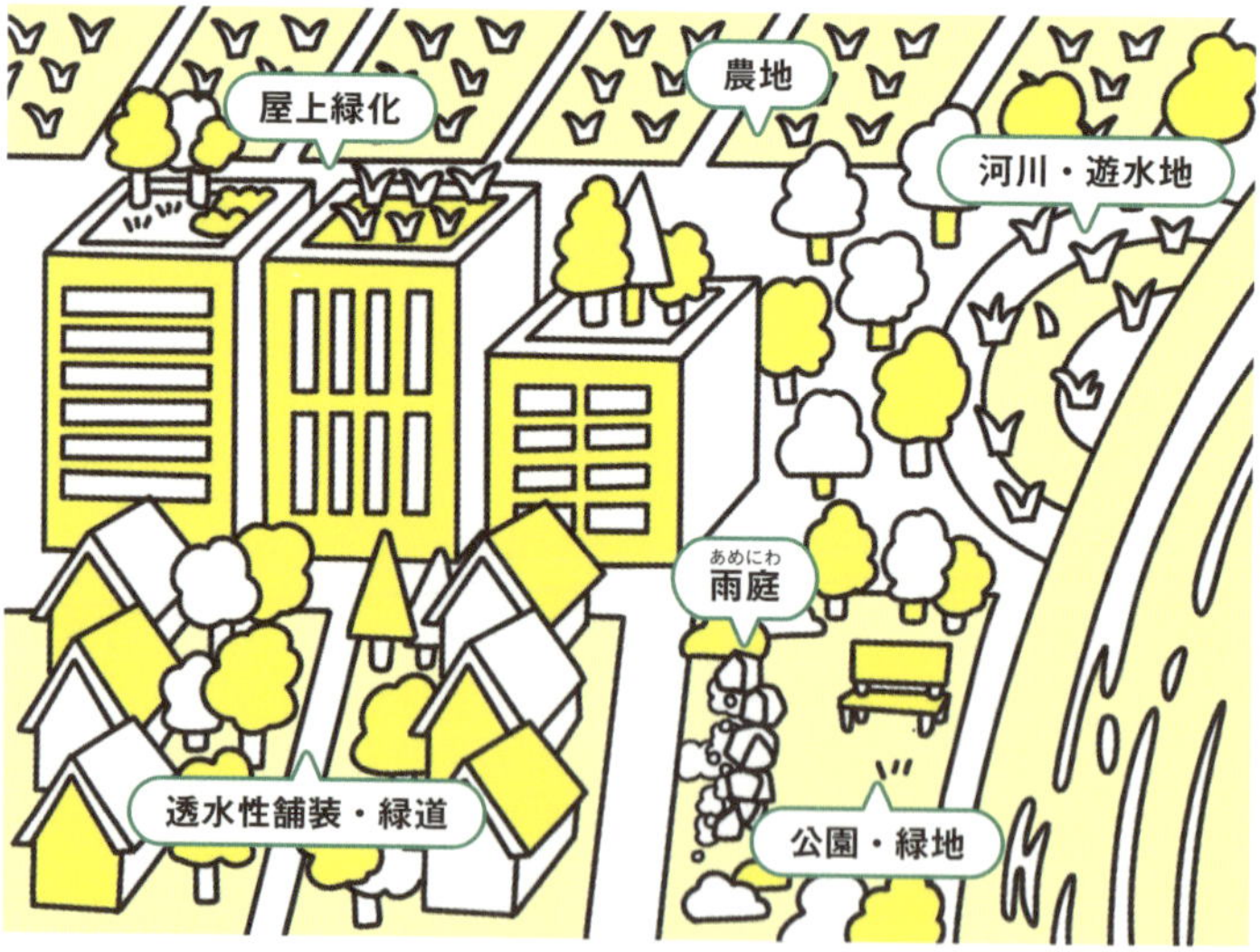

出典:朝日新聞「(be report) グリーンインフラを街に 自然を生かし、安全で住みやすく 2020年4月11日付朝刊」

グリーンインフラの効果

- 水害軽減、水質改善
- 暑さの緩和
- 火災の延焼防止
- 多様な生物のつながり
- 癒やし、健康へのよい影響
- 地域活動、教育・福祉への活用
- まちの価値、住みやすさ向上

自然の力で生活を豊かで安全なものにする

グリーンインフラの活動は日本全国で行われています。それぞれの土地や環境によって課題があり、それに対応した活動が必要とされます。

芝生の広場

多くの樹木と芝生の広場を備える「としまみどりの防災公園（東京都豊島区）」は、癒やしや憩いの場であると同時に、災害時は豊島区の災害対策拠点として機能するさまざまな設備を備えている。豊島区は、公園の新設や既存の公園の再整備時に可能な限り雨水が地下に浸透するようにしている。

写真提供：IKE・SUNPARK

雨水流出抑制施設と雨庭

「コンフォール松原B2、B3街区（埼玉県草加市）」は、団地の建て替えに伴い、雨水流出抑制機能を持つ池や緑道沿いの雨庭（雨水を一時的にため、時間をかけて地下に浸透させる緑地）を新たに設置し、大雨による浸水被害対策を施している。

写真提供：UR都市機構　撮影：プレイスメディア

森の再生

「仙台ふるさとの杜再生プロジェクト」は、東日本大震災による津波によって甚大な被害を受けた仙台の東部沿岸部の森を再生するために、樹木の育成や保全する活動に取り組んでいる。海辺の森の再生により、防災林として津波減災の効果がある。

写真提供：ふるさとの杜再生プロジェクト

災害の対策から
環境保全まで！
幅広い活動だね。

索引

さ

た

は

● 監修

永田宏和（ながた ひろかず）

2006年、NPO法人プラス・アーツを設立し、理事長に就任。ファミリーで楽しみながら防災の知識や技術を学ぶ防災訓練「イザ！カエルキャラバン！」を国内外で展開中。多くの企業や自治体の防災アドバイザーを務めるほか、一般向けに「防災ITSUMO講座」も開催している。『地震イツモノート』（木楽舎）、『防災イツモマニュアル』（ポプラ社）、『“今”からできる！日常防災』（池田書店）、『クレヨンしんちゃんの防災コミック 地震だ！その時オラがひとりだったら』（双葉社）など監修・著書多数。

STAFF

イラスト／みずの紘

本文デザイン・DTP／加藤美保子・インコムジャパン（葭原勝男）

装丁／俵社（俵拓也・根本佳奈）

編集協力／株式会社KANADEL

執筆協力／今野陽子

校正／木串かつ子

編集／朝日新聞出版　生活・文化編集部（上原千穂・端香里）

参考文献／『保存版　新しい防災のきほん事典』（朝日新聞出版）
『東京防災』（東京都総務局総合防災部防災管理課）
『ニュートン別冊　巨大地震の脅威』（ニュートンプレス）
「一日前プロジェクト」（内閣府　https://www.bousai.go.jp/kyoiku/keigen/ichinitimae/）

写真提供／朝日新聞社

地震《じしん》・津波《つなみ》・台風《たいふう》・猛暑《もうしょ》・豪雪《ごうせつ》etc.から命《いのち》を守《まも》る

今《いま》さら聞《き》けない

防《ぼう》災《さい》の超《ちょう》基《き》本《ほん》

2024年12月30日　第1刷発行
2025年　4月30日　第2刷発行

監　修　永田宏和

発行者　片桐圭子

発行所　朝日新聞出版

〒104-8011

東京都中央区築地5-3-2

（お問い合わせ）infojitsuyo@asahi.com

印刷所　株式会社シナノグラフィックス

ISBN　978-4-02-334166-1

定価はカバーに表示してあります。
落丁・乱丁の場合は弊社業務部（電話03-5540-7800）へご連絡ください。
送料弊社負担にてお取り替えいたします。